Constanze Kirchner & Georg Peez (Hg.)

Werkstatt: Kunst

Anregungen zu ästhetischen Erfahrungs- und Lernprozessen im Werkstattunterricht

Werkstatt: Kunst. Anregungen und Erfahrungen zu ästhetischen Lernprozessen
im Werkstattunterricht.
Herausgegeben von Constanze Kirchner und Georg Peez
Eine Publikation zum Kunstpädagogischen Tag 2000 des Bundes Deutscher
Kunsterzieher, BDK-Hessen, (BDK-Verlag) Hannover 2001

Herstellung und Verlag der zweiten, unveränderten Auflage:
Books on Demand GmbH, Norderstedt 2005

Inhaltsverzeichnis

Constanze Kirchner & Georg Peez

Kunstunterricht als Werkstatt

Aspekte ästhetischer Erfahrungs- und Lernprozesse im Werkstattunterricht

Das Thema «Werkstatt» hat nicht nur im Fach Kunst, sondern auch in anderen Fächern Hochkonjunktur.

In Deutschland gibt es viele Lernwerkstätten in den unterschiedlichsten institutionellen und thematischen Zusammenhängen: In den Schulen werden Räume zu Werkstätten eingerichtet. In der Lehrerfortbildung gründen sich Lernwerkstätten, um interdisziplinäre Fortbildungsangebote zu planen und umzusetzen. Und auch in außerschulischen Lernfeldern ist der Werkstattgedanke en vogue, denn er markiert auf den ersten Blick die Abgrenzung gegenüber traditionellen «verschulten» Lehr- und Lernformen.

Inzwischen gibt es eine unüberschaubare Fülle an methodischer Literatur und vor allem an veröffentlichten Unterrichtsmaterialien zum Thema. Der Trend ist offensichtlich: Fast jeder Inhalt wird mit der Bezeichnung «Werkstatt» verbunden. Beispielsweise bieten Verlage Bücher für die pädagogische Praxis vom Kindergarten bis zur Klasse 13 an. Beim Durchblättern der aktuellen Verlagskataloge ist der Werkstattbegriff allgegenwärtig: Es gibt Unterrichtsmaterialien zu den Themen Schreib- und Lese-Werkstatt, Feuer-Werkstatt, Europa-Werkstatt, Zoo-Werkstatt, Hunde-Werkstatt, Märchen-Werkstatt, Frühlings-Werkstatt, Sommer-Werkstatt, Winter-Werkstatt. Selbst eine Werkstatt zum Klo ist verzeichnet. Es gibt eine Stein-Werkstatt, eine Kartoffel-Werkstatt, eine Regenwurm-Werkstatt sowie eine Franz-Marc-Werkstatt für den Kunstunterricht usw.

Anhaltspunkte im Diskurs

Subjekt-, Handlungs-, Prozess- und Erlebnisorientierung in der Pädagogik ließen den Werkstattgedanken in den letzten Jahren zu einem diffusen (fach-) didaktischen Bedeutungsgemenge werden, das kaum noch zu entwirren ist: vom kleinschrittigen Stationenlernen über thematische Projekte bis hin zur virtuellen Internet-Werkstatt. Orientierung tut Not. Denn insbesondere der Kunstunterricht scheint mit seinen Anteilen des bildnerischen Tuns eine große Nähe zum Werkstattgedanken zu haben. Um so wichtiger ist eine fachspezifische Konturierung, wenn nicht fast alles das Etikett «Werkstatt» erhalten soll. Mit dieser Zielperspektive wurde das vorliegende Buch konzipiert. Es bietet aktuelle Beiträge, die konzeptuell und praxisbezogen den Werkstattgedanken für ästhetische Lernprozesse konturieren.

Angesichts des Diskussionsprozesses, in dem wir uns befinden, ist eine abschließende Klärung des Begriffs «Werkstatt» auch mit dieser Veröffentlichung weder möglich noch beabsichtigt. Ziel ist zum einen jedoch, den Leserinnen und Lesern Anhaltspunkte für eine theoretische sowie historische Erörterung und Fundierung des

Werkstattgedankens bezogen auf ästhetisch-bildnerische Lernprozesse zu geben. Zum anderen wird das weite inhaltliche und methodische Spektrum der Werkstattarbeit anhand von Praxisdarstellungen aus dem Kunstunterricht exemplarisch geschildert und differenziert beleuchtet.

Orientierungshilfen durch den Rahmenplan?

Der hessische Rahmenplan für die Sekundarstufe I fordert explizit: «Kunstunterricht orientiert sich – wo immer es möglich ist – am Werkstattgedanken, in dem die schöpferische Selbsttätigkeit der Schülerinnen und Schüler dominiert. Entsprechend müssen Lernprozesse in Form ästhetischer Praxis unter Berücksichtigung notwendiger kreativer Freiräume organisiert werden.» (Rahmenplan Sek. I, S. 26) Diese Aussagen des hessischen Rahmenplans zum Werkstattgedanken werden nicht weiter ausgeführt und bleiben somit diffus. Sie bieten keine Hilfe in der konkreten Unterrichtspraxis, sondern scheinen vielmehr in ihrer Allgemeinheit eher ein modisches verbales Feigenblatt der Kultusbürokratie zu sein. Diese Vermutung verstärkt sich, wenn man weiter liest: «Im Konzept des Werkstattgedankens kommt dem Lehrer und der Lehrerin vor allem die Rolle des beratenden Experten, der beratenden Expertin zu.» (ebd.) Weder wird deutlich, wie z. B. «kreative Freiräume» hergestellt werden können oder wie die so genannte «schöpferische Selbsttätigkeit» angestoßen werden kann, noch wird begründet, warum Unterrichtende eigentlich gar nicht mehr unterrich-ten sollen, wohingegen ja gerade eine Werkstatt von miteinander gekoppelten Lehr- und Lernprozessen, sogar auch von Meister-Lehrling-Beziehungen geprägt sein kann. In der schulischen Unterrichtspraxis erweist sich, dass die Funktion der Lehrenden als «beratende Experten» zu einseitig ist, denn über die Beratung hinaus müssen inhaltliche Angebote an die Schülerinnen und Schüler gemacht werden, die von den jeweiligen Interessen der Kinder und Jugendlichen ausgehen. Kinder und Jugendliche brauchen häufig ganz direkte Hilfestellungen, zum Teil auch konkrete Aufgabenstellungen. Man muss überlegen, ob Beratung heißt, dass überhaupt kein Thema vorgegeben wird oder ob etwa nur individuell mit unterschiedlichen ästhetischen Mitteln gearbeitet wird. Abschließend sei nochmals der hessische Rahmenplan zitiert: «Zum Prinzip Werkstatt gehört auch, dass der Arbeitsraum zeitweilig zum Erlebnis- und Begegnungsraum wird, in dem Bilder betrachtet, anregende Musik und Literatur gehört werden und offene Gespräche stattfin-den.» (Rahmenplan Sek. I, S. 26) Diese Forderung des Rahmenplans hat wohl kaum etwas mit dem Werkstattprinzip zu tun, sondern vielmehr mit allgemeinen didaktischen Prinzipien für offenen Unterricht.

«Kunstpädagogischer Tag»

Um die dargestellten Diffusitäten und Unklarheiten zumindest zu einem Teil dialogisch zu bearbeiten und auch zu klären, lud der Landesverband Hessen im Bund Deut-

Constanze Kirchner (BDK) oben, Werner Stehr (HeLP) unten: Begrüßungsworte zum «Kunstpädagogischen Tag» 2000 des BDK-Hessen in Kassel

scher Kunsterzieherinnen und Kunsterzieher (BDK) im März 2000 zu einer ganztägigen Fortbildungsveranstaltung unter dem Motto «Werkstattunterricht» nach Kassel ein.

...an den Büchertischen...

Nahezu 300 Teilnehmende kamen überwiegend aus Hessen sowie angrenzenden Bundesländern. Unterstützung erfuhr der BDK vor allem durch die Grundschulwerkstatt der Universität Gesamthochschule Kassel, die Kunsthochschule Kassel sowie durch das Hessische Landesinstitut für Pädagogik. Der «Kunstpädagogische Tag» gliederte sich in einen Vormittag mit zwei, in diesem Buch veröffentlichten Vorträgen von Herbert Hagstedt und Dorit Bosse und einer anschließenden Aussprache im Plenum. Nach der Mittagspause, in der u. a. auf Büchertischen ausstellender Verlage gestöbert werden konnte, traf man sich in elf Arbeitsgruppen von durchschnittlich über 20 Personen, um das «Prinzip Werkstatt» exemplarisch anhand bestimmter Unterrichtsinhalte und Lernsettings kennen zu lernen, selber auszuprobieren und gemeinsam zu reflektieren. Diese Arbeitsgruppen behandelten den Werkstattgedanken zu den Inhalten: Hochdruckverfahren (Peter Hespeler); Aktion und Spiel (Werner Zülch); Website-Gestaltung (Marc Fritzsche); multimediale

Softwareproduktion (Torsten Sommer); Körpererfahrung und Zeichnen (Andreas Brenne); Stationenlernen (Elisabeth Sippel, Renate Mann, Claudia Franke-Brandau); Buch und Papier (Harald Knöfel/ Susanne Mihm-Lutz); Malerei-Atelier (Bernhard Balkenhol); szenisches Interpretieren (Dieter Rauch). Viele der Arbeitsgruppenleitenden beteiligen sich mit Beiträgen an der vorliegenden Publikation.

Dass das Thema «Werkstatt» ein großes Anregungspotenzial für die Kunstpädagogik, insbesondere für den schulischen Kunstunterricht bietet, wurde am «Kunstpädagogischen Tag» deutlich, sowohl in den Diskussionen zu den Vorträgen am Vormittag als auch in den Arbeitsgruppengesprächen am Nachmittag. Für die Vertiefung bestimmter Einzelfragen, die erst während der Veranstaltung virulent wurden, etwa die Frage nach der Leistungsbewertung im Werkstattunterricht (Ariane Garlichs) oder der bildungstheoretischen Legitimierung Ästhetischer Werkstätten in der Primarstufe (Adelheid Sievert), konnten zusätzlich Autorinnen und Autoren gewonnen werden.

Vier Begriffe «Werkstatt»
Adelheid Sievert beschreibt eine Werkstatt als einen Ort, eine Stätte, an dem ein Werk hergestellt oder auch repariert wird (Sievert 1998, S. 6). In diesem ortsbezogenen Sinne führt Klaus-Ove Kahrmann in Berufung auf Hartmut von Hentig aus, dass Schule als Erfahrungsraum nicht ausreiche, sondern dass zudem für die Heranwachsenden pädagogisch sinnvolle Erfahrungsräume außerhalb der Institution Schule geboten werden müssten. Als Konsequenz hebt Kahrmann hervor: «Für das Prinzip Werkstatt hieße das, entweder die Schule zur Werkstatt umzubauen oder regelmäßig Werkstätten außerhalb der Schule aufzusuchen.» (Kahrmann 1992, S.

15) Auch Gert Selle begründet seine «Alternative zum Kunstunterricht» (Selle 1991), das Ästhetische Projekt in der Schule, in diesem Werkstatt-Verständnis: Nicht im Klassenzimmer könne ästhetisches Erfahrungslernen stattfinden, sondern in eigens eingerichteten Werkstätten, die von den Kindern und Jugendlichen nachmittags freiwillig aufgesucht werden (Selle 1991, S. 20). Während Selles Vorschlag den fachlich hoch brisanten Sprengsatz enthält, dass eine Kunstpädagogik in der Schule, die nur auf «Werkstatt» setzt, ihre Stellung unter den «Vormittagsfächern» einbüßt und letztlich aus dem Fächerkanon herausgenommen wird, plädiert Adelheid Sievert für die Integration des Werkstattunterrichts in den Schulalltag: Solche Werkstätten als Ergänzung und Erweiterung von Schule können langfristig konzipiert sein, sie können aber auch auf Zeit, etwa auf dem Schulhof angesiedelt werden (Sievert 1998, S. 6 ff.). In diesem ersten Verständnis ist Werkstatt also ganz konkret ein Raum, der Merkmale dessen enthält, was wir auch im Alltag als Werkstatt bezeichnen.

Zweitens ist «Werkstatt» als ein Unterrichtsprinzip zu verstehen, das prozessorientiert sowie experimentell ist und die «selbst gesteuerte Planung und Entwicklung von Vorhaben zum Ziel» (Sievert 1998, S. 6) hat. Die ästhetische Werkstatt steht für innere Schulreformen; sie ermöglicht und fördert durch die Vielfalt ästhetischer Materialien und Techniken entdeckendes, handlungsorientiertes, experimentelles und selbst organisiertes Lernen; sie regt zu aktiver Wahrnehmung und handelnder Aneignung von Wirklichkeit an (Sievert 1998, S. 6 f.).

Dorit Bosse fügt in ihren phänomenorientierten Erkundungen zur «ästhetischen Werkstatt als Ort entdeckenden und eigenständigen Lernens» in diesem Band noch zwei weitere kunstpädagogisch bzw. künstlerisch orientierte Varianten des Werkstatt-Verständnisses hinzu: Sie unterscheidet neben dem Raumbzw. Ortsbezug der Werkstatt den Subjektbezug und den Sachbezug.

Werkstatt sei demnach in ihrem dritten Verständnis als fiktiv oder «immateriell» und nach innen verlagert zu verstehen. In Berufung auf einige Theorieaspekte Gert Selles charakterisiert dieses subjektbezogene Werkstatt-Verständnis die «Transformation des Bewusstseins». Gemeint ist damit weder die materielle noch die methodische Ausrichtung des Werkstattgedankens, sondern vielmehr der geistige Prozess im ästhetischen Handeln, in der Auseinandersetzung mit dem ästhetischen Material, der Idee usw. Werkstatt bedeutet in diesem Sinne ein ganzheitliches Involviertsein in das ästhetisch-praktische Tun – ohne Anbindung an operationalisierte Lernschritte, an räumliche Voraussetzungen, sondern das Einlassen auf individuell gesteuerte ästhetische Prozesse (Bosse in diesem Band). Oder mit den Worten Selles: Die «Werkstatt des Subjekts» ist auch «Transformationsebene geistiger Verarbeitungen» (Selle 1992, S. 46 f.).

Ferner – in einem vierten Sinn – kann die «substanzielle Werkstatt» das Werk selbst sein. Gemeint ist, dass die Werkstattsituation, in der gearbeitet wird, als materieller Ort zur Rauminszenierung oder zum begehbaren, benutzbaren, interaktiv kommunizierbaren Kunstwerk generiert. Eine

In den Arbeitsgruppen...

Werkstattsituation kann konzeptionell als Kunstwerk interpretierbar werden. Installationen von Joseph Beuys führt Bosse für diesen vierten Bezug exemplarisch an. (Vgl. den Beitrag von Dorit Bosse in diesem Band.)

Festzuhalten ist: Alle vier Verständnisweisen des Prinzips Werkstatt legen den Fokus auf die Selbststeuerung des bildnerisch-ästhetischen Handelns. Und: Allen Aussagen ist gemeinsam, dass die Werkstatt-Thematik Diskussionen um die Öffnung von Unterricht und Schule berührt. Hinzu kommt: Angesichts dieser multiperspektivischen Sichtweisen auf die Charakteristika von Werkstatt kommt der ästhetischen Erfahrung innerhalb der Werkstatt eine herausragende Stellung zu: Das Prinzip Werkstatt scheint in besonderer Weise geeignet, ästhetische Erfahrungen zu erzeugen, freizusetzen bzw. diesen Ausdruck zu verleihen. Alle genannten Merkmale tragen dazu bei, ästhetische Prozesse anzustoßen: der Ort (1), ob an die Schule gebunden oder nicht, dem durch bereit liegende Werkzeuge und Materialen hoher Aufforderungscharakter zukommt, die Methoden (2), die Freiräume für selbst gesteuertes ästhetisches Tun zulassen, die Bewusstseinsprozesse (3), die entstehen, wenn man individuellen Neigungen nachspürt, Begabungen herausfindet und in den ästhetischen Prozess leibsinnlich sowie geistig eintaucht sowie die Werkorientierung (4), die Verständnis für ungewöhnliche Kunstkonzepte wecken kann.

Vor dem Hintergrund dieser vier Verständnisweisen von «Werkstatt» empfiehlt es sich darzulegen, auf welches Werkstatt-Verständnis man sich jeweils bezieht. Erfolgt dieser Bezug im vorliegenden Buch nicht explizit, so ist in der Regel Werkstatt als methodisches Unterrichtsprinzip gemeint.

Werkstatt- und Projektorientierung als Unterrichtsprinzipien
Um sich mit einem so facettenreichen Thema wie dem Werkstattgedanken klärend auseinanderzusetzen, kann es hilfreich sein, zunächst Bezüge und Abgrenzungen vorzunehmen: Welche Ähnlichkeiten und Unterschiede lassen sich gegenüber anderen Unterrichtsmethoden erkennen und for-

mulieren? Häufig werden Werkstatt- und Projektunterricht in einem Atemzug genannt. Sie markieren jedoch bei näherer Betrachtung zwei alternative, sich voneinander unterscheidende Unterrichtsmethoden zu traditionellem, lehrgangsorientiertem Frontalunterricht.

Auf den Kunstunterricht bezogen formulierte Gunter Otto sechs Strukturmerkmale projektorientierten Unterrichts: Mitplanung der Schülerinnen und Schüler; Interdisziplinarität und fächerübergreifendes Arbeiten; Bedürfnisbezogenheit und Bezüge zu der Lebenssituation von Schülerinnen und Schülern; Produktorientierung innerhalb eines bewusst vollzogenen Prozesses; sozio-kultureller Zusammenhang mit aktuell-gesellschaftlichen Bezügen; Kooperation aller Beteiligten an gemeinsamen Produkten (Otto 1994, S. 36). Im Gegensatz zum projektorientierten Lernen liegt der Schwerpunkt des didaktischen Prinzips Werkstatt auf der Selbstorganisation der komplexen Lernprozesse durch die Kinder und Jugendlichen. Projektorientierung beinhaltet zwar auch mitplanendes und handelndes Arbeiten meist außerhalb des 45-Minuten-Taktes, dennoch muss es nicht zwingend selbst organisiert sein, sondern kann angeleitet sein. Ferner ist werkstattorientierter Unterricht davon geprägt, dass Lernen und Aneignung von Welt als «ganzheitlicher Prozeß» (Kahrmann 1992, S. 15) verstanden werden, wobei dem eigenen Handeln in diesen Aneignungsprozessen die entscheidende Bedeutung zukommt. Hieran anknüpfendes drittes Unterscheidungsmerkmal ist, dass im Gegensatz zum projekt-orientierten Unterricht in der Werkstatt die Arbeitsprozesse nicht einheitlich in bestimmte Phasen (Anstoß, Planung, Durchführung, Auswertung, Folgen) eingeteilt werden. Entsprechend beschreibt Klaus-Ove Kahrmann exemplarisch: «Oft ist

zu beobachten, daß Betroffene lange Zeit nur herumlaufen und gucken, ohne selbst produktiv zu werden. (...) Plötzlich wendet sich dann das Blatt, und ein ungeahnter Aktivitätsschub setzt ein – die Rezeptionsphase ist zu Ende, hat aber ihre Zeit gebraucht.» «Die Werkstatt zielt auf Selbsterziehung ab.» (Kahrmann 1992, S. 17)

Im Wesentlichen geht es also dem Werkstattgedanken vorrangig um die Förderung der individuellen Persönlichkeitsentwicklung der Schülerinnen und Schüler durch selbst organisiertes Lernen in ästhetischen Bereichen, und zwar nicht indem allein vielerlei handwerklich-technische Angebote vorhanden sind, sondern es geht um ganzheitliches Lernen, das starre Fächergrenzen überwindet (Kirchner/ Otto 1998, S. 5). Mit diesem selbstständigen bzw. selbst organisierten Lernen ist ein spezifisches Unterrichtsprinzip verbunden, das häufig Werkstattprinzip genannt wird. In der Ästhetischen Werkstatt, als einem besonderen pädagogischen Arrangement, das durch prozessorientierte, situative Arbeitsformen entdeckendes, handlungsorientiertes und selbst organisiertes Lernen an innerschulischen und außerschulischen Lernorten fördert, ist die Eigenaktivität und die

Kompetenz jedes einzelnen herausgefordert. Besondere individuelle Fertigkeiten, Interessen und Begabungen werden als Bereicherung in die kooperativ abzustimmenden Arbeitsprozesse mit einbezogen (Sievert 1998, S. 6).

Material in der Werkstatt

Die grundlegende Bedeutung des handgreiflichen Umgangs mit Materialien und Werkzeugen für die kognitive Entwicklung des Menschen ist entwicklungspsychologisch unbestritten (Wichelhaus 1995, S. 35ff.). Gerade Kunstunterrichtende schöpfen aus dieser Tatsache wichtige Legitimationen für ihre Arbeit: «Mit dem dialogischen Reiz des Materialgebrauchs sind Handlungsstrukturen vorgegeben und damit verbunden Erfahrungspotentiale. Haptische und kinästhetische Erfahrungen, die im Umgang mit dem Material gewonnen werden, haben elementare Bedeutung und erfüllen überdies wichtige kompensatorische Funktionen, da sie die Basis für den Aufbau weiterer Wahrnehmungs- und Erkenntnisstrukturen bilden.» (Kirchner/ Otto 1998, S. 9 f.) In der Werkstatt – verstanden als Raum, gefüllt mit

Werkzeugen, Materialien und in Arbeit befindlichen Produkten – kann der Anregungscharakter der zu ertastenden und zu fühlenden Materialqualitäten sehr hoch sein und ästhetische Praxis fördern. Die tastende Hand wird hier unversehens selbst gleichsam zum «Werkzeug aller Werkzeuge» (Aristoteles nach Duderstadt 1997, S. 43) sowie zum «Erkenntnisorgan» (Duderstadt 1997, S. 53). Hierauf macht uns unsere Sprache mit ihren metaphorischen Wurzeln häufig aufmerksam, wenn wir beispielsweise sagen, dass wir etwas «begriffen», «erfasst» oder «behalten» haben, wenn wir Gedanken «verknüpfen» oder «verbinden». Ästhetische Erkenntnis ist sowohl an die leibsinnliche als auch an die geistige Tätigkeit gebunden.

Mit der so genannten Werkstattarbeit im Kunstunterricht verbinden sich Assoziationen an und vor allem Klischees von Arbeitsformen in einer Künstlerwerkstatt, weniger wohl in Bezug auf das traditionelle Meister-Schülerverhältnis als vielmehr im Hinblick auf das offene, ungehinderte, materialintensive ästhetische Tun in teils unaufgeräumter Umgebung, in der

vielfältige Materialien griffbereit vorhanden sind. Durch diese Atmosphäre soll der Anregungscharakter zum ästhetischen Tun entstehen. Abgesehen von der Frage, ob durch eine solche Atmosphäre tatsächlich prinzipiell bereits Motivation evoziert wird, kann jedoch festgestellt werden, dass ein vielfältiges Materialangebot sicherlich in hohem Maße zu individuellen ästhetischen Entwicklungen führen kann. Denn fragt man nach den Voraussetzungen, Bedingungen und Prozessen der Konstituierung von ästhetischen Produkten und Bildern, muss zwangsläufig über den Produktionsprozess nachgedacht werden. «Machen ist ein Manipulieren mit Materialien, deren Eigenschaften im probierenden Umgang erfahren werden. Materialreiz, Werkzeuggebrauch und latente Vorstellungsbestände bewegen die Phantasie und lösen Handlungen aus, die auf Umgestaltung gerichtet sind.» (Ebert 1971, S. 18)

Die Eigenart eines Werks hängt von der gestalterischen Beschäftigung mit dem Material ab. Der Produktionsprozess darf dabei nicht als mechanistisches Herstellungsverfahren, sondern muss als geistige Tätigkeit verstanden werden, die im Umgang mit dem Material Ausbildung erfährt und die nicht bloße Transformation einer Idee in ein Bild bedeutet. Ernst-D. Lantermann (1992, S. 41) betont das Wechselspiel von Fragen, die das Material in einer bestimmten Bearbeitungsform stellt, und vorläufigen Antworten, die es gibt. Dadurch werden wiederum neue Ideen entwickelt, das Material wird verändert. «Im Zusammenstoß der Intentionen mit dem Material bei der produktiven Arbeit ist die weitere Entwicklung des Ganzen unberechenbar und voller Überraschungen und in jedem Augenblick äußerst heikel. Alles ändert sich mit allem.» (Lantermann 1992, S. 54) Das Wechselspiel von Idee, Zufall und Hervorbringung, von Materialspuren, die Assoziationen auslösen, Erinnerungen anstoßen und die Bildfindung weitertreiben, das Suchen und Finden von Formen sind Faktoren, die den prozessualen Charakter der Werkgenese konstituieren. Das Material gilt als kommunikativer Faktor im ästhetischen Prozess, d. h. materielle Bedingungen wirken im Produktionsprozess als sinnkonstitutives Element; und der Umgang mit dem Material trägt zur Identitätsbil-

dung und zum Erkenntnisgewinn bei (Freitag-Schubert 1998, S. 49 ff.). Spezifische Materialreize bieten bestimmte Erfahrungs- und Erkenntnischancen, Zufälle und Störungen; die Ausdeutung der Formbildungen und subjektive Deutungsmuster bestimmen den Produktionsprozess.

In der Interaktion mit dem Material entwickelt sich Bedeutung. Helmut Danner erläutert das Wechselspiel zwischen Material und Person in der Handlung als einen Prozess des Sinnstiftens: «Das Sinnhafte entsteht und verändert sich Schritt für Schritt durch ein Zusammenspiel von Menschen und Ding. Das Entstehen des Sinnhaften nur einer ‹Seite› zuzuschreiben, wäre verfälschend. Ja, gibt es überhaupt einzelne ‹Seiten› in diesem Geschehen? Sind sie nicht Abstraktionen und damit Verfälschungen? Wir *und* die Dinge bringen Sinn hervor.» (Danner 1989, S. 85; Hervorhebung im Original) Wendet man diese Aussage Danners didaktisch, wird der immense Stellenwert von Materialvorgaben im ästhetischen Prozess deutlich: Das Material ist maßgeblich an der symbolischen Ausdrucksform beteiligt, weil es neben subjektiv gesteuerten Motiven die ästhetische Handlung mitbestimmt und darüber hinaus sinnstiftend wirkt. Die Spezifik des Materials konstituiert neben den individuellen Voraussetzungen die gestaltende Handlung. In unterschiedlicher Weise werden Emotionen freigesetzt, Fantasien angeregt, symboli-sche Vorstellungen ausgebildet und Bedeutungen gestiftet (Kirchner 1999, S. 258 ff.).

Rekapituliert man die Bedeutung des Materials für die ästhetischen Prozesse und damit verbunden für die individuellen Erfahrungs- und Erkenntnischancen, muss festgehalten werden, dass die Vielfalt an Materialangeboten in entscheidendem Maße Voraussetzung für persönlichkeitsbildende ästhetische Prozesse sein kann. Eine Werkstatt, in der selbst gesteuert mit einem breiten Spektrum an Materialien gearbeitet wird, kann in diesem Sinne einen wichtigen Beitrag zur ästhetischen Bildung der Heranwachsenden leisten.

Werkstatt und Computer
Konträre Auffassungen zwischen den Vertretern einer traditionellen, materialbezogenen Werkstattarbeit mit der Hand als zentralem Handlungs- und Erkenntnisorgan und Verfechtern für die Öffnung und Nutzung der Werkstattprinzipien in der Arbeit mit den digitalen Medien ergeben sich bei der Diskussion um die Frage, welcher Werkzeuge man sich werkstattorientiert bedient – ob «realer» und/oder «virtueller». Diese Kontroverse wird auch in diesem Buch dokumentiert und ausgetragen. (Vgl. die Beiträge von Herbert Hagstedt, Marc Fritzsche und Bernhard Balkenhol.)

Aus den Überlegungen zur Bedeutung des Materials abzuleiten, die Leiblichkeit und das Lernen mit der Hand stehe im diametralen Kontrast zum Umgang mit den digitalen Medien, greift unseres Erachtens zu kurz. Jedes gestalterische Mittel, zu dem Kinder und Jugendliche einen Zugang haben bzw. das ihrem Ausdrucksbedürfnis entspricht, ist geeignet, ästhetische Erfahrungen freizusetzen. Versteht man den ästhetischen Prozess als leibsinnliches und geistiges Tun, das in gestalterischen Ausdruck mündet, ist die Frage nach dem geeigneten bildnerischen Mittel ohnehin nur einzelfallbezogen zu erörtern. Bestenfalls lässt sich fragen, ob das Mittel dem inhaltlichen Konzept angemessen scheint.

Zudem: Trotz fortschreitender elektronischer Spracherkennung bleibt die Hand an der Maus, auf dem Touchpad, an den Funktionsdisplays der digitalen (Video-) Kamera oder auf der Tastatur des Rechners unersetzbar. Die Hand befindet sich stets an der zentralen Schnittstelle zwischen analogen und virtuellen Realitäten. Je stärker wir Virtualitäten erfahren können, desto mehr steigen die Möglichkeiten, auch die bisherige, reale Welt intensiver – gleichsam von außen und auch «neu» – wahrzunehmen (Schacht/ Peez 1999, S. 17 f.). «Der Leib ist ein konservatives Element, und er bleibt eine Bedingung all unserer Vollzüge» (Welsch 1996, S. 319), so der

Philosoph Wolfgang Welsch. Körperlichkeit ist kein simples Gegenprogramm zu elektronischen Welten, sondern beide Weltzugangsweisen ergänzen sich nicht nur für die Heranwachsenden komplementär, sie durchdringen sich. «Wir beginnen zwischen unterschiedlichen Wirklichkeitsformen wie selbstverständlich hin und her zu gehen. (...) Man sollte sich lustvoll in den elektronischen Welten bewegen können – aber nicht nur in ihnen, sondern auch in anderen Welten.» (Welsch 1996, S. 322) An diesen Gedanken schließt Henning Freiberg an, wenn er eine «Doppelstrategie» «des Aufgreifens medial bedingter Defizite in der ästhetischen Sozialisation und der Entwicklung von Medienkompetenz» (Freiberg 1998, S. 15 f.) für Kunstpädagogik entwirft.

In Hinblick auf den Werkstattgedanken bedeutet dies, dass sich freilich auch die ästhetische Werkstatt komplementäre, d. h. sich ergänzende Weltzugangsweisen zunutze machen sollte, wenn sie inhaltlich und didaktisch begründet

sind. Von der Pluralität der Kunstpädagogik ausgehend, kann ein so wichtiges Medium, wie der Computer, der grundlegende Kulturtechniken vermittelt, nicht grundsätzlich aus der Werkstatt ausgegrenzt werden; im Gegenteil. Die fachdidaktische und praktische Herausforderung stellt sich vielmehr in Form der Integration unterschiedlicher realer Werkzeuge und virtueller Tools in der Werkstatt (Schierenbeck 1998).

Auch aus einem anderen Grunde sollte der Computer durchaus einen Platz in der ästhetischen Werkstatt einnehmen. Gehen wir vom orts- bzw. raumbezogenen Werkstatt-Verständnis aus, dann lässt sich heute kaum mehr eine Werkstatt vorstellen, die nicht digitale Aspekte enthält, die nicht virtuell vernetzt ist. Gehen wir vom Werkstatt-Verständnis als didaktischer Methode aus, so wird ebenfalls deutlich, dass der Computer nicht außen vorbleiben muss. Denn – wie oben dargelegt – können die charakteristischen Absichten im Zuge selbst organisierten ästhetischen Lernens

17

durchaus auch mit Hilfe digitaler Werkzeuge verfolgt werden.

Merkmale des Stationenlernens

Die Methode des Stationenlernens wird häufig im Zusammenhang mit dem Werkstattbegriff vor allem im Primarstufenbereich, aber auch der Sekundarstufe I genannt. Gleich drei Arbeitsgruppen am «Kunstpädagogischen Tag» waren vom Stationenlernen geprägt. (Vgl. die Beiträge von Elisabeth Sippel, Renate Mann und Claudia Franke-Brandau.) Diese Methode, so Frank Schulz, reagiert zum einen auf vielgliedrige Handlungsabläufe sowie zum anderen auf komplexe Unterrichtsinhalte, die sich thematisch gut in einzelne Schritte, in Stationen gliedern lassen (Schulz 1998, S. 87). «An Stationen werden Teilhandlungen ausgeführt, für die technische oder materielle Voraussetzungen nicht an jedem einzelnen Schüler-

platz geschaffen werden können. (...) Der Unterschied zur Gruppenarbeit besteht darin, dass an den Stationen Materialien, Werkzeug und Maschinen bereitgestellt werden, über die Schüler in der Regel nicht selbst verfügen. Stationen sind auf Zeit eingerichtete und in geeigneter Weise ausgestattete Arbeitsplätze.» (Schulz 1998, S. 87) Viele dieser Merkmale des Stationenprinzips treffen auch auf den Werkstattgedanken – vor allem im Verständnis der orts- und raumbezogenen Bedingungen – zu, so etwa die nur begrenzte Ausstattung mit Materialien, Werkzeug und Maschinen oder die Einrichtung von Arbeitsplätzen auf Zeit.

Charakteristisch für die Stationenmethode ist, dass den Schülerinnen und Schülern in der Regel an den Arbeitsstationen Anregungen, in Bezug auf die Werkzeugnutzung auch fertige «Gebrauchsanweisun-

gen» oder Versuchsbeschreibungen, angeboten werden. Ihren «Lernlauf» halten die Schülerinnen und Schüler auf «vorher ausgegebenen Laufkarten» fest (Friedrich Jahresheft 1997, S. 128).

An den Stationen wird dann jedoch der Freiarbeit ähnlich selbstständig, in beliebiger Abfolge und in frei gewählter Sozialform gearbeitet. Der übergeordnete zeitliche und organisatorische Rahmen wird von der Lehrkraft zur Verfügung gestellt. Somit deckt sich Stationenlernen im Sinne des orts- und raumbezogenen Werkstatt-Verständnis-ses nicht immer mit dem didaktischen Prinzip Werkstatt als Unterrichtsmethode. Im Gegenteil: Das zentrale Merkmal des selbst gesteuerten Lernens wird drastisch reduziert, wenn die einzige Selbststeuerung nur noch in der Zeiteinteilung liegt und die zu lernenden Inhalte letztlich doch kleinschrittig operationalisiert vorgegeben werden.

Zwischenresümee

Die sowohl in diesem Beitrag als auch im gesamten Buch skizzierten Verständnisweisen des Werkstattgedankens spiegeln die gegenwärtige Pluralität der Auffassungen zur Werkstatt wider. Welche konkreten Arbeits- und Lernformen man in der Praxis anwendet – ob Instruktionen an Stationen oder offene Materialangebote, ob reale oder virtuelle Werkzeuge, ob in der Schule oder außerhalb gearbeitet wird usw. –, sind zu erörternde Herausforderungen, die sich nicht an ein einmal festgelegtes Verständnis von Werkstattunterricht binden lassen. Vielmehr müssen auf der Grundlage der dargestellten Vielfalt situationsbedingt, lerngruppenorientiert und themenspezifisch die einzelnen

Entscheidungen begründet werden. Jedem wird beispielsweise einleuchten, dass Erstklässler ohne Hilfestellung in einer reichlich ausgestatteten Werkstatt zum Teil hilflos und gar restlos überfordert sein können.

Unsere Herausforderung für die Zukunft lautet deshalb, die unterschiedlichen fachspezifisch anregenden Facetten des Werkstattgedankens kennen zu lernen und auszuprobieren, um sie für die Kunstpädagogik zu nutzen und weiterzuentwickeln; dies allerdings ohne die in ihm enthaltene offene didaktische Struktur auf eine einzige Verständnisweise festzuschreiben. Gelingt dieser Balanceakt, dann kann der Werkstattgedanke für den Kunstunterricht seine innovativen Potenziale sowohl auf der konzeptuellen Ebene als auch in der Praxis entfalten. Mit dem vorliegenden Buch ist beabsichtigt, Klärungs- und Orientierungshilfen in beide Richtungen zu leisten.

Literatur

Danner, Helmut: Vom Bambus zur Panflöte. In: Lippitz, Wilfried/ Rittelmeyer, Christian (Hg.): Phänomene des Kinderlebens. Bad Heilbrunn/ Obb. 1989, S. 81-92

Duderstadt, Matthias: Ästhetik und Stofflichkeit. Ein Beitrag zur elementaren Bildung. Weinheim 1997

Ebert, Wilhelm: Ästhetische Erziehung im Vor- und Grundschulalter – Konzepte und Realitäten. In: Die Grundschule 2/1971, S. 17-27

Freiberg, Henning: Thesen zur Bilderziehung im Fach Kunst. Plädoyer für ein neues Fachverständnis in der Bild-Mediengesellschaft. In: Kirschenmann, Johannes/ Peez, Georg (Hg.): Chancen und Grenzen der Neuen Medien im Kunstunterricht. Hannover 1998, S. 12-17

Freitag-Schubert, Cornelia: Farbmaterial und Verfahren. Eine kunstwissenschaftliche und kunstpsychologische Untersuchung aus kunstpädagogischem Interesse. Weimar 1998

Friedrich Jahresheft 1997: Stationenlernen, S. 128

Kahrmann, Klaus-Ove: Das Prinzip Werkstatt. Eine Alternative zur alltäglichen kunstpädagogischen Praxis. In: Kunst+Unterricht, Heft 161, 1992, S. 14-19

Kirchner, Constanze/ Otto, Gunter: Praxis und Konzept des Kunstunterrichts. In: Kunst+Unterricht, Heft 223/224, 1998, S. 4-11

Kirchner, Constanze: Kinder und Kunst der Gegenwart. Zur Erfahrung mit zeitgenössischer Kunst in der Grundschule. Seelze 1999

Kirschenmann, Johannes/ Peez, Georg: Kunstpädagogik mit der Maus? In: Kirschenmann, Johannes/ Peez, Georg (Hg.): Chancen und Grenzen der Neuen Medien im Kunstunterricht. Hannover 1998, S. 5-11

Lantermann, Ernst-D.: Bildwechsel und Einbildung. Eine Psychologie der Kunst. Berlin 1992

Otto, Gunter: Projekte in der Fächerschule? Plädoyer für eine vernachlässigte Lernweise. In: Kunst+Unterricht, Heft 181, 1994, S. 35-37

Rahmenplan Kunst Sek. I, hg. vom Hessischen Kultusministerium. Wiesbaden 1996

Schacht, Michael/ Peez, Georg: Elementare Spielräume des Möglichen. «Hand» von Udo Koch. In: BDK-Mitteilungen, 1, 1999, S. 15-18

Schierenbeck, Fred: Annäherung an ein Kunstwerk. Zur Funktion digitaler Bildmedien im Kunstunterricht. In: Kunst+Unterricht, Heft 223/224, 1998, S. 40-43

Schulz, Frank: Über Methoden des Kunstunterrichts. In: Kunst+Unterricht, Heft 223/224, 1998, S. 87-92

Selle, Gert: Begründung einer Alternative zum Kunstunterricht. In: BDK-Mitteilungen, 4, 1991, S. 18-20

Selle, Gert: Das ästhetische Projekt. Plädoyer für eine kunstnahe Praxis in Weiterbildung und Schule. Unna 1992

Sievert, Adelheid: Kunstwerkstatt. In: Die Grundschulzeitschrift, Heft 118, 1998, S. 6-11

Welsch, Wolfgang: Grenzgänge der Ästhetik. Stuttgart 1996

Wichelhaus, Barbara: Kompensatorischer Kunstunterricht. In: Kunst+Unterricht, Heft 191, 1995, S. 35-39

WERKSTATT, f.,

seit dem späten mhd. bezeugte bezeichnung der arbeitsstätte, die ältere namen wie werkgadem, -haus allmählich verdrängt, bald aber selbst von werkstätte und -stelle bedrängt wird. der plural ist wie beim simplex statt im nhd. unüblich; als vereinzelte belege finden sich (...):

- die schulen seyn werckstätten der gottseligkeit
    SANDRUB hist. u. poet. kurzweil 18 ndr.;
- darinne haben etliche handwercksleut jhre werckstett
    SCHWEIGGER reyszbeschr. (1619) 53;
- bauete schon zuchthäuser und werkstätte
    GRIMMELSHAUSEN vogelnest 23 Scholte;
- viel schöne werck-stätte antrifft
    HOHBERG georg. cur. aucta (1682) 1, 68;
- deren felder öde, deren werkstätte verlassen werden sollten
    KLINGER w. (1809) 4, 150;
- baut dem betruge geheime tempel und werkstätte
    BODE Montaigne (1793) 1, 386; (...)

will man nicht den plural von werkstätte gebrauchen, so werden bisweilen zusammensetzungen wie werkstatt-betriebe (ALTEN hdb. f. heer u. flotte [1909] 4, 697) als plural genutzt. mundartlich ist werkstatt für Barmen, Elberfeld, Cronenberg (bei Solingen) und für weite teile des md. und obd. sprachgebiets bezeugt, stellenweise bis zur einsilbigkeit verschliffen (formen wie wärkscht JECHT Mansfeld 121; wargsd GERBET Vogtl. 274), während im nordfries. und nd. die form werkstätte bevorzugt wird (in varianten wie warksted MENSING schlesw.-holst. 5, 529; warkstee SCHAMBACH Göttingen 287; wierkstide MARTIN Rhoden 284; werkstile WOESTE westfäl. 320).

Deutsches Wörterbuch von Jacob und Wilhelm Grimm
Fotomechanischer Nachdruck der deutschen Erstausgabe 1960
dtv München 1999
Bd. 29 = Bd. 14, Abt. 1, Teil 2.
bearbeitet von der Arbeitsstelle des Dt. Wörterbuches zu Berlin/Ost

Dorit Bosse

Die ästhetische Werkstatt als Ort entdeckenden und eigenständigen Lernens

Wenn Kunsterzieherinnen und Kunsterzieher nach ihren Erfahrungen mit Werkstattarbeit gefragt werden, bekommt man Unterschiedliches zu hören. So meint ein älterer Kollege, Kunstunterricht sei immer schon Werkstattunterricht gewesen, und begründet dies damit, dass im Fach Kunst überwiegend selbstbestimmt gearbeitet werde. Ein anderer Kunsterzieher ist der Meinung, das Wichtigste an der Werkstattsituation sei das gemeinsame Arbeiten an einer Sache. Eine junge Kollegin geht gern nach dem Werkstattprinzip vor, weil «dabei das Anarchische des Faches Kunst stärker zum Zuge kommt». Ein Kollege hat die Erfahrung gemacht, dass im offen angelegten Werkstattunterricht einige Schülerinnen und Schüler nicht mit dem Freiraum umgehen können: «Die driften dann grundsätzlich ab.» Demgegenüber gibt es mit individualisierten Lernsituationen, die Werkstattunterricht möglich werden lässt, offenbar auch andere Erfahrungen. So sagt eine Lehrerin: «Wenn Schülern im Werkstattunterricht eine Vielfalt von Materialien zur Verfügung steht und sie relativ frei damit arbeiten können, kommen auch die Schwächeren zu guten Ergebnissen.» Ein Kollege legt Wert darauf zu betonen, dass auch das gemeinsame Ergründen der Bedeutung eines Bildes Werkstattcharakter haben kann. Und schließlich eine Einschätzung, aus der eine eher gedämpfte Euphorie gegenüber dem Werkstattlernen herauszuhören ist: «Werkstattprinzip ganz gut und schön, aber man muss auch Klausurtermine bedienen.»

Die Äußerungen lassen unterschiedliche Vorstellungen dessen vermuten, was unter Werkstattunterricht verstanden wird. Werkstattarbeit wird als Prinzip von Kunstunterricht schlechthin gesehen oder zumindest als Bestandteil des Faches oder nur als ein eher randständiger Bereich. Werkstattarbeit kann selbstbestimmt sein, individualisiertes Lernen ermöglichen, kann aber auch das gemeinsame Arbeiten an einem Projekt beinhalten. Werkstatt kann bedeuten, dass Schülerinnen und Schüler mit bestimmten Materialien an einem eigens hergerichteten Ort arbeiten, wo praktisch-handwerkliches Tun im Vordergrund steht. Mit Werkstatt wird aber auch eine Unterrichtsform verbunden, bei dem die Gedankenarbeit im Mittelpunkt steht, die geistige Auseinandersetzung mit etwas Irritierend-Fremdem. Werkstattunterricht wird mit offenen Lernangeboten in Verbindung gebracht, wobei die geschaffenen Freiräume besonders anregen können, aber zugleich zum Sich-Entziehen verleiten. Auch in puncto Leistungen gehen die Vorstellungen auseinander. Werkstattunterricht kann Leistungen in besonderer Weise hervorbringen oder findet von vornherein außerhalb der regulären Leistungsmessung statt.

Im Folgenden sollen die unterschiedlichen Möglichkeiten des Werkstattprinzips genauer ausgelotet werden. Es wird der Frage nachgegangen, was ästhetische Werkstätten ausmachen und was ihre spezifischen Ausprägungen kennzeichnet. Auf der Suche nach verschiedenartigen Werkstätten wird der pädagogische Rahmen gesprengt. Es werden Orte aufgesucht, in denen Menschen schöpferisch tätig sind, Orte, die sich Menschen für ihre ästhetische Arbeit geschaffen haben.

Ästhetische Werkstätten als Orte schöpferischer Tätigkeit

1. Das Atelier als Ort der inneren Sammlung

In Abb. 1 ist das Atelier von Caspar David Friedrich zu sehen, ein kahler und nüchtern eingerichteter Raum. Die Einrichtung beschränkt sich auf einige wenige Malutensilien. Das rechte Fenster ist mit Brettern geschlossen, beim linken versperren Holzläden im unteren Teil den Blick nach draußen. Friedrich war der Meinung, dass alle äußeren Gegenstände die Bildwelt im Innern nur stören (Wilhelm von Kügelgen zit. in Jensen 1983, S. 24). Es sollte sich nichts zwischen Imagination und Bild schieben, Wahrnehmung und Empfindung sollten nach innen gelenkt werden. Friedrichs Atelier ist ein Ort der Stille und der Konzentration, einer Mönchszelle oder einem Meditationsraum vergleichbar (Jensen 1983, S. 26). Diesen Willen zur inneren Sammlung bezeugen auch die beiden berühmten Aussprüche C. D. Friedrichs: «Der Maler soll nicht bloß malen, was er vor sich sieht, sondern auch,

Abb. 1 Caspar David Friedrich in seinem Atelier (1811) von Georg Friedrich Kersting (Ausschnitt)

Abb. 2 Pablo Picassos Arbeitszimmer in der Villa «La Californie» bei Cannes

Abb. 3 Schülerinnen und
chüler einer
. Klasse in der Klang-
werkstatt

was er in sich sieht» sowie «Ein Bild
soll nicht erfunden, sondern empfunden sein» (C. D. Friedrich zit. in
Kleßmann 1984, S. 124). So entstehen anhand von Skizzen seine See-
lenlandschaften, die nicht Abbild
der Realität, sondern immer auch
Ausdruck seiner inneren Verfasst-
heit sind.

2. Das Atelier als Ort der Unruhe und Anregung

Im starken Kontrast steht dazu das in
Abb. 2 zu sehende Arbeitszimmer
von Pablo Picasso in der Villa «La
Californie» bei Cannes. Picasso
hatte bekanntlich den Drang, alles
was er fand, aufzuheben. In seinem
Atelier scharte er Fundstücke,
Dinge des täglichen Gebrauchs und
selbstgeschaffene Werke um sich.
Mit dieser Dingwelt umgab er sich
gleichsam wie mit einer Aura, die
ihn auf seine Arbeit einstimmte und
anregend wirkte und die mit neuen

Kunstobjekten bereichert werden
wollte. Die originäre Ordnung der
Dinge durfte nicht gestört werden,
denn jedes Atom dieses kleinen Uni-
versums konnte zum Auslöser für
eine neue Bildidee werden. Picasso
suchte sich immer wieder andere
Behausungen – Häuser, Villen,
Schlösser –, man könnte meinen,
immer dann, wenn er in seinem Atelier vor lauter umherliegenden Dingen und eigenen Kunstwerken nicht
mehr zu seinen Pinseln durchkam.

Während sich bei C. D. Friedrich die
sinnliche Aktivität nach innen verlagert hat, wird Picassos Produktivität
entscheidend von der unmittelbaren
Umgebung seines Arbeitsraums
inspiriert. Für Picasso waren die
Präsenz seiner Werke und das chao-
tisch anmutende Durcheinander seines Ateliers Stimuli für seine Arbeit,
während Friedrich zeitweise sogar
seine Malutensilien aus dem Atelier
in den Nebenraum verbannte, weil

er in ihnen eine Ablenkung von der Konzentration auf seine innere Bildwelt sah.

3. Die Klangwerkstatt

In Abb. 3 sind Jugendliche beim Experimentieren mit den klanglichen Möglichkeiten unterschiedlicher Metallobjekte zu sehen. Das Instrumentarium ist von Musikstudenten der Kasseler Universität unter Leitung von Walter Sons entwickelt worden. Auf dem Bild ist rechts eine aufgehängte Pflugschar zu sehen, in der Mitte hinten zwei Blechtonnen mit aufgeschweißten Seitenteilen eines Einkaufswagens, vorn auf dem Boden Bremsscheiben verschiedener Größe und links ein Tisch, an dem u. a. ein Auspuffrohr befestigt ist. Bei der Gruppe handelt es sich um Schülerinnen und Schüler einer 6. Klasse, die über viele Wochen die klanglichen Eigenarten der unterschiedlichen Metallobjekte erkundet haben und durch das Experimentieren allmählich gemeinsam zu komponierten Improvisationen gekommen sind (vgl. dazu Geuen/Sons 1997, S. 58 ff.).

4. Die Erinnerungswerkstatt

Abb. 4: Auch so kann ein Ort aussehen, an dem schöpferisch gearbeitet wird. Es handelt sich um Sigmund Freuds Behandlungszimmer in Wien mit der berühmten Couch. Hinter dem Kopfteil der Couch befindet sich sein Sessel mit Fußschemel. Freud saß bei den Behandlungen bekanntlich außerhalb des Blickfelds seines Patienten, damit dessen freier Gedankenfluss durch die Anwesenheit des Analytikers möglichst wenig gestört wurde. Freud hat sich in seinem Behandlungszimmer wie in den übrigen Räumen seiner Wohnung mit ägyptischen, griechischen und römischen Kunstwerken umgeben. In der Ecke über seinem Sessel sind Reproduktionen von Wandzeichnungen aus Pompei zu sehen, über

der Couch eine Fotografie von Abu Simbel. Seine Vorliebe für Prähistorisches hing auf's Engste mit der Psychoanalyse zusammen. Das Ergründen der Tiefenschichten des menschlichen Seelenlebens verglich Freud mit der Tätigkeit eines Archäologen. Wie der Archäologe hat es auch der Psychoanalytiker mit einer trügerischen Oberfläche zu tun, die Wahrheit ist verschüttet und muss Schicht für Schicht behutsam geborgen werden. Beim Archäologen wie beim Psychoanalytiker ist

Abb. 4 Sigmund Freuds Behandlungszimmer in Wien

das Beweismaterial fragmentarisch, und beide müssen detektivisch vorgehen. Beide müssen von der Gegenwart in die Vergangenheit zurückgehen und sich von der Vergangenheit wieder in die Gegenwart vorarbeiten (Engelman 1977, S. 13 f.). Allerdings kommt der Psychoanalytiker nur über die Herausforderung der eigenen Entdeckungsarbeit des Patienten zum Erfolg. Das Setting des entspannt auf der Couch liegenden Patienten und des aufmerksam zuhörenden Analytikers trägt dazu bei, eine solche Gedankenarbeit zu begünstigen und auszulösen.

Freuds Faszination an wiederentdeckten Zeugnissen kultureller Leistungen aus früher Menschheitsgeschichte ist in Analogie zu sehen zu seiner Neugier und seinem Forscherdrang, das individualge-

schichtlich Verschüttete zu Tage zu fördern. Indem er die Nähe zu den großen Errungenschaften der Archäologie suchte, schaffte er sich eine Umgebung, die ihm nicht zuletzt auch die Bedeutsamkeit seiner eigenen Tätigkeit vergegenwärtigte.

5. Die Werkstatt für experimentelles Spiel

Abb. 5 bietet einen Einblick in die Werkstattarbeit von Studierenden der Kunsthochschule Kassel unter der Leitung von Werner Zülch, die sich mit experimentellem Ausdruck und theatralem Spiel beschäftigt. Es handelt sich um ein Standbild aus einem Video, in dem eine Präsentation der Gruppe unter dem Motto «Rumeimern» festgehalten wurde. Dieser Präsentation vorangegangen sind Übungen zur Körpererfahrung

Abb. 5
Studierendengruppe beim experimentellen Spiel (Videostandbild)

und zu Ausdrucksmöglichkeiten sowie eine Aktion im öffentlichen Raum. Die Aktion fand in der Kasseler Fußgängerzone statt. Die Studierenden, in einer Reihe hintereinander und jeder mit einem Eimer ausgestattet, steuerten Wasserhydranten an und füllten vor einem verwunderten Publikum, das diese ungewöhnliche Prozession verfolgte, ihre Eimer voll.

In der Präsentation stellt jeder Student ein Szenario mit einem Wassereimer dar. Während die Studentin im Hintergrund, einen Eimer auf dem Kopf balancierend, durch den Raum schreitet, benetzt die Studentin im Vordergrund, einer rituellen Waschung gleich, ihren Körper unablässig mit dem rot gefärbten Wasser ihres Eimers. Währenddessen geht der Leiter der Gruppe mit einem Mikrofon von Szenario zu Szenario, so dass der Zuschauer lautverstärkt auch die Geräusche der Einzelaktionen mitbekommt.

6. Die Denkwerkstatt

Das letzte Beispiel (Abb. 6) lässt sich mit dem Begriff «Denkwerkstatt» kennzeichnen. Man sieht Joseph Beuys beim Aufstellen seiner Installation «Richtkräfte» in der Nationalgalerie Berlin im Jahre 1977. Die Installation besteht aus einer Ansammlung von Schiefertafeln, die drei Jahre zuvor während einer Ausstellung im Londoner Institute of Contemporary Arts entstanden sind (vgl. dazu Joachimides 1977). Das Ausstellungsthema war «Art into Society and Society into Art». Beuys diskutierte während der Dauer der Ausstellung mit einzelnen Besuchern über Politik, Wissenschaft und Kunst und hielt während der Gespräche die Gedanken auf Schiefertafeln fest. Wenn ein Gedankengang abgeschlossen war, warf Beuys die beschriftete Tafel mit lautem Knall auf den Boden. Diese permanente Aktion war damals sein Ausstellungsbeitrag. In

der Nationalgalerie Berlin arrangierte Beuys die Relikte der Aktion zu einer Installation, die im Sinne einer Denkwerkstatt Aufforderungscharakter haben soll, den begonnenen Gedankenaustausch fortzusetzen. Dafür stehen symbolisch eine Reihe noch unbeschriebener Tafeln zur Verfügung sowie Tafelanschriebe wie «Show your wound» oder rechts im Bild «Make the secrets productive», von denen sich der

Abb. 6 Joseph Beuys beim Aufstellen seiner Installation «Richtkräfte» in der Nationalgalerie Berlin (1977)

Betrachter unmittelbar angesprochen fühlen kann. Er wird dazu herausgefordert, es nicht nur beim Betrachten der musealen Präsentation zu belassen, sondern, angeregt durch die «sprechenden» Aktionsrelikte, den Diskurs wieder aufzunehmen und weiterzuführen.

Das Besondere der ästhetischen Erfahrung braucht die Werkstatt

Die sechs Beispiele zeigen in unterschiedlicher Weise, dass sich schöpferische Tätigkeit stets raumbezogen oder zumindest im Rahmen eines festgelegten sozialen Settings vollzieht. Inneres Handeln braucht äußere Impulse, Anregungen, Aktivierungsmöglichkeiten. Was geschieht in Werkstätten, in denen ästhetisch gearbeitet wird, allein oder zusammen mit anderen, sinnlich konkret oder auf der Ebene des Bewusstseins? Es wird erprobt, etwas entdeckt, sich erinnert, entworfen, wiederholt, durchgearbeitet, verworfen, weitergearbeitet; es wird auf Gefühle geachtet, fantasiert, nach Formen gerungen, gestaltet. Hierbei handelt es sich zunächst um eine ungeordnete Sammlung charakteristischer Aktivitäten, die für ästhetische Erfahrung relevant sein können. Das, was die ästhetische Erfahrung ausmacht, soll in Anknüpfung an das klassische Verständnis von Ästhetik nun systematischer gefasst werden.

Unterschieden wird bekanntlich zwischen Aisthesis und Poiesis, der Aisthesis als der umfassenden sinnlichen Wahrnehmung und Wirkung der Sinne in uns, die sowohl das Sinnlich-Emotionale wie das Kognitiv-Erkennende umschließt, und der Poiesis als dem schöpferischen Tun, dem Gestalten. Damit sind verschiedene Potenziale des Menschen zur Verarbeitung von Wirklichkeit angesprochen: die Wahrnehmungsfähigkeit, die Möglichkeit zu imaginieren und die Fähigkeit zur gestaltenden Verarbeitung.

Um das, was ästhetische Erfahrung bedeutet, differenzierter erfassen zu können, soll im Folgenden die ästhetische Erfahrung als prozessualer Ablauf von inneren und äußeren Ereignissen und Handlungen beschrieben werden. Voraussetzung für die ästhetische Erfahrung sind sinnliche Regungen wie spüren, sich-fühlen und empfinden. Diese sinnlichen Regungen sind Ausdruck einer unmittelbaren Gefühlsreaktion auf einen Eindruck, eine Situation oder eine Erinnerung; man ist davon berührt, angerührt, man lässt sich mit seinem Körper und seinem Bewusstsein darauf ein. Der Erziehungswissenschaftler Horst Rumpf spricht von «Initialerschütterungen», die den Prozess ästhetischer Erfahrung in Gang setzen (1987, S. 106). Während diese Form des unmittelbaren Erlebens noch vorbegrifflicher Natur ist, vollzieht sich das Wahrnehmen schon näher am Erkennen und damit näher an den Begriffen. Im Akt des Wahrnehmens wird identifiziert, verglichen, unterschieden, benannt (Selle 1988, S. 27). Gleichwohl muss man sich das Empfinden und Wahrnehmen nicht als ein Nacheinander vorstellen. Es ist also nicht so, dass die Gefühle gleichsam das Rohmaterial für die Wahrnehmung schaffen (Gibson zit. in Selle ebd.). Empfinden und Wahrnehmen ereignen sich gleichzeitig und durchmischen sich. Sinnlichkeit und Erkenntnis sind zugleich gegenwärtig – in diesem Zusammentreffen hat Friedrich Schiller den «ästhetischen Zustand» verwirklicht gesehen. Das Besondere des ästhetischen Zustands ist gerade das Durchdrungensein des zumeist Getrennten, von Sinnlichkeit und Verstand. Erst im Prozess des Verarbeitens der Gefühlsregungen und Wahrnehmungseindrücke vollzieht sich, was ästhetische Erfahrung genannt werden kann.

Verarbeiten bedeutet, dass das, was erlebt und wahrgenommen wurde, in symbolische Gestaltungen transformiert wird, in begrifflich-diskursive (sprachliche) oder präsentative (bildhafte, klangliche) Symbolisierungen (Langer zit. in Rumpf 1987, S. 45). Durch die gestaltende Verarbeitung wird das Erfahrene bewusstseinsfähig, d. h. das unmittelbar Erlebte kann sich über den flüchtigen Augenblick hinaus als persönliche Erfahrung einwurzeln und auf das individuelle Seinsbewusstsein einwirken. Insofern hat ästhetische Erfahrung immer auch bildende Anteile und kann zur Selbstbildung beitragen.

Die symbolische Verarbeitung eigener Gefühle setzt ein besonderes Maß an Selbst-Aufmerksamkeit und Wahrnehmungssensibilität voraus. Die Suche nach dem authentischen Ausdruck eigener Erfahrungen ist mit Anstrengung und Geduld verbunden und erfordert nicht nur Intuition, sondern auch das kontinuierliche Verfeinern der eigenen sprachlichen und bildhaften Ausdrucksfähigkeit. Damit ästhetische Erfahrung möglich wird, ist Zeit und Ruhe zum intensiven Eintauchen, Üben und Ausprobieren notwendig. Dies sind Ansprüche an die ästhetische Praxis, die – und nun kommt das Werkstattprinzip ins Spiel – Räume brauchen, die eine auf sich selbst als Individuum bezogene Aufmerksamkeit ebenso erlauben wie verschiedene Formen der vertiefenden Beschäftigung mit einer Sache.

Aus den Ausführungen zur ästhetischen Erfahrung und den sechs Beispielen lassen sich unterschiedliche Prinzipien von Werkstattarbeit ableiten (s. S. 30):

WERKSTATT, f.,

'arbeitsstätte der handwerker, (fabrik-)arbeiter sowie der bildenden künstler'
(vgl. komposita wie tischlerwerkstatt); (...)

- er (der goldschmied) sprach: ,gnad her, ich will euch sagen'
  do ich sasz in meyner werckstat,
  der pfarrer zu mir eintrat ...'
  (15. jh.) pfarrer v. Kalenberg 73 ndr.;

- in des schusters werckstadt (1537-40)
  LUTHER 47, 597 W.; (...)

- wie aus eines kunstreichen bildhauers werkstat
  BUTSCHY Pathmos (1677) 400;

- wie wenn ein handwerks-mann auf seiner werkstat sitzet und lehrling
  und gesell in scharfer arbeit schwitzet
  poesie d. Nieders. (1721) 1, 291 Weichmann;

Deutsches Wörterbuch von Jacob und Wilhelm Grimm
Fotomechanischer Nachdruck der deutschen Erstausgabe 1960
dtv München 1999
Bd. 29 = Bd. 14,
bearbeitet von der Arbeitsstelle des Dt. Wörterbuches zu Berlin/Ost

Werkstatt-Typ	Soziales / materielles Arrangement	Herausgeforderte Körperlichkeit	Symbolische Tätigkeit	Werk
C. D. Friedrich	Verzicht auf alle ablenkenden sozialen und materiellen Bezüge zugunsten des Kunstschaffens	Disziplinierung des Körpers zur Konzentration auf die künstlerische Entäußerung der Innenwelt	Interaktion zwischen Imagination und bildnerischer Verarbeitung von Skizzen	bildnerisches Werk
Picasso	durch Ansammlung persönlich bedeutsamer Objekte aus Alltag und eigener künstlerischer Tätigkeit verdichtetes Raumszenario	Auseinandersetzung mit dem Raum als erweiterter Körperaura, Imagination	Zusammenspiel von Eindrücken, Imagination und bildnerischem Ausdruck	bildnerisches Werk
Metallmusik	der Einzelne im Dialog mit Klangobjekten, in Kontakt mit der Gruppe	Körpereinsatz (unterschiedliche physische Schlagstärke, rhythmisches Mitschwingen) zur Hervorbringung von Klängen und rhythmischen Abläufen in Kommunikation mit der Gruppe	improvisierte Gruppenkomposition	Klangwerk
Freud	ritualisiertes soziales Setting, Hierarchisierung zwischen Analytiker und Patient	Patient: entspanntes Liegen zur Konzentration auf die Innenwelt; Analytiker: absolute Konzentration auf das Gehörte	begrifflich-diskursive Symbolisierung	Erzählung/Gespräch
Experimentelles Spiel	individuelle Auseinandersetzung mit einem Objekt (Wassereimer) in Kontakt mit der Gruppe	unterschiedliche Ausdrucksmöglichkeiten des eigenen Körpers, Wahrnehmen des Körperausdrucks der anderen	individuelles körpersprachliches Szenario als Teil der Gruppenchoreografie	theatrale Präsentation
Beuys	Dauerdiskurs mit Ausstellungsbesuchern, bereitgestelltes einfaches Arbeitsmaterial (Staffelei, Tafeln, Kreide)	sich bewegen zwischen den Diskutanten und den Schriftträgern, kraftvolles Zu-Boden-Werfen der beschrifteten Tafeln	begrifflich-diskursive und bildnerische Symbolisierung	Tafeln mit Gedankennotationen und Zeichnungen

Vier Prinzipien von Werkstattarbeit

Prinzip materielle Werkstatt:
Die Werkstatt existiert als ein realer Ort, an dem praktisch gearbeitet wird und ein Werk in Form einer präsentativen Symbolisierung entsteht. Das trifft auf die Beispiele Metallmusik, Picasso und C. D. Friedrich zu, wobei Picasso die räumliche Umgebung intensiv aufgreift, während C. D. Friedrich sie geradezu negiert.

Prinzip substanzielle Werkstatt:
Die Werkstattsituation, in der gearbeitet wird, ist bereits das Werk, wie am Beispiel von Joseph Beuys zu sehen.

Prinzip temporäre Werkstatt:
Gemeint ist eine mobile Werkstatt auf Zeit, in der je nach Thema die Werkstattarbeit an spezifischen Orten stattfindet; das Werk kann die Werkstattsituation selbst sein oder eine präsentative Symbolisierung. Zum Beispiel ist beim genannten experimentellen Spiel einer der spezifischen Werkstatt-Orte die Fußgängerzone.

Prinzip immaterielle Werkstatt:
Das Arbeiten ist im Rahmen eines festgelegten sozialen Settings nach innen verlagert. Die Werkstatt ist der «Transformationsort des Bewusstseins» (Selle 1992, S. 35 ff.), bzw. der Prozess der begrifflich-diskursiven Symbolisierung ist das Werk, exemplarisch steht hierfür Sigmund Freuds Werkstatt.

Thesen zur schulischen Werkstattarbeit

Mit Blick auf die unterschiedliche Werkstattsituation schöpferisch tätiger Menschen wurde deutlich zu machen versucht, dass ästhetische Erfahrung Raum und Zeit braucht, um sich manifestieren zu können. Es zeigte sich, dass je nach Art der ästhetischen Arbeit räumliche oder soziale Arrangements notwendig sind, die sich stimulierend auf den künstlerischen Prozess auswirken. Auch in der Schule ist ein Szenarium notwendig, damit durch gestaltende Verarbeitsprozesse Erfahrungsbildung möglich wird. Voraussetzung für ästhetische Erfahrung ist so etwas wie ein sinnliches Substrat, das aus einem entsprechenden Inszenierungsrahmen seine Anregung erhält. Entscheidend für den Werkstattgedanken ist demnach das Spannungsverhältnis von inneren Aktivitäten und äußerem Szenarium. Für den Unterricht bedeutet dies, dass für Schülerinnen und Schüler eine materiell oder sozial anregende Situation geschaffen werden muss, in der sie aus dieser Spannung heraus kulturell tätig werden können.

Die ästhetische Werkstatt kann sowohl Lernort als auch Unterrichtsprinzip sein (Sievert 1998, S. 6). Die Werkstatt bietet einen Inszenierungsrahmen, der unterschiedliche Arbeitsformen ermöglicht. Vorherrschend ist das Prinzip eigenständigen Lernens – mit der Gruppe, mit einem Partner oder allein.

Wie Werkstattlernen konkret aussehen soll, kann nicht schematisch-modellhaft beschrieben werden. Was sich kulturell ausbilden soll, hängt vom Thema ab und wird entscheidend von den Schülerinnen und Schülern mitbestimmt (vgl. dazu die Werkstatt-Definition von Pallasch/ Reimers 1997, S. 14).

Die ästhetische Werkstatt kann ein Ort der Konzentration und Ruhe sein, an den sich Schülerinnen und Schüler zurückziehen und an dem sie zu sich kommen können; sie kann aber zugleich auch ein Ort der Beunruhigung sein, an dem man sich mit Widerständigem konfrontiert sieht, das in besonderer Weise persönlich herausfordert; die Widerstände können im individuellen Lernprozess oder in der Sache selbst liegen.

31

Ästhetische Werkstattarbeit kann sich, angeregt durch ein äußeres Szenarium oder festgelegtes Setting, nach innen verlagern; das, was den ästhetischen Zustand ausmacht, wird geistig verarbeitet; die ästhetische Erfahrung vollzieht sich in Form begrifflicher Symbolisierungen; ein solcher Prozess erhält seine Rahmung durch ein verabredetes soziales Arrangement und kann auch raumunabhängig geschehen – der Kopf wird zur Werkstatt (Selle); dabei ist für Selle das Prinzip der Selbstbestimmung als Voraussetzung für ästhetische Selbst-Bildung entscheidend (Selle 1992, S. 46).

Die ästhetische Werkstatt ist kein Lernschnellweg; sie bietet einen Freiraum für Entdeckungen und Experimente und zu ihr gehören labyrinthische Verstrickungen und Umwege.

Die Arbeit in der ästhetischen Werkstatt ist nicht an die Grenzen des Faches Kunst gebunden; je nach Thema gibt es Berührungspunkte oder Überschneidungen mit anderen Fächern und Sachgebieten.

Bei der Beurteilung von Werkstattlernen bieten sich Formen an, die dem Werkstattprinzip entsprechen: Kriterien mit den Schülerinnen und Schülern zusammen entwickeln, möglichst bereits vor Beginn der Werkstattarbeit; transparente Bewertung; nicht nur das Endprodukt, sondern den gesamten Arbeitsprozess miteinbeziehen, etwa anhand von Werkstatt-Tagebüchern; Portfolio-Prinzip: anstelle der Bewertung einzelner Ergebnisse wird eine Mappe mit gelungenen Arbeiten zusammengestellt.
Die ästhetische Werkstatt kann ein Ort sein, an dem eigene Gesetze herrschen, nämlich jene, die die Nutzenden bestimmen; sie kann zu einem Ort zeitlicher Entgrenzung werden; ästhetische Bildungsprozesse lassen sich nicht domestizieren; entsprechend kann die Werkstattarbeit eine Eigendynamik entwickeln, die aus dem institutionellen Rahmen von Schule hinausdrängt.

Literatur

Engelman, Edmund: Berggasse 19 – das Wiener Domizil Sigmund Freuds. Stuttgart/ Zürich 1977

Geuen, Heinz/ Sons, Walter: Kollektivkomposition und Gruppenimprovisation im Klassenverband. Ein Praxisbericht. In: Musik & Bildung 6/97, S. 58-60

Jensen, Jens Christian: Caspar David Friedrich (6. Aufl.). Köln 1983

Joachimides, Christos M.: Joseph Beuys Richtkräfte. Berlin 1977

Kleßmann, Eckart: Die deutsche Romantik (3. Aufl.). Köln 1984

Pallasch, Waldemar/ Reimers, Heino: Pädagogische Werkstattarbeit (2. Aufl.). Weinheim/ München 1997

Rumpf, Horst: Belebungsversuche. Weinheim/ München 1987

Selle, Gert: Gebrauch der Sinne. Reinbek bei Hamburg 1988

Selle, Gert: Werkstatt des Subjekts. In: Ders.: Das ästhetische Projekt (2. Aufl.). Unna 1992, S. 35 - 47

Sievert, Adelheid: Kunstwerkstatt. In: Die Grundschulzeitschrift 118/1998, S. 6-11

WERKSTATTGEHEIMNIS, n.,

berufsgeheimnis (bes. des künstlers):

- er (Jan van Eyck) kannte das werkstattgeheimnis, mit zarten lasuren die gründe leuchtend zu machen

  SCHÄFER seele (1925) 192;

- ohne die funktion (zu kontrasieren) wirken sie (die nackten figuren) gar nicht
als enthüllte nacktheit, sondern wie ein verratenes werkstattgeheimnis

  W. PINDER der Bamberger dom (1927) 8.

WERKSTATTGENOSSE, m.,

der werkstatt (eines künstlers) angehöriger:

- an den altären, deren flügel von Wolgemut oder einem seiner werkstattgenossen gemalt sind, rühren die schnitzarbeiten abwechsend von sehr verschiedenen händen her

  DEHIO gesch. d. dt. kunst 2 (1921) 175;

- aus dem gelehrten padua wird erzählt, dasz dort der maler Squarcione seine
werkstattgenossen anhielt, fleiszig nach der antike zu studieren

  J. SCHLOSSER präludien (1927) 54;

- er (Hans Memling) war, zuerst werkstattgenosse Roghers, schon in den sech-
ziger jahren in Brügge

  W. PINDER d. dt. kunst d. Dürerzeit (1939) 263.

WERKSTATTARBEIT, f.,

handwerkliche arbeit in einem (handwerks- oder fabrik-)betrieb:

- wir wählen freunde der arbeit! feldarbeit, werkstattarbeit, geistesarbeit

  GUTZKOW ritter (1850) 1, 164;

- um nämlich die im wachsen begriffenen jungen körper vor den folgen ein-
seitiger beanspruchung durch die werkstattarbeit zu schützen, treiben die
lehrlinge täglich während der arbeitspausen einige minuten gymnastik

  daheim (22. 3. 1934) 15;

- bei der genossenschaftlichen werckstattarbeit (in der bildenden kunst) ist ein
groszer einzelmensch immer als beherrscher zu verstehen, der gesellen, viel
leicht sehr gute künstler, zur verfügung hat

  W. PINDER d. kunst d. dt. kaiserzeit (1935) 1, 268.

Deutsches Wörterbuch von Jacob und Wilhelm Grimm
Fotomechanischer Nachdruck der deutschen Erstausgabe 1960
dtv München 1999
Bd. 29 = Bd. 14, Abt. 1, Teil 2.
bearbeitet von der Arbeitsstelle des Dt. Wörterbuches zu Berlin/Ost

Herbert Hagstedt

Die betrogene Hand

Werkstatt-Lernen ohne Perspektive?

Ein passendes Vorwort für meinen Beitrag finde ich bei Susanne Langer, die die vegetativen Perioden der bildenden Künste in der Menschheitsgeschichte beschreibt:

«Ein Indianer schnitzt einen Totempfahl und ein Kunstwerk ist das Ergebnis, er macht ein Kanu oder formt einen Wasserkrug und erschafft eine schöne Form. Sein Vorbild ist der menschliche Körper, der Baumstamm, das aufgerollte, dahintreibende trockene Blatt, die Muschel, der Schädel oder die Kokusnuß, aus der er trinkt. Indem er aber solche Vorbilder zu praktischen Zwecken nachbildet, sieht er mehr als nur die Nutzbedeutung ihrer Gestalt; er s i e h t, im buchstäblichen Sinne, menschliches Fühlen, die ‹Dynamik› des Lebens, Kraft und Rhythmus widergespiegelt in Formen, auf die sich seine Aufmerksamkeit konzentriert. Er sieht Unnennbares, magische Bedeutung, die Richtigkeit von Linie und Masse. Ohne zu wissen, was er tut, bringen seine Hände, was er sieht, zum Ausdruck und übertreiben es sogar, um die Form besser mit ‹Sinn› zu erfüllen, und das Ergebnis verwundert und entzückt ihn und sieht ‹schön› aus» (Langer 1979, S. 247).

Zu Hause am Multi-Media-Arbeitsplatz – eine Plastik-Mouse in Griffweite: Man möchte manchmal mit dieser intuitiven Einsicht handeln können, einfach mal Indianer sein – mit beiden Händen denken, nicht alles von diskursiver Vernunft überlagern lassen. Susanne Langer meint, «daß der Gehalt des künstlerischen Ausdrucks ... das mit Worten nicht Sagbare, und doch nicht unausdrückbare Prinzip der lebendigen Erfahrung (ist), die innere Bewegungsform des empfindenden, seines Lebens bewußten Daseins. Das ist der ‹Inhalt› dessen, was wir als ‹schöne› Form wahrnehmen, und dieses formale Element ist die ‹Idee› des Künstlers, die jedes große Werk zum Ausdruck bringt». (Langer 1979, S. 252)

Tausend Hände hat ein Kind
Mein erstes Bild zum Thema ist aus Reggio-Emilia (Abb. 1): «Ein Kind ist aus hundert gemacht» dichtet der italienische Kunsterzieher und Reformpädagoge Loris Malaguzzi. «Ein Kind hat hundert Sprachen, hundert Hände»:
Hände zum Fühlen und Hände zum Festhalten
Hände zum Zeigen und Hände zum Reden
Hände zum Entdecken und Hände zum Staunen
Hände zum Vortasten und Hände zum Nachspüren
Hände zum Modellieren und Hände zum Neuerfinden
Hände zum Einfärben und Hände zum Drucken
Hände zum Papierschöpfen und Hände zum Buchbinden
Hände zum Ritzen und Hände zum Schnitzen
Hände zum Zählen und Hände zum Wiegen

Hände zum Wiederfinden und Hände zum Erinnern.

Wir merken schon: Malaguzzi untertreibt maßlos – das Recht des Dichters. Nicht 100 Hände, abertausend Hände hat das Kind.

Doch dem Kind mit den hundert Sprachen und hundert Händen, dichtet Malaguzzi weiter, werden neunundneunzig geraubt: «Die Schule und die Umwelt trennen ihm den Kopf vom Körper. Sie bringen ihm bei, ohne Hände zu denken» (Loris Malaguzzi, übersetzt in Dreier 1993, S.15). Das Bild Malaguzzis vom abgetrennten Körper hat nach seinem Tode eine beklemmende, aktuelle Zuspitzung erfahren.

Die betrogene Hand des Kindes – das ist heute zunehmend die Hand der schweigenden Befehle, die durch Knopfdruck und Touch-Screen, durch Joy-Stick und Mouse-Klick nur noch virtuell arbeiten lässt. Die Frage ist dabei nicht, wie lange die Hand selbst noch gebraucht werden wird als erniedrigter, repetierender Trigger, als bloßer Auslöser digitaler Befehle an der Schnittstelle Mensch - Maschine.

Unsere Frage hier muss eher sein, ob mit dem entwicklungsgeschichtlichen Stillstand der Hand-Bildung der Kunsterziehung eine gänzlich neue Aufgabe zufällt. Welche Handlungsfreiräume muss der Kunstunterricht den Kindern erhalten? Welchen Beitrag müssen wir leisten zu einer Pädagogik, die nicht davon abgeht, der eigenen Körperhaftigkeit des Kindes Ausdruck zu geben?

«Hände» ist auch das Thema eines Bildes von Richard Wimmer (16 Jahre alt) aus der Klasse von Wolfgang Richter (Verlorener Schnitt auf Linoleumplatte, 3 Farben; Abb. 2 und 3).

Stillstand der Hand-Bildung?

«Es wäre nicht sonderlich wichtig,

Abb. 1 Mit beiden Händen. Malszene aus Reggio Emilia

dass die Bedeutung der Hand, dieses Schicksalsorgans, abnimmt», meint André Leroi-Gourhan, «wenn nicht alles darauf hindeutete, daß ihre Tätigkeit eng mit dem Gleichgewicht der Hirnregionen verbunden ist, die mit ihr in Zusammenhang stehen. ‹Mit seinen Händen nichts anzufangen wissen› wäre auf der Ebene der Spezies nicht sonderlich beunruhigend, denn es dürften noch Jahrtausende vergehen, bevor ein so altes neuro-motorisches Dispositiv sich zurückbildet; aber auf individueller Ebene liegt die Sache ganz anders. Mit seinen Händen nicht denken können, bedeutet, einen Teil seines normalen und phylogenetisch menschlichen Denkens verlieren. Auf der Ebene des Individuums und vielleicht auch auf der Ebene der Spezies stehen wir also in Zukunft vor dem Problem einer Regression der Hand» (Leroi-Gourhan 1980, S. 320).

Die Kunstpädagogik ist davon auch deshalb besonders betroffen, weil die Hand das eigentliche «Organ der tastenden Gestalterfassung und Gestaltbildung» (Buytendijk 1958, S. 184) ist. Als «Werkzeug der Werkzeuge» (Aristoteles) trägt die handgebundene ästhetische Erfahrung maßgeblich zur allgemeinen Bildung des Kindes bei. Wir können deshalb auch nicht die Hand so einfach austauschen, wie es in einem aktuellen bildungspolitischen Memorandum zum Umgang mit Neuen Medien geschieht. Bündnis90/Die Grünen geben ihrem neuen Bildungsprogramm den Titel «Lernen mit Kopf, Herz und Bildschirm»! Lernen mit Kopf, Herz und ohne Hand – das ist ein Aufruf zur Körperverletzung – vorsätzlich. Der Dreiklang Pestalozzis wird amputiert, weil mit Prothesenentwicklung und -verkauf heute mehr Geld verdient werden kann.

«Die Ausdrucksweisen der Hand sind denen der Sprache sehr verwandt». «Die Hand hat», so Eva Bannmüller, «einen sprechenden Charakter und begleitet die Menschen in dieser Funktion von der frühesten Kindheit bis ins hohe Alter» (Bannmüller 1964, S. 8). Der Charlottenburger Reformpädagoge Oskar Seinig hat eine eigene Didaktik der «Redenden Hand» entwickelt. Seinig versucht, «Mund und Hand an derselben Arbeitseinheit zu bilden» (Seinig 1920). Beider Ausdrucksmöglichkeiten sollen sich durchdringen, gegenseitig klären und festigen. «Meine Hände», so formulieren es Kinder der Waldkirchener Sonderschule, «meine Hände, das bin ich. Meine Hände gibt's nur einmal auf der ganzen Welt» (Abb. 4).

Wie die Sprache zeichnet sich die Hand durch eine hochgradige Offenheit aus. Nichts ist festgelegt, ihr einzigartiger Werkzeugcharakter macht alles möglich. Die Hand lässt sich wecken, sie lässt sich spezialisieren, d.h., zu immer differenzierterem Können entwickeln. «Die Hand», so formuliert Buytendijk, «ist ein universales Instrument unübersehbarer Vielseitigkeit». Vor allem aber weiß die Kunstpädagogik: Die Hand ist neben der Sprache das bedeutendste Organ des freien Ausdrucks. Die Offenheit und Unspezialisiertheit, ihre Vielseitigkeit und Ausdruckskraft macht die Hand – und damit wären wir beim Thema – zum unverzichtbaren Organ für all jene Unterrichtskonzepte, denen ein Werkstattcharakter zugeschrieben wird. Doch «Organe leben davon», so Hugo Kükelhaus, «dass sie beansprucht werden» (Kükelhaus 1978, S. 19). Und hier nun gründen meine Zweifel. Die stete Abnahme des Beanspruchungsgrades der Hand, so meine These, steht im Widerspruch zur inflationären Verwendung des Werkstatt-Begriffs. Je eingeschränkter die Hand-Bildung, desto lauter und unreflektierter der Ruf nach dem vermeintlichen Allheilmittel ‹Werkstatt-Unterricht›. Das macht stutzig. Zunächst müssen wir feststellen, dass der Werkstatt-Unterricht offenbar verzweigte historische Wurzeln hat und es deshalb kaum verwunderlich ist, wenn der Begriff auch heute unterschiedlich besetzt ist. Ganz grob können wir unterscheiden zwischen einem eher institutionellen Begriff von Werkstatt, wie wir ihn in der Lernorte-Diskussion finden: Werkstatt als besondere pädagogische Umgebung, als gestaltete Lernlandschaft, als Atelier, als räumliche Botschaft auf der einen Seite und einen eher methodischen Begriff von Werkstatt, wie wir ihn in der mikrodidaktischen Diskussion vorfinden: entdeckendes Lernen, differenziertes Arbeiten, Lernen an Stationen und in thematischen Zusammenhängen.

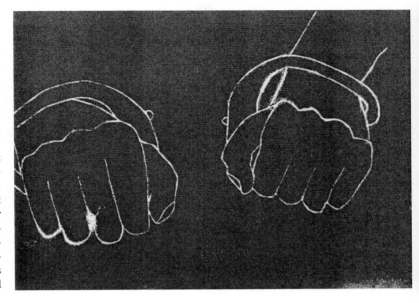

Historische Wurzeln des Werkstatt-Unterrichts

Bevor ich nun auf aktuelle Kriterien des Werkstatt-Lernens zu sprechen komme, möchte ich ansatzweise einige historische Wurzeln des Werkstatt-Gedankens freilegen. Frühe Vorformen finden sich schon bei den Philanthropen im Denk-Lehrzimmer von Christian Heinrich Wolke, dem Grundschulpädagogen im Dessauer Philanthropin. Die dezentralisierte Struktur des Lernens, das Zuhandensein einer Vielfalt von Materialien, die fächerübergreifende Organisation sind schon im Denk-Lehrzimmer zu erkennen (Abb. 5).

Französische Wurzeln finden wir im Atelier-Konzept von Paul Robin und später dann auch in den Ateliervorschlägen von Célestin Freinet. Schweizerische Wurzeln gibt es im Konzept der «École active» von Adolphe Ferriere aus den Zwanzigerjahren und viel später dann im Werkstatt-Unterricht bei Kati Zürcher oder Jürgen Reichen. Amerikanische Wurzeln finden sich im Dalton-Plan von Helen Parkhurst. Sie wurden wiederentdeckt in den the-

mengebundenen Stationen-Modellen.

Auf die französischen Wurzeln bin ich gestoßen durch einen Hinweis von Raymond Fonvieille in einem Beitrag über die institutionelle Pädagogik in Frankreich. Fonvieille ist kein Unbekannter in der französischen Freinet-Bewegung. Er war Freinets Mann in Paris und leitete dort das «Institute École Moderne».

Abb. 2 Hände. Verlorener Schnitt/ Linoldruck, Zustandsdruck von Richard Wimmer

Abb. 3 Hände. Verlorener Schnitt/ Linoldruck von Richard Wimmer

Das können meine Hände:

5 Finger sind an einer Hand,
2 Hände habe ich.
Was eine nicht kann,
können beide zusammen
umso besser.
Sie haben Haare, Linien und
Falten.
Meine Hände gibt's nur einmal
auf der ganzen Welt.

Meine Hände:
Das bin ICH.

o malen, o einen Ball rollen, o kleben, o melken, o werfen, o spielen, o schneiden, o einen Hund weisen oder führen, o hauen, o abspülen, o Traktor fahren, o eine Vase tragen, o essen, o streicheln, o kneten, o drucken, o Holz aufladen, o ausschneiden, o einen Schneeball machen, o schreiben, o Mappen aufmachen, o Autos fahren, o zählen, o mit Knetmasse spielen, o den Stuhl tragen, o Blätter abschneiden, o Bäume fällen, o ein Loch graben, o Kühe füttern, o aus Ästen ein Haus bauen, o stempeln, o nageln,

Abb. 4 Meine Hände, das bin ich. Handgesetzter Druck von Kindern der Waldkirchener Sonderschule

«Von einem gewissen Paul Robin», so erinnert sich der Vertraute, «der die Druckerei Ende des letzten Jahrhunderts in einer Sonderklasse angewendet hatte, übernahm Freinet die Idee, auch in seiner Dorfschule Ateliers einzurichten, die Lehrer-Schüler-Beziehung zu verändern, den Glauben an das absolute Wissen des Lehrers zu erschüttern. Zwangsläufig folgte die Abschaffung eines zentralen Machtsymbols: der Estrade» (Fonvieille 1988, S. 114). Robin gründete schon 1880 in Cempuis sein berühmt gewordenes Waisenhaus, das von Historikern nicht zu Unrecht auf eine Stufe gestellt werden kann mit Pestalozzis Wirkungsstätte in Iferten (vgl. Grunder 1986, S. 14). Robin renoviert mit Lehrern und Schülern ein heruntergekommenes Altersheim, richtet Klassenräume ein, stattet Werkstätten aus, kauft Werkzeuge und Bücher. Der Pioniergeist dieser Schulgründung wird deutlich: Was es noch nicht gibt in der Schullandschaft muss erfunden werden, was noch niemand versucht hat, soll hier endlich ausprobiert werden, was bisher nur gedacht werden konnte, wird Realität. Robin baut mit seinen Helfern schuleigene Ateliers auf. Nach und nach entsteht ein gut ausgebautes System des Werkstatt-Unterrichts mit insgesamt neunzehn verschiedenen Ateliers (Holzwerkstatt, Textil-Atelier, Fotolabor, Buchbinderei, Lithografie-Werkstatt, Druckerei etc.). Die Werkstätten werden durch handwerklich kompetente Lehrer geleitet, bei denen schon Zwölfjährige eine Berufslehre beginnen können. Robin plädiert für eine organische Erziehung, «die es sich zur Aufgabe macht, die Präzision und Empfindlichkeit der Sinne zu entwickeln, die Instrumente des Ausdrucks und der Arbeit zu vervollkommnen, vor allem das wunderbare universale Werkzeug: die Hand» (Robin 1902). Schon bei Paul Robin also bestimmt die Vielseitigkeit und Differenziertheit der Handbildung das Schulcurriculum. Aber erst vierzig Jahre später, bei Célestin Freinet, wird der Ateliergedanke mit den persönlichen Ausdrucksmöglichkeiten für die Kinder verknüpft: expression libre. Mussten die Jugendlichen im Waisenhaus von Cempuis auch schon mal fremde Druckaufträge ausführen (um die Schule zu finanzieren), so können sie jetzt bei Freinet ihre eigenen, freien Texte und Bilder drucken. Inspiriert wurde Freinet u.a. durch den Genfer Reformpädagogen Adolphe Ferriere, der für seine Tatschule den Vorschlag macht, die Kinder ein eigenes Buch führen zu lassen, das Spiegelbild ihrer Interessen und Erkundungen sein kann und die Lebensspuren festhält: das livre de vie, ein Buch der geistigen Eroberungen des Kindes, mit freien Zeichnungen (dessin libre) und biografischen Texten.

Der Werkstatt-Unterricht, den wir in den Achtzigerjahren in Schweizer Grundschulklassen finden, hat mit dieser Freinet-Tradition längst gebrochen. Er orientiert sich weniger an thematisch ungebundenen freien Ausdrucksmöglichkeiten von Kindern als vielmehr am Konzept der lehrerinitiierten Arbeitsaufträge. Diese Variante des Werkstatt-Unterrichts steht konzeptionell dem Dalton-Plan-Unterricht näher, der in den Zwanzigerjahren von Helen Parkhurst, einer Schülerin Montessoris, entwickelt wurde. Parkhurst arbeitete mit «Assignments», detaillierten Arbeitsanweisungen und Aufträgen, denen von Schülern in verschiedenen Lernecken («subject-corners») nachgegangen wurde.

Die Grundidee dieser Subjectrooms und Themen-Ecken ist in den Lernstationen und Lernzirkel-Angeboten wieder aufgenommen worden, die seit einigen Jahren die didaktische Materialentwicklung bestimmen. Kartoffel- und Steinzeit-Werkstatt, Schreib-Werkstatt, Spiegel-Werkstatt, Igel-Werkstatt und Wasser-Werkstatt, Einmal-Eins- und Geometrie-Werkstatt – kaum scheint es noch ein Thema zu geben, das nicht als Werkstatt aufbereitet werden könnte. Werkstatt-Unterricht: Das ist heute für viele von uns zum Synonym geworden für die themenspezifisch klein gearbeitete, durch Kopiervorlagen verzettelte Sachauseinandersetzung.

Eine Verkrümelung des Werkstatt-Konzepts durch das Abarbeiten von Stationen und Aufgabenblättern aber erscheint fragwürdig, weil sie auf einem pädagogischen Irrtum beruht, nämlich auf der Annahme, man könne Ausschnitte von Welt über stationsweise verteilte Arbeitsaufträge so didaktisieren, dass den Kindern eine selbsttätige, auf authentischen Interessen beruhende Sachauseinandersetzung ermöglicht wird. Tatsächlich aber fühlen sich viele Schüler einem engen Beschäftigungsprogramm ausgesetzt, das sich ihrem Anspruch auf selbstständiges Lernen eher widersetzt. Sie reagieren mit einem Hin- und Herspringen zwischen den Stationen, mit einer Art «Lern-Zapping, bei dem die Schüler ohne viel Muße einen Lern-Spot konsumieren und dann – wie mit Hilfe einer Fernbedienung – schnell in ein anderes Programm umschalten» (Selter/Sundermann 2000, S. 113). Das Nebeneinander vieler Stationen trägt nicht dazu bei, dass sie sich auf eine vertiefende Arbeit wirklich einlassen.

Jürgen Reichen, ein Schweizer Grundschulpädagoge, ist das Chamäleon unter den Werkstatt-Unterricht-Verfechtern. Er versteht es wie kein anderer, seine Konzeption dem jeweiligen Mainstream anzupassen. Er predigt «didaktische Zurückhaltung» und «didaktische Bescheidenheit» und scheut sich doch nicht, von seiner «programmierten Lernwerkstatt» als Sonderform des Werkstatt-Unterrichts zu sprechen und 15-20 parallele Stationsangebote pro Woche zu empfehlen (vgl. Reichen o.J., S. 22 u. S. 39f.). Er plädiert für eine Kompetenz- und Aufgabendelegation als «organisatorischem Kernstück» des Werkstatt-Unterrichts und meint doch nur sein überzogenes «Chef-System», das hierarchische Lehr-Lernbeziehungen sichern soll. Reichen betont einerseits den Angebotscharakter des Werkstatt-Unterrichts, andererseits spricht er von einem «zugeteilten Individualunterricht», in dem obligatorische Aufgaben verteilt werden. Jeder soll sich bedienen können. Diese vieldeutige, vernebelnde Nutzung des Begriffs Werkstatt-Unterricht deutet schon an, mit welchen ambivalenten Ansprüchen dieses Unterrichtskonzept belastet ist.

Ambivalenzen der Werkstatt-Arbeit

Ich möchte hier nur auf drei Ambivalenzen kurz eingehen: auf die drei großen I's des Werkstatt-Unterrichts:

- auf den Individualisierungsanspruch,
- auf den Inspirationsanspruch und
- auf den Interdisziplinaritätsanspruch.

Mit dem Konzept des Werkstatt-Unterrichts eng verknüpft ist der Individualisierungsgedanke: Alle Kinder sollen die Möglichkeit haben, ihrem persönlichen Lerntyp entsprechend zu arbeiten, ihre Arbeitszeit nach Möglichkeit selbst einzuteilen, einen eigenen Lernrhythmus zu finden. Die Kinder sollen Umwege gehen und unverwechselbare, persönliche Lernspuren in der Werkstatt hinterlassen können. Individuelle Lernmotive, Erfindungen und Entdeckungen – dafür soll Raum sein.

In der Realität des Werkstatt-Unterrichts wird die Einlösung dieses hohen Anspruchs dadurch erschwert, dass allein schon das Arrangement mehrerer simultaner Stationen eine latente Zeitabhängigkeit erzeugt. Der Blick auf die nächste Station in Erwartung der übernächsten Aufgabe, die Angst, etwas verpassen zu können. Ein kontemplatives Eintauchen in ein eigenes, besonders interessierendes Thema, eine persönliche Schwerpunktsetzung, ein in die Tiefe gehendes, die eigenen Kompetenzen forderndes, ausschöpfendes Lernen wird erschwert. Nicht Einwurzeln und Dranbleiben ist angesagt, sondern

Weitergehen, Wechseln. Eigene Aufgabenfindungen und experimentelle Lernwege sind eingeschränkt – mein Verdacht: bei solcher Überdidaktisierung vielleicht auch nicht gewollt.

Viele Werkstätten – für meine eigenen gilt das auch – treten an mit einem hohen Inspirationsanspruch. Sie bieten eine Vielfalt an Lernangeboten, an Rohmaterialien und Werkzeugen, um eine anregungsreiche, gestaltete Lernlandschaft zu schaffen. Sie wollen Ideenbörse sein, zu freien Auswahlentscheidungen animieren, die Interessenbildung stützen. In der Realität des Werkstatt-Alltags kann die so aufwendig vorbereitete Lernumgebung leicht zur Angebotsfalle werden. Die Grenzen zum Overplanning, zum überzogenen Material-Zirkus, zur unreflektierten inhaltlichen Beliebigkeit der Angebote müssen ständig im Auge behalten werden. Für bestimmte Kinder mit Konzentrationsschwächen oder gar Konzentrationsstörungen kann die Werkstatt-Atmosphäre mit ihrem hohen Ablenkungspotential – das zeigen unsere eigenen Erfahrungen in Kassel – kontraproduktiv wirken. Inspiration kann umschlagen in Indifferenz.

Zum Anspruch der Interdisziplinarität: Werkstatt-Arbeit, in meinem Verständnis, muss es sich leisten können, vorhandene Fächergrenzen temporär aufzuheben. Kinder denken nicht in Fächern. Die gewählten Themen sollten nicht aus einer isolierten Fachperspektive betrachtet werden, sondern sich durch ganzheitliche Zugänge und mehrperspektivische Untersuchungen erschließen. Die erste Auseinandersetzung mit jedem Lerngegenstand, so John Dewey sinngemäß, sollte so unschulmäßig wie möglich verlaufen. Querfeldein-Gehen, Seitensprünge über Fächergrenzen hinweg, inzidentelles Lernen in fremden Lernregionen muss möglich sein. Das gilt auch und gerade für

Werkstätten, die ihren Schwerpunkt oder Ausgangspunkt in der ästhetischen Erziehung haben. In der Realität der Lernwerkstätten zeigt sich, dass von einem solchen Interdisziplinaritätsanspruch nicht viel übrig geblieben ist. Die Fachdidaktiken schneiden sich ihre eigenen Fach-Werkstätten zurecht, die Fachlehrer hangeln sich durch definierte Themen-Werkstätten. Wo sind die KunstlehrerInnen, die sich mit den MathematiklehrerInnen mal eine gemeinsame Werkstatt einrichten? Was hindert uns eigentlich, ästhetische Inhalte und Fragen in fremde Lernbereiche einzubringen, uns als Kunstpädagogen einzumischen in andere Fächer?

Perspektiven des Werkstatt-Lernens

An dem Tag, als ich gebeten wurde, den Arbeitstitel für diesen Vortrag zu formulieren, erreichte mich die Nachricht von der drohenden Schließung einer Lernwerkstatt. Kein besonderer Anlass zur Beunruhigung, wenn man weiß, dass inzwischen über 300 Lernwerkstätten, teils unter schwierigen finanziellen Bedingungen existieren, und fast jeden Monat auch noch neue Einrichtungen hinzukommen, vor allem in der Bundesrepublik: Lernwerkstätten an Schulen, an Universitäten und an Institutionen der Lehrerfortbildung. Allein hier an der Gesamthochschule Kassel sind in den letzten Jahren ein halbes Dutzend neuer Einrichtungen entstanden, die mit der Werkstatt-Etikette angetreten sind. Nichts Besonderes also. Aber diesmal versetzte mir die Nachricht doch einen Stich ins Herz. Noch vor drei Jahren hatte ich die Einrichtung selbst besucht: im New Yorker Stadtteil Harlem das berühmte, von Lilian Weber begründete Workshop-Center des City College, lange Jahre Vorbild für die ersten deutschen Lernwerkstätten, ein Mekka der Open-Education-Bewegung. Freilich, schon damals hatte ich den schleichenden Verfall der Werkstatt-Idee bemerkt. Nur drei Tage hatte ich es ausgehalten in dieser «vorbildlichen» Werkstatt, dann war ich enttäuscht und desillusioniert vorzeitig nach Kassel zurückgekehrt. Überall in dem 200 Quadratmeter großen Raumkomplex waren Computer-Arbeitsplätze verteilt, die den Zugang zu Experimentiertischen und Werkbänken, zu Theaterutensilien und Staffeleien verstellten. Selbst an die Musikinstrumente konnte man nur noch, wenn man vorher die vielen Tische mit den Monitoren beiseite schob. Wann immer ich diese durch Rechner im Wortsinne «entstellte» Lernlandschaft gegenüber den Werkstatt-Leitern ansprach, wurde ich missverstanden. Stolz wurde darauf hingewiesen, dass noch ein zweiter Raum in unmittelbarer Nähe existiere, der komplett mit Bildschirmarbeitsplätzen ausgestattet sei und dass weitere centereigene PC gerade für schulische Projekte ausgeliehen seien.

Heute wissen wir, dass die Metastasen der digitalen Befehlsstationen unaufhaltsam bis in die letzte Werkstatt-Ecke kriechen können, ohne dass die Werkstatt-Nutzer recht merken, was sich bei ihnen verändert.

Das Schicksal des New Yorker Workshop-Centers scheint mir symptomatisch zu sein für den selbstzerstörerischen Abbau tragender Werkstatt-Pfeiler. Der Trend zur Selbstzerstörung scheint unaufhaltsam. Eine erste Analyse zeigt, dass fast alle Lernwerkstätten, die sich nicht halten konnten und in letzter Zeit geschlossen wurden, sich selbst abgeschafft haben. Up-date wollten sie sein mit ihrem Medienangebot – auf dem letzten bürotechnischen Stand. Mit dem Verzicht auf ihre bewährte Werkzeug-Umgebung haben sie ihre Identität verloren, ihr besonderes Werkstatt-Profil. Sie können kaum noch etwas bieten, was nicht auch anderswo «abrufbar» wäre, in jedem Medien-Service-Center, im kleinsten Internet-Café. Ungewollt haben sie das technische Spektrum ihrer gestalterischen Möglichkeiten eingeengt, wo sie es doch zu erweitern hofften.

Auf dem letzten Kunstpädagogischen Tag hat sich der BDK schwerpunktmäßig mit der Frage auseinandergesetzt, welchen Platz digitale Medien in einem zukünftigen Kunstunterricht haben sollten (vgl. Kirschenmann/ Peez 1998). In einer mich sehr überzeugenden Weise hat Fred Schierenbeck beschrieben, wie ein verantwortbarer Umgang mit Computern im Kunstunterricht aussehen könnte. Schierenbeck entzaubert den Computer mit seinen Aufräumungsfunktionen, seinen Perfektions- und Alles-Könner-Ansprüchen, indem er schlicht die Eigenart digitaler Bilder beschreibt: «Diese ‹Glätte› stellt ... eine neue Qualität dar, die allerdings auch als Verarmung bildnerischer Möglichkeiten aufgefasst werden» (kann). An anderer Stelle: «Im digitalen Bild wird alles Sichtbare gleich gültig» (Schierenbeck 1998, S. 43). «Die Eigenarten digitaler Bilder verändern», so Schierenbeck, «nicht nur die Wahrnehmungsfähigkeiten der Menschen, vielmehr formen sie auch eine neue, auf Abstraktion und Simulation gleichermaßen beruhende Welterkenntnis und Weltdeutung» (Schierenbeck 1998, S. 44). Der Computer ist für Schierenbeck deshalb nicht mehr als ein weiteres Werkzeug «in der Lernwerkstatt Kunst, jenem unaufgeräumten, der Phantasie Spielräume bietenden Raum in der Schule, in dem Materialien für Experimente bereitstehen, Werkstücke über längere Zeiträume hinweg bearbeitet werden können, in dem analytisches Denken gleichberechtigt neben dem wilden Denken Platz hat, in dem geprobt und experimentiert wird» (Schierenbeck 1998, S. 50).

Wie sehen die Veränderungen aus?

Lassen Sie mich ein Beispiel geben für den Abbau einer traditionellen Werkzeug-Umgebung: Noch vor wenigen Jahren waren wir in Kassel nicht in der Lage, die Besuchswünsche all jener Kolleginnen und Kollegen erfüllen zu können, die noch nie in ihrem Leben eigenhändig – geschweige denn mit Kindern ihrer Klasse – mit beweglichen Lettern Druckversuche machen konnten. Heute sind die Wartelisten für Druck-Ateliers abgebaut, aber nicht weil alle Kollegien inzwischen zu kompetenten Schuldruckern geworden wären. Sie haben weder per Hand Erfahrungen mit Schrift-Setzen gemacht noch haben sie jemals eine Karton-Ritz- und Schäl-Technik für großformatigen Mehrfarbendruck ausprobiert. Die Kollegien trauen sich nicht mehr an dieses Handwerk und bekommen auch bei jeder Cebit ein neues Alibi. Das Verschwinden der Schuldruckereien aus den Schulen, die klaglose Aufgabe einer so ausdrucksstarken Technik, ist das augenfälligste und handgreiflichste Beispiel einer Verleugnung der authentischen Werkstatt-Arbeit. In vielen Lernwerkstätten sind die Setzkästen und Farbbretter, die Handwalzen und Abziehnudeln schon in die Abstellbereiche ausgelagert worden. In der HeLP-Lernwerkstatt Jugenheim auf Schloss Heiligenberg sind die Druckkästen inzwischen im obersten Regal gelandet, direkt unter der Decke – in einem Studienseminar fand ich sie im abgeschlossenen Archivraum – hier wie dort eingestaubt wie andere didaktische Leichen. Auch in den baden-württembergischen Lehrerfortbildungseinrichtungen, Hochburgen der Schuldruckerei, sind die Druckerei-Werkstätten inzwischen von «Medienwerkstätten» verdrängt worden. Nur im Arbeitskreis Schuldruckerei hält man noch aus Überzeugung am Handsatz fest. Eine gerade bei Mitgliedern durchgeführte Umfrage ergab, dass die Schuldruckerei weiterhin als unverzichtbar angesehen wird. Über 80 % der Befragten geben der Schuldruckerei trotz neuer Medien eine positive Perspektive.

Ich hatte erwartet, auf meine Frage nach den Perspektiven der Schuldruckerei einen weit auseinandergehenden Argumente-Horizont zu bekommen, eine unübersichtliche Pro- und Contra-Debatte, ein heilloses Durcheinander von persönlichen Unentschiedenheiten, von aktuellen Verunsicherungen und erfahrungsgesättigter Überzeugung. Weit gefehlt. Das Ergebnis war überraschend eindeutig und vermittelbar in der zentralen Aussage. Die Experten sehen keine Alternative

- zum Begreifen mit beiden Händen
- zum genauen, ruhigen Arbeiten
- zum Erfolgserlebnis für die Gruppe
- zur handwerklichen Qualitätsarbeit (Feinmotorik, Krafteinsatz)
- zur kreativen Gestaltungsmöglichkeit
- zum Nachdenken über Sprache
- zur neurophysiologischen Wirkung des Schriftsetzens (Lateralität/ Raum-Lage/ Figur-Grund-Probleme)

Abb. 5 Denk-Lehrerzimmer, Entwurf von Wolke, 1805. Kupferstich, Dessauer Philanthropin

- zum gemeinsamen, arbeitsteiligen Arbeiten
- zur notwendigen Verlangsamung des Lernens
- zur Polarisation der Aufmerksamkeit
- zur Vertiefung in die Arbeit
- zum persönlichen Ausdruck
- zur Ästhetik dieses Kunsthandwerks
- zur Ermöglichung eines freien Ausdrucks
- zur kommunikativen Tätigkeit
- zum geduldigen Arbeiten
- zur Faszination beim Entstehungsprozess
- zur Motivationskraft und Ästhetik
- zur Verknüpfung von Kopf, Herz und Hand.

(Alles wörtliche Zitate, Wiederholungen habe ich weggelassen).

Ich versuche, die Fragebogen-Untersuchung zusammenzufassen. Es war nicht leicht, aus den teilweise knapp gehaltenen, aber auch umfangreichen Antworten mögliche Trends herauszufiltern. Ich möchte diese Trendbeschreibung hier auch nicht als harte Datenbefunde vorstellen, sondern als weiche persönliche Einschätzung, die ich zur Diskussion stelle.

Die Trends gehen weg
- vom Drucken als Technik der Textvervielfältigung hin zum künstlerischen Ausgestalten von Texten und Büchern
- von der alten Klappflügelpresse im DIN A5-Format hin zur flexiblen Nutzung großformatiger Druckwalzen für Plakat- und Bilddrucke
- vom simultanen Drucken mit der ganzen Klasse hin zum Bereitstellen individueller Ausdrucksmöglichkeiten für einzelne Kinder
- vom Drucken unter Anleitung der Klassenlehrerin hin

zum Drucken mit Druckerei-Experten (auch mit Profis, die in die Klasse geholt werden)
- vom Drucken im engen Klassenraum hin zum Drucken im großzügig ausgestalteten Atelier oder Druckzentrum
- von der Monopolstellung der Schuldruckereien hin zur Multi-Media-Werkzeug-Umgebung, in der die Druckerei ihren Platz behaupten muss.

Die Fallen der neuen Kommunikationskulturen

Perspektiven des Werkstatt-Lernens zu beschreiben, das bedeutet auch, nach unserer ästhetischen Widerstandskraft zu fragen. Gelingt es uns, bei (den) Kindern und Jugendlichen ein ästhetisches Gespür auszubilden für die Fallen, in die wir heute so schnell hineingeraten können (vgl. Reinmann-Rothmeier/Mandl 1999)?

Die Spaßfalle: Die neuen Medien versprechen spielerische Leichtigkeit, Lustgewinn und Unterhaltung, als ob Lernen nur noch als amüsante Tätigkeit zu ertragen ist. Werkstatt-Lernen basiert in erster Linie auf einer Pädagogik der Arbeit, die auf Anstrengung und Mühsamkeit, selbst auf Erschöpfung nicht verzichten will.

Die Schnelligkeitsfalle: Rechnereigene Programme, z.B. im Grafikbereich, bieten Zeitgewinn und versprechen den kürzesten Weg, die Reduzierung auf Sekunden-Werke. Werkstattarbeit zeichnet sich gerade dadurch aus, dass sich Lernprozesse auch verlangsamen lassen. Es kann zu einer im Gestaltungsprozess wachsenden, vertiefenden Auseinandersetzung kommen, die Zeit braucht.

Die Effektivitätsfalle: Die neue Mediengeneration wird nach Ökonomiekriterien optimiert und verspricht einen zweckrationalen Out-put. In der Werkstatt-Arbeit orientieren wir uns nicht an der Steuerung von Produktionsprozessen. Kreative Aktivitäten werden gefördert und sind unverschämt schön, aber unproduktiv!

Die Perfektionsfalle: Die neuen Medien bieten immer vollkommenere, immer verfeinerte, immer sauberere Ergebnisse. Der Werkstatt-Arbeit bleibt eine gewisse persönliche Note, der kleine Fehler, die biografische Spur, die eigensinnige Abweichung. Die Ästhetik der Unvollkommenheit macht den Reiz der Werkstatt-Arbeit aus.

Die Service-Falle: Die neuen Medien stellen ein Überangebot an Wahlmöglichkeiten und Funktionen, an Befehlsgelegenheiten zur Verfügung. Auch einfachste Programme bieten Hunderte von Schriftarten (der letzte Schrei ist die eigene Handschrift, von einem Düsseldorfer Software-Hersteller für 30 DM). Sie bieten Tausende von Farben, deren Abstufung mit menschlichem Auge gar nicht mehr wahrgenommen werden kann. Die Werkstatt kann das nicht bieten - sie konnte es nie und sie will es auch nicht bieten.

Tausende von Farben verwirren unsere Sinne zum Schaden der künstlerischen Idee. Zu dieser Service-Falle fällt mir eine kleine Geschichte ein, die Tolstoi aus seiner eigenen Kindheit erzählt und die ich hier abschließend vortrage:

«Wir ... setzten uns um den runden Tisch, um zu zeichnen. Ich hatte nur blaue Farbe; dennoch machte ich mich daran, die Jagd zu zeichnen. Nachdem ich sehr lebensgetreu einen blauen Jungen auf einem blauen Pferde und blaue Hunde hingemalt hatte, kamen mir Zweifel, ob man auch einen blauen Hasen malen könnte und ich lief darum zu Papa ins Arbeitszimmer, um ihn zu Rate zu ziehen. Papa las etwas, und auf meine Frage ‹Gibt es blaue Hasen?› gab er, ohne den Kopf zu heben, zurück: ‹Freilich gibt es welche, mein Junge, gewiß, gewiß!› An den runden Tisch zurückgekehrt, stellte ich einen blauen Hasen dar ...» (Tolstoi o.J., S. 51).

Literatur

Bannmüller, Eva: Mit den Händen wahrnehmen und lernen. In: Die Grundschulzeitschrift (GSZ) 64/1993, S. 7 ff.

Buytendijk, Frederick J.J.: Das Menschliche. Wege zu seinem Verständnis. Stuttgart 1958, zitiert bei Eva Bannmüller: Mit den Händen wahrnehmen und lernen. In: GSZ 64/1993, S. 7

Dreier, Annette: Was tut der Wind, wenn er nicht weht? Begegnung mit der Kleinkindpädagogik in Reggio Emilia. Berlin 1993

Ferriére, Adolphe: Schule der Selbstbetätigung oder Tatschule. Weimar 1928

Fonvieille, Raymond: Die Wurzeln der institutionellen Pädagogik. In: Weigand/ Hess/ Prein (Hg.): Institutionelle Analyse. Frankfurt 1988, S. 113 ff.

Grunder, Hans-Ulrich: Theorie und Praxis anarchistischer Erziehung. Grafenau 1986

Kükelhaus, Hugo: Hören und Sehen in Tätigkeit. Zug 1978

Kirschenmann, Johannes/ Peez, Georg (Hg.): Chancen und Grenzen der Neuen Medien im Kunstunterricht. Hannover 1998

Langer, Susanne: Philosophie auf neuem Wege. Das Symbol im Denken, im Ritus und in der Kunst. Mittenwald 1979

Leroi-Gourhan, André: Hand und Wort. Frankfurt 1980

Reichen, Jürgen: Hinweise zum Werkstattunterricht oder Wie man offenen Unterricht und Wochenplanarbeit durchführt. Hamburg o. J.

Reinmann-Rothmeier, Gabi/ Mandl, Heinz: Computernetze in der Schule. Chancen und Grenzen der neuen Medien. In: Huber/ Kegel/ Speck-Hamdan (Hg.): Schriftspracherwerb: Neue Medien – Neues Lernen!? Braunschweig 1999

Robin, Paul: L'éducation libertaire. Paris 1902

Schierenbeck, Fred: Zwischen Wasser und Feuer – Computer und Kunstunterricht. In: Kirschenmann/ Peez (Hg.): Chancen und Grenzen der Neuen Medien im Kunstunterricht. Hannover 1998, S. 42 ff.

Seinig, Oskar: Die Redende Hand. Leipzig 1920

Selter, Christoph/ Sundermann, Beate: Quattro Stagioni. Nachdenkliches zum Stationenlernen aus mathematikdidaktischer Perspektive. In: Üben und Wiederholen, Friedrich Jahresheft 2000. Seelze 2000

Tolstoi, Leo: Kindheit, Knabenjahre, Jugendzeit. Berlin o.J., S. 51, zitiert bei Langer 1979, S. 291 f.

Bernhard Balkenhol

Die Werkstatt – letzte Tankstelle vor der Datenautobahn

Ein Pamphlet über die Begrifflichkeit von Werkstatt

Ein Gespenst geht um – global – und nimmt den Kindern den Wald, die Tiere und den Matsch weg, den Schulkindern Pinsel und Ytong, den Jugendlichen die übermütigen Kraftspiele und den Erwachsenen den Glauben an das sinnlich Gute. Es spaltet die KunstpädagogInnen in Vorreiter, Mitläufer und Ignoranten, in «moderne» und «zurückgebliebene» Menschen. Es verwandelt Hand-Werk in Tipp-Werk. Es gibt Planfeststellungsverfahren (z. B. Herbert Hagstedt in diesem Band oder der Headline-Artikel im «Stern» 26/2000: «Lernen mit dem Computer») die sagen, dass die in vielen Jahren gewachsenen schulpädagogischen Wälder fallen (sollen) zugunsten des größten Straßenbaus der Weltgeschichte: der Datenautobahn.

Kein Wunder, dass diese Entwicklung von euphorischen Zukunftsvisionen wie von engagierten Protesten begleitet wird. Dabei hatte «der Beginn des Medienzeitalters» in den Schulen schon einmal begonnen, Ende der Sechzigerjahre, als Foto/Film/Fernsehen die Curricula eroberten. Damals war das Fach «Kunst» – mit ähnlichen internen Auseinandersetzungen – Vorreiter, weil es sich dieser neuen Medien intensiv annahm. Das Ergebnis ist bekannt: ein wesentlich verbreitertes und neu legitimiertes Fach, das nicht mehr nur das (musisch) gestalterische Tun und das Kunstwerk in den Mittelpunkt stellte, sondern die (kritische) Auseinandersetzung mit den Massenmedien und all den visuellen Phänomenen, die über die Wahrnehmung das private und gesellschaftliche Leben bestimmen. Unterrichtung kontra Erziehung kontra Aufklärung waren damals die Streitfronten. Die Foto-/Film-/Fernsehindustrien hat das wenig gekümmert, sie waren einfach schneller bei den SchülerInnen als die Schule. Sie hatten ihre «Alltagsrelevanz» und «Macht» bereits, während die Didaktik noch an der «Medienpädagogik» und der Formulierung von Lernzielen strickte. Um so mehr muss heute verwundern, dass die neuen Medien Computer und Internet es ähnlich schwer haben wie «die neuen Medien» von vor erst 20-30 Jahren.

Die neuen Kämpfe waren vorauszusehen, weshalb sich das Gespenst verschieden getarnt in die Schulen geschlichen hat: über den Heizungskeller als Computerraum, über den Taschenrechner in die Mathematik und als Informatik wieder raus in den EDV-Raum, um schließlich auch in die Kunst einzudringen als Computer-Werkstatt. Nur in den Pausen zeigt es sein wahres Gesicht und inszeniert Spielhölle. Die Werkstatt ist ein besonders unverdächtiger Aufenthalts- und Wirkungsort, weil damit klar ist, dass der Computer nur ein Rechner ist, Werkzeug einfach, mit dem man «ganz viel» machen kann.

Die Computer-Werkstatt bietet einen «Arbeitsplatz», an dem alle möglichen Werkzeuge aus allen notwendigen Berufs- und Arbeitsfeldern für den Arbeiter — vornehm «Nutzer» genannt — bereit liegen: Buchstaben, Wörter, Layout-Werkzeug, Pinsel, Stifte und Sprühpistolen, Farbe und Form, Lineale, Scheren und Schnappschuss-Kameras — ein Gerät mit vielen Möglichkeiten, Inbegriff von Freiheit und Fortschritt. Nur: So viel Freiheit kann auch Angst machen. Sie verliert sich am besten, das wissen wir, im Spiel, weil sie sich dort in Sport und Spannung verwandelt und sich somit die negative in positive Energie umsetzt. Deshalb hat die schwarz/weiße Hardware an ihrer Oberfläche eine bunte Software ausgebildet, die schon lange keine dicken Benutzerhandbücher mehr benötigt, sondern sich spielerisch leicht erschließt und einübt — Werkzeug- und Materialkunde aus eigener Hand.

Und trotzdem, der Rechner ist ein Simulant — faszinierend und geruchlos. Die Werkstatt ist vorgetäuscht, die Werkzeuge sind virtuell. Nichts kann man wirklich anfassen, die Hand kann nur eine «Maus» schieben und ihr auf die Nase tippen. «Anklicken» heißt das, als könnte das Geräusch zaubern. Alles Sinnliche, das die Worte versprechen, ist leer. Nur das Ergebnis ist echt: wie gedruckt! Wie ein richtiges Foto! — Also doch wieder simuliert. Vielleicht sollte man die Tastaturen einfach größer bauen, dass man richtig drauf schlagen könnte, mit unterschiedlich weichen Tasten vielleicht, oder die Maus durch einen Stift und eine Tafel ersetzen (gibt's schon, sagt das Patentamt), den Bildschirm irgendwie dreidimensional, vielleicht als Relief bauen, ... — nein, diese Falle ist zu offensichtlich: Den Computer zu simulieren, um die Simulation des sinnlichen und tatsächlichen Tuns aufzuheben, führt nicht weiter. Die vielgrünigen Dschungelbilder, die aus der Hand geformten Ton-Ungeheuer (und Aschenbecher), eine gefährliche Kreissäge oder die Rotlicht getränkte Luft in der Dunkelkammer, sie

sind durch nichts zu ersetzen. Hier findet Werk statt.

Es stellt sich also die Frage, ob das Verdikt der Simulation rechtfertigt zu behaupten, der Computer sei inkompatibel mit den alten Werkstätten. Schon kommen Kinder und behaupten, das Rechtschreib-Korrekturprogramm sei viel effektiver als die roten Unterstreichungen im Schulheft, das also mit der Bohrmaschine gebohrte Loch viel besser und genauer als das mit dem Drillbohrer gedrehte.

Zumindest ist zu beobachten, dass Kinder und Jugendliche diesen Ort mit Leidenschaft besuchen, dass die Imagination beträchtlich ist, dass es offenbar auch eine besondere Geschicklichkeit gibt, dass schließlich deutliche Kriterien für die Qualität der Arbeit wie des Produktes auszumachen sind, dass es über all dies ein Bewusstsein gibt, das den «User» stolz macht und motiviert, dasselbe oder Neues zu versuchen, dass die Ergebnisse ihre Funktion erfüllen und schließlich ebenso geeignete Objekte der Identifikation wie der Projektion sind. So faszinierend wie die chemischen Prozesse der Entwicklung eines fotografischen Bildes scheinen auch die digitalen Bearbeitungsmöglichkeiten zu sein.

Ganz nach dem Motto: Das kann mein Computer auch, waren schnell die herkömmlichen Arbeitsmaterialien, Zeichenanleitungen und Fotobearbeitungsprogramme jetzt auch auf Computer zu haben (z. B. CHIP SPECIAL Anwenderpraxis: Akt- und Porträtzeichnen, Malen & Zeichnen mit dem PC, Digitale Fotografie 1 u. 2, 1996). Dabei wurde übersehen, dass der Computer von seinen Möglichkeiten her eine andere Wahrnehmung, ein anderes Denken und Arbeiten erfordert — und damit schult: Denken/Arbeiten in Programmen, Vorlagen, die sich nicht nur als Oberfläche, sondern als Struktur anbieten, optionale Entwicklungsmöglichkeiten, jederzeit Zugriff auf Dateien/Archive, Vernetzung und Gleichzeitigkeit usw. Solche Angebote – etwa für die Schule – sind noch rar.

Offenbar geht es um eine gegenüber der herkömmlichen Werkstatt erweiterte Arbeits- und Denkstruktur. D. h., das Problem liegt tiefer und lässt sich mit polemischen Wortspielereien oder Konkurrenzkämpfen nicht lösen. Hinter der Angst vor der Industrialisierung der Sinne und ihrer Bildproduktionen verbirgt sich eine grundsätzliche Diskussion über die Struktur der «ästhetischen Praxis», um ihren Gegenstand, ihre Methode und ihre Bedeutung. Der transformierte Werkstattbegriff soll als Rettungsboje herhalten für den Erhalt neomusischer Seelen- und Sinnenräume, für gestalterische Beschäftigung, die eher symbolische Bedeutung hat als tatsächliche Relevanz. Und wenn in der Schule die Kunsträume plötzlich Ateliers heißen sollen (vgl. KUNST+UNTERRICHT 243 Juni/2000: Malerei), liegt der Verdacht nahe, dass sich dadurch genauso wenig verändert hat, wie durch die Umbenennung der Putzfrauen in Raumpflegerinnen.

Geht man von der Kunst und den Berufsfeldern aus, die visuelle Umwelt gestalten, kann man unterscheiden: einerseits die besondere Methode der Kunst und andererseits die davon unterschiedenen Methoden der angewandten Gestaltung im Kunsthandwerk, in den Designberufen oder der Architektur. Es gibt darüber hinaus eine dritte Form: das «kreative Gestalten» in der Schule, das in erster Linie der Erziehung, bzw. der Entwicklung einer Persönlichkeit dient, wo Gestaltung als Gestaltung, Kunst als Kunst nur eine untergeordnete Rolle spielt.

Der Ort der Kunst ist das Atelier (im weitesten Sinne), in dessen Peripherie Werkstätten als Zulieferbetriebe fungieren. Die autonome Werkstatt ist die Produktionsstätte der angewandten Bereiche, wo definierte Problemstellungen und Aufgaben vorliegen, die sachgerecht und qualitätsbewusst gelöst und ausgeführt werden. Die Schule aber ist auf Bildung und Verhalten des Menschen ausgerichtet, d. h. alle Problemstellungen und Arbeiten sind für diesen Zweck instrumentalisiert. Schulen sind keine Produktionsstätten sondern Lernorte, weshalb es dort auch keine Werkstätten, nur Klassen- oder Fachräume gibt. Man könnte hier nur im übertragenen Sinne von Werkstatt sprechen, wenn Gegenstand, Methoden und Ziele sich entsprechen würden – womit sich die grundsätzliche Ebene der Diskussion wieder zurückmeldet.

Zumindest verwundert, warum bei solch symbolischem Handeln ausgerechnet die handgreiflichste Art von Arbeitsstätte als Metapher gewählt wird. Dahinter verbergen sich handwerkliches und gestalterisches Ausprobieren und Üben, Wahrnehmungs- und Sensibilisierungsübungen, «entdeckendes Lernen», u. a. m. an ausgesuchten Gegenständen und Themen. Solche Werkstätten sind nicht Arbeitsplätze, sondern eher Beschäftigungsgesellschaften.

Wechseln wir auf den professionalisierteren Lernort: die Kunsthochschule – und beginnen da, wo bereits Werkstatt an der Türe steht: Papierwerkstatt, Holzwerkstatt usw. – traditionelle Werkstätten also, dann die Druckwerkstätten: Tiefdruck, Hochdruck usw. (der Fotokopierer als inzwischen häufigste Drucktechnik steht noch außen vor) und schließlich die dritte Gruppe, die Medienwerkstätten: Fotografie, Film, Video, Computer, Theater. Für Struktur und Bedeutung dieser Werkstätten an den Akademien steht immer noch das Bauhaus Pate. Dementsprechend wurden an der

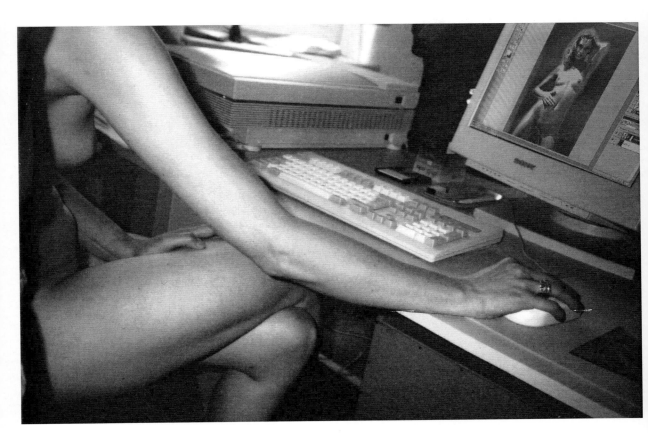

Kunsthochschule Kassel z. B. die Werkstätten jeweils von einem technischen Leiter, einem Meister also, der Studierende wie Lehrlinge ausgebildet, und einem künstlerischen Leiter besetzt. Heute ist entweder der erste oder der zweite eingespart. Das hat zwar dem Wissenschaftsministerium die Kosten gesenkt, aber damit auch eine klassische hochschuldidaktische Diskussion polarisiert: Gilt es zunächst Techniken und gestalterische Möglichkeiten zu vermitteln, auf deren Basis dann eigene künstlerische Arbeit wachsen kann, oder ist es das gestalterische Vorhaben, die künstlerische Vorstellung und Intention, die zu einem Medium, zu einer Werkstatt führt, wo dann in jeweils eigenem thematischem Kontext und unter den Kriterien eigener Absichten technisches und gestalterisches Know-How ausgebildet werden? Verschärft formuliert bedeutet das

in der Praxis: Ein technischer Leiter lässt ein alle technischen und handwerklichen Verfahren beinhaltendes Werkstück herstellen (z. B. eine Kiste, die an jeder Ecke anders verleimt ist), Thema ist also die material- und werkzeuggerechte Verarbeitung, während ein künstlerischer Leiter einen inhaltlichen Rahmen vorgibt oder aufnimmt, der zu entsprechenden Verfahrenstechniken führt (z. B. eine Plakatserie zum Problem «Asyl», die dann im Siebdruck hergestellt wird).

Oberster Dienstherr beider Werkstattleiter ist natürlich die Unfallversicherung mit ihren Auflagen – und seitens der Studierenden wie der Ausbildung die Forderung nach einem professionellen Produkt. Von diesem Standpunkt – und aus ökonomischer Sicht – ließe sich das Problem leicht lösen, indem man den Werkstätten ausschließlich dienen-

Abb. 1 Studentisches Aktmodell, ihr Foto am Computer überarbeitend. Kunsthochschule Kassel, 1996. *Foto: Bernhard Balkenhol*

49

de Funktion gibt, d. h. sie zum Ort der professionellen, technischen Realisation gestalterischer oder künstlerischer Arbeiten macht. Für Designer und Grafiker ist das selbstverständlich, und so sähen es auch Freie Künstler gerne.

In den Ateliers wird nach künstlerischen Konzepten gesucht. Malen, Zeichnen, Bauen etc. sind hier motiviert aus einer künstlerischen Haltung heraus, die sich sowohl auf die Person als auch auf den Gegenstand bezieht. Die Anstrengung der Arbeit hier lohnt sich nur, wenn sie nicht anders als künstlerisch zu leisten ist. Deshalb müssen im Atelier alle Medien möglich sein, denn ihre Wahl richtet sich nicht nach der Attraktivität ihrer Technik, ihrer Modernität oder ihrem akademischen Wert, sondern nach den medienspezifischen Möglichkeiten, für eigene Interessen und Vorhaben geeignete Lösungen anzubieten. Techniken und Medien haben also keinen Wert an sich, weshalb es weder sinnvoll erscheint, einfach erst mal die volle Breite zu erlernen noch sich ausschließlich über ein technisches Können oder ein Medium zu definieren. Auf Vorrat lässt sich weder schlafen noch lernen, die Vorratskisten stehen einem dann nur ständig im Weg.

Künstlerisches Handeln wäre dann eine Arbeit, in der inhaltliche Auseinandersetzung und Positionierung, ästhetische Rationalität und Methodenbewusstsein, emotional kreative Prozesse sowie technisch-handwerkliche Verfahren integriert sind. Sie macht erfahrbar, wie different und wie notwendig Identifikation und Begriffsbildungen, Motive und Entscheidungsfähigkeit sind. Künstlerisches Handeln in diesem Sinne versteht sich als Studium und Forschung, als Bildung und Ausbildung zugleich.

Künstlerische Leiter von Werkstätten sehen das ähnlich, und Auffas-

sungen, wie sie die hessischen Rahmenrichtlinien formulieren, stehen ebenfalls dafür. Sie fordern – mit lerntheoretischer Begründung, dass alle Technik im Kontext inhaltlicher Auseinandersetzung vermittelt werden soll. Unter dem Werkstattdach von Themenstellungen sollen die Antipoden sich verbinden: handwerklich technisches Können und gestalterisch künstlerische Auseinandersetzung, Vermittlung und Erarbeitung, Formulierung und Stellungnahme. So soll Handwerk, das sich innerhalb vorgegebener Aufgabenstellungen und ästhetischer Formen bewegt, ein qualitativ hochwertiges funktionales Produkt hervorbringen oder mit etwas mehr Freiraum sich sogar in Kunst (durch Seminare oder Unterricht) verwandeln.

Studierende sehen hier oft weniger Probleme als Lehrende, weil sie diese Fragen nicht ideologisch, sondern methodisch stellen und entsprechend pragmatisch lösen. Selbstbewusst praktizieren sie ein interdisziplinäres Studium, das sie auch offensiv vertreten. Motor dieser Studienpraxis ist das Lernen in konkreten (manchmal auch von außen herangetragenen) Projekten, in denen sich Struktur wie Anspruch an die Ergebnisse aus dem Gegenstand heraus von selbst ergeben und sich darin nicht an Testaten oder Hochschulabschlüssen messen, sondern an der Konkurrenz vergleichbarer Projekte und Standards in der Welt draußen. Ihre Gründe sind das Bedürfnis, in professionellem Kontext ihre Vorhaben zu realisieren bis hin zu der leisen Frage, ob sich hier nicht ein Doppelinteresse auftut, d. h. ein Doppelabschluss anbietet, der z. B. dem ach so freien Künstler auch einen Brotberuf zur Seite stellt.

Dieses Selbstverständnis und diese Praxis stellen den Begriff Werkstatt noch einmal in ein anderes Licht. Denn offenbar hat sich die Blickrichtung auf das Lernen umgedreht. War es bisher selbstverständlich, dass man aufbauend Fähigkeiten und Fertigkeiten entwickelt, vom Grundkurs und Grundstudium zum Hauptseminar im Hauptstudium, eins nach dem anderen in systematisierter Folge, ist das neue Schlüsselwort heute der Zugriff. Die aufbauende Chronologie des Entwickelns wird ersetzt durch das Aufgreifen von Möglichkeiten auf der Basis von Ressourcen. Gelernt wird weniger linear als vielmehr in räumlichen Feldern, die punktuell gesetzt werden und sich unterschiedlich und oft erst im Nachhinein verbinden. Das Ganze, das Universum ist dann nicht mehr das Gelernte, die Festplatte also, sondern der Desktop, auf dem alles – nicht durch Wissen allein, sondern durch die Herstellung von Verbindungen – verfügbar gemacht wird. So könnte man die gesamte Kunsthochschule als einen Computerarbeitsplatz ansehen, das Potential, ein Ort künstlerischer und gestalterischer Auseinandersetzung zu sein. Ihre Produktionsmittel: Vorlesungen, Seminare, die Ateliers genauso wie die Werkstätten wären die Software, die Studien- und Prüfungsordnungen das Lay-outprogramm und die Lehrenden die Werkzeuge, die es anzuklicken gilt, um die richtigen Prozesse auszuführen. Die Hochschule selbst ist Dienstleistungsbetrieb und stellt die Hardware.

Das ist vielleicht ein böser Gedanke, denn er stellt den Besitz- und Vermittlungsanspruch der Lehre in Frage – und nicht zuletzt den der staatlichen Institution und ihren Wertekanon von feststehenden und damit abprüfbaren Leistungen. Denn: Worum ginge es dann inhaltlich? Was wären die Ergebnisse von Lernen? Sie wären nur noch begrenzt voraussehbar, und die Lehrenden hätten es weniger mit dem Stoff zu tun als mit den Personen, die ihn neu formulieren und vertreten. Wenn Künstler behaupten, Kunst sei nicht lehrbar, dann meinen sie es so. Kein Wunder, dass dieser Perspektivwechsel manchen Pädagogen schwindelig macht.

Voraussetzung allerdings wäre, dass Studierende ein Selbst- und Wirklichkeitsbewusstsein haben, dass sie etwas wollen und einen Plan haben, wenn sie an die Hochschule kommen. Voraussetzung wäre aber auch, dass sie bereits die Möglichkeit gehabt haben, das zu entwickeln – in der Schule unter anderem. Dann müsste man wahrscheinlich wirklich Werkstätten und Ateliers für das Fach Kunst/ Visuelle Kommunikation an den Schulen einrichten, allerdings keine symbolischen.

Adelheid Sievert

Kunstwerkstätten in der Grundschule

Die Kunstwerkstatt als Prinzip und als Ort ästhetischen Lernens

Die Kunstwerkstatt in der Grundschule ist eine Werkstatt für ästhetisches Lernen mit allen künstlerischen Mitteln und Materialien, die diesem Bereich zur Verfügung stehen. In diesem Sinne ist die Kunstwerkstatt eine ästhetische Werkstatt. Mit dem Begriff Kunstwerkstatt oder ästhetische Werkstatt ist sowohl ein besonderer Lernort gemeint als auch ein spezifisches Unterrichtsprinzip. Im wörtlichen Sinn ist die Werk-Statt eine Stätte, also ein Ort, an dem ein Werk hergestellt oder auch repariert wird. In der kunstpädagogischen Ausbildung gibt es Werkstätten für Druckgrafik, Holzwerkstätten oder Keramikwerkstätten, Malateliers, Fotolabors und (leider selten) Theaterbühnen. Aus allen diesen Spezialwerkstätten können Teile zur Einrichtung einer Kunstwerkstatt in der Grundschule zusammenkommen. Auch die Werkstätten des Werkunterrichts könnten einen Beitrag liefern ebenso wie der Fachraum für Textilarbeit, wenn es ihn noch gibt. Allerdings sollte statt fachlicher und technischer Spezialisierung eher gestalterische Vielfalt die Atmosphäre einer Kunstwerkstatt ausmachen. Jede Mal- oder Bastelecke in einem Klassenzimmer kann zum Beginn einer Kunstwerkstatt werden. Unerlässlich ist ein Platz, an dem Materialien gesammelt und begonnene Arbeiten gelagert werden können. Auf Zeit kann sich eine Kunstwerkstatt auch an anderen Orten ansiedeln, auf dem Schulhof (Abb. 1) ebenso wie in einem ungenutzten Gruppen- oder Werkraum. Wichtig

ist, dass die Einrichtung die Selbsttätigkeit und Selbstständigkeit der Nutzenden herausfordert.

Eine Kunstwerkstatt ist, in Analogie zur Lernwerkstatt, zugleich ein Ort der inneren Schulreform, der entdeckendes, handlungsorientiertes und selbst organisiertes Lernen ermöglichen und fördern soll. Als Unterrichtsprinzip ist die Kunstwerkstatt prozessorientiert, die selbstgesteuerte Planung und Entwicklung von Vorhaben zum Ziel hat. Experimentelle projektorientierte Arbeitsformen bestimmen den Verlauf der Arbeit, in dem sich Lehrende und Lernende gemeinsam auf den Weg machen. Hier ist auch die Theaterwerkstatt ein Vorbild für das «work in progress», für den «Workshopcharakter» des Projekts.

In der Kunstwerkstatt ist die Eigenaktivität und die Kompetenz jedes einzelnen herausgefordert, besondere individuelle Fertigkeiten, Interessen und Begabungen werden nicht als Störung, sondern als Bereicherung in die Planung wie in die Arbeitsprozesse einbezogen. Arbeitsteilig und kooperativ können in kleinen Gruppen eigenständige Ideen entwickelt und erprobt werden. Dabei sollten in Analogie zu den «100 Sprachen der Kinder» in der Reggio-Pädagogik (Dreier 1993) unterschiedliche Gestaltungsmöglichkeiten erprobt und miteinander verbunden werden. Auch Spiel und Arbeit ergänzen sich, denn Freiheit für spielerische Aktivitäten ist ebenso gefordert wie die zum Lösen einer Aufgabe notwendige Anstrengung und Intensität. Neue Materialien und Techniken, die die Kinder aus ihrem Freizeit- und «Hobby»-Bereich kennen, können die gewohnten «Klassenzimmertechniken» und künstlerischen Verfahren ergänzen und erweitern (Abb. 6 und 7). Individuelle Vorlieben und Interessen, aktuelle «Gelegenheiten» und Anlässe können ebenso Eingang in den Werkstattunterricht finden wie die Beteiligung an übergreifenden Schulprojekten.

Zum Werkstattprinzip gehört auch die Öffnung nach außen, außerschulische Lernorte vom Kindermuseum bis zum Künstleratelier können zum «Nachmachen» herausfordern, Ausstellungen und Kunst im öffentlichen Raum können Ziele von Besuchen und Erkundungen werden.

Warum brauchen Kinder die Kunstwerkstatt?

Die Umwelt der Kinder bietet ihnen heute zumeist wenig Gelegenheit und Herausforderung zum eigenständigen «Machen» und Gestalten. Ohne die Vergangenheit romantisch zu verklären, die ja erst im letzten Jahrhundert Kinder bei uns zunehmend von dem Zwang zur Mitarbeit befreit hat, bleibt doch daran zu erinnern, dass handwerkliche und bäuerliche Lebenszusammenhänge Kindern ganz selbstverständlich Einblick und auch Einübung in die Produktionsweisen der Erwachsenenwelt gegeben haben. Kindheit heute übt dagegen eher in die Konsumentenrolle ein und bereitet Kinder auf den überwiegend rezeptiven Umgang mit den Informations- und Unterhaltungsmedien vor. Für eine ausgeglichene und vielseitige geistige und körperliche Entwicklung brauchen Kinder jedoch sehr viel mehr Handlungsmöglichkeiten.

Abb. 1
Foto: Adelheid Sievert

Von Geburt an erkundet schon das kleine Kind in aktiven Such- und Greifbewegungen seine Umwelt, erweitert und konkretisiert selbsttätig sein Umfeld und damit auch zugleich seine eigenen Fähigkeiten. Dieser Prozess der Selbstbildung ist auf aktive Wahrnehmung und handelnde Aneignung gerichtet, das körperliche Greifen und Han(d)tieren bildet die Voraussetzung für das spätere Begreifen und Verstehen. Auch wenn das Kind längst sprechen gelernt hat, bildet dieses Körperbewusstsein weiterhin die notwendige Grundlage seiner geistigen Entwicklung. Selbstbewusst und selbstständig kann es so im Spiel und im experimentierenden Umgang mit den Dingen seine eigenen Vorstellungen entwickeln und sich damit ein eigenes Bild von der Welt machen, das immer wieder durch die eigene Erkenntistätigkeit erweitert und umgestaltet werden kann. Die Erprobung und Ausbildung handwerklicher Fertigkeiten und Fähigkeiten ist also heute nicht mehr vordergründig auf die Herstel-

lung eines bestimmten Produktes gerichtet, sondern ist vielmehr eine entwicklungspsychologisch begründete Methode zur aktiven und selbstbestimmten Auseinandersetzung des Kindes mit der Wirklichkeit. Dafür brauchen Kinder Materialien, Werkzeuge, Anregungen und Kenntnisse, wie sie eine Kunstwerkstatt bieten kann.

Warum reicht nicht der bisherige Kunstunterricht?

Das Fach «Kunst» hat es besonders in der Grundschule schwer, ein eigenständiges fachliches Profil zu entwickeln. Allzu leicht gerät es in die Gefahr, nur zur Illustration und Dokumentation der Lerninhalte anderer Fächer missbraucht zu werden oder gar nur zur Entspannung und Entlastung nach der Anstrengung in den «Hauptfächern» zu dienen. Paradoxerweise wird dies gerade ermöglicht durch die ursprüngliche Lust der Kinder am praktischen Arbeiten und Gestalten sowie durch ihre schon vor der Schulzeit erwor-

Abb. 2 Arrangement mit Naturmaterialien in einem Kindergarten
Foto: Ruth Selle

bene Gestaltungsfähigkeit. Gerade weil Kinder schon erstaunlich gut und meist auch gerne zeichnen und malen, wenn sie in die Schule kommen, fällt es hier zunächst kaum auf, wenn sie dann im Unterricht wenig Neues dazu lernen. Allerdings spüren sie selbst oft sehr genau, wenn die spezifische Entwicklung ihrer bildnerischen Sprache durch mangelnde Förderung mit ihrer übrigen Entwicklung nicht Schritt hält und ihre Gestaltungsfähigkeit hinter ihren eigenen Ansprüchen zurückbleibt. Die Schlussfolgerung «Ich kann nicht zeichnen» bedeutet eigentlich «Ich konnte nicht genug zeichnen lernen».

Doch auch wenn in der Grundschule ein fachlich anspruchsvoller Kunstunterricht mit dafür gut qualifizierten Lehrkräften stattfindet, folgt er oft der organisatorischen Routine der «Lernschule»: Gleiches Futter für alle in der gleichen Zeit. Mit Hilfe von Filzstiften oder dem Standard-Wasserfarbenkasten entstehen auf dem Standardformat und -papier des Zeichenblocks häufig die Bilder, die die Lehrerin im Kopf hatte und die ihrer Vorstellung vom Thema entsprechen. Weder die Vielfalt der ästhetischen Materialien und Techniken noch die Individualität der kindlichen Sichtweisen kommen zu ihrem Recht. Werkstattorientierte Arbeitsformen könnten hier sowohl die Differenzierung und Individualisierung der bildnerischen Arbeit fördern als auch eine größere Vielfalt der ästhetischen Zugriffsweisen und Techniken unterstützen.

Kunstwerkstatt - eine Werkstatt für Kunst?

Unabhängig von der pädagogischen «Entdeckung» der Lernwerkstätten in den Achtzigerjahren als Ort und Motor für die innere Schulreform hat Anfang der Neunzigerjahre vor allem der Oldenburger Kunstdidaktiker Gert Selle den Werkstattbegriff auch in die kunstpädagogische Diskussion gebracht (Selle 1992). Als Alternative zum bestehenden Kunstunterricht fordert er in Analogie zur Werkstatt des Künstlers die «ästhetische Werkstatt», die als zeitlich befristetes Projekt sich überall dort einnisten sollte, wo es gerade nicht wie in einem «normalen» Klassenzimmer aussieht. «Werkstatt ist ein Ort, an dem gearbeitet wird.» (Selle 1992, S. 33) Selle begreift die ästhetische Werkstatt jedoch nicht nur in diesem Sinne als einen realen Ort, sondern sie ist für ihn zugleich eine fiktive Werkstatt im Bewusstsein des Subjekts als Raum für das bisher Unbekannte, das sich vor allem auch in der Begegnung mit einem Kunstwerk erschließen kann.

Gert Selle: «Werkstatt des Subjekts»

«Damit ist die Bestimmung des Begriffs Werkstatt in allen Erscheinungstypen vom schmutzigen Ort der Handarbeit bis zum imaginären Schnittpunkt mit den vergessenen Mythen oder unbekannten Erfahrungen gemeint, den eine Bewußtseinsbiographie mit einem fremden Werk suchen kann: die Werkstatt ist der Ort der Selbstbestimmung des autonomen Wahrnehmungs-Subjekts. Hier, nur hier findet ästhetische Selbstbildung statt - ob in kleinen Gedankensprüngen, ob in regelmäßig praktischer Übung des Erfahrungs- und Gestaltungsvermögens, ob in der Überwältigung durch ein Werk, im Schock des Kunsterlebens, der ja ein Schrecken des plötzlichen Erkennens einer tiefen Übereinstimmung ist. Daher sind die realen Ortsbestimmungen der Werkstatt fließend; sie ist Ort physischen Handelns und zugleich Transformationsebene geistiger Verarbeitungen; sie ist Ort an einem Ort, zugleich Ort und Zeit im Subjekt. Sie ist Arbeits-, Denk- und Vorstellungsplatz, der äußere und innere Rahmen eines Prozesses. Die ästhetische Werkstatt ist ein Mittel der Begrenzung und ein Mittel der Entgrenzung der Wahrnehmungsfähigkeit nach außen und innen.

Damit steht fest, was diese Werkstatt nicht ist. Sie ist eben nicht die Bastelstube der Anspruchslosigkeit, in der das immer Gleiche den kleingehaltenen Subjekten mit der Behauptung dargeboten wird, das sei ästhetisches Lernen und führe zur ästhetischen Bildung: bildnerisches Gestalten nach regelhaften Techniken auf der Linie 'kindgemäßer' oder sonst angeblichen Adressaten-Bedürfnissen angepaßter Erfolgsthemen oder unterhaltender Animationsspiele. Das beliebte Mampfen in Ton, der unsägliche Sinnlichkeitsfanatismus um jeden Preis ist der andere Irrtum, der nachfolgende Verarbeitungen, vor allem die Arbeit an der Form, umgeht.» (Selle 1992, S. 46f.).

Abb. 3 Malatelier nach Arno Stern
Foto: Barbara Daiber

stert seit der Entdeckung der eigenständigen Qualität der freien Kinderzeichnung vor 100 Jahren noch immer der Mythos der «Kinderkunst». Mit diesem missverständlichen Begriff verbunden ist die romantische Vorstellung von der unverbildeten Naivität des kindlichen Genies und mystifiziert gerade die «frühen Kunstäußerungen» von Kindern, in denen sie eigenständig ihre Bildsprache entwickeln. Selbst wenn im Ergebnis manche Werke der Kunst der Moderne der Bildsprache von Kindern zum Verwechseln ähnlich sehen (seit Klee und Picasso haben sich viele Künstler ausdrücklich mit den Arbeiten von Kindern auseinandergesetzt; vgl. Fineberg 1995), besteht ein grundsätzlicher Unterschied zwischen den Arbeiten von Künstlerinnen und Künstlern und denen von Kindern und Jugendlichen: Am Ende des 20. Jahrhunderts ist die Kunst nicht mehr allein aus der Analyse des Werkes bestimmbar, das Konzept des Künstlers oder der Künstlerin gehört untrennbar dazu. Erst in Auseinandersetzung mit diesem theoretischen Kontext lassen sich Sinn und Bedeutung eines Werkes erschließen.

Insofern ist die Kunst ohne Frage ein Phänomen der Erwachsenenwelt, die Kinderzeichnung hat für das Kind prinzipiell eine andere Funktion. Ebenso wie das Kinderspiel sind Kritzeln, Zeichnen und Malen für Kinder spezifische Möglichkeiten der aktiven Auseinandersetzung mit der Realität. Kinder machen keine Kunst, aber sie sind darauf angewiesen, sich ein eigenes Bild von der Welt zu machen. Wie in anderen Bereichen auch, besteht diese Entwicklung aus einer

Die bissige Kritik Selles an den «Bastelstuben der Anspruchslosigkeit» charakterisiert sicher auch manche Praxis in der Grundschule. Insgesamt trifft jedoch sein strenger Anspruch auf eine möglichst «kunstnahe» ästhetische Praxis weder die Bedürfnisse und noch die Möglichkeiten des Kunstunterrichts in dieser Schulstufe. Zudem scheint durch seine Beispiele aus der Praxis als Hochschullehrer, der in der Regel mit Erwachsenen arbeitet, eine bestimmte Ästhetik und ein bestimmter Kunstbegriff durch, der an den Erfahrungsmöglichkeiten und Interessen von Schülerinnen und Schülern vorbeigeht (vgl. Puritz 1994). Statt der gestrengen und reglementierenden Forderung nach ästhetischer Arbeit scheint mir die Besinnung auf das Spiel, mit dem es einem auch ganz ernst sein kann, für das ästhetische Verhalten von Kindern und Jugendlichen wesentlich angemessener.

Noch aus einem anderen Grund halte ich die Forderung nach «kunstnaher Praxis» nicht nur für überzogen, sondern auch für schädlich. Gerade durch die Grundschule gei-

Mischung von Nachahmung und eigenen Erfindungen. Die Unmittelbarkeit und Spontanität dieser Erkundung der eigenen Möglichkeiten kann uns als Erwachsene faszinieren, wir können die Ergebnisse bewundern und durchaus auch genießen, aber wenn wir sie mit dem Etikett «Kunst» versehen, belasten und bedrängen wir diese selbstverständliche Erkundungstätigkeit der Kinder mit einem falschen Anspruch, der sie vor allem auf besondere Ergebnisse fixiert.

Trotzdem ist es durchaus sinnvoll, ebenso wie von dem Fach «Kunst» auch von der «Kunstwerkstatt» zu sprechen. Allerdings entsteht hier keine Kunst, aber Kinder setzen sich mit künstlerischen Materialien und Verfahren auseinander und sie sollten natürlich auch Kunstwerke dabei kennenlernen – z. B. in Form einer «Fälscherwerkstatt» , in der nach ‹Vorbildern› aus der Kunst gemalt wird.

Anstöße zur Kunstwerkstatt
Das Werkstattprinzip wird zwar einerseits in der kunstpädagogischen Diskussion sehr propagiert und z. B. in den Hessischen Rahmenplänen auch für die Sekundarstufe I ausdrücklich gefordert. Andererseits gibt es bisher im schulischen Bereich kaum längerfristige Modelle

Abb. 4 Grundriss des Kindergartens «Diana» in Reggio/Emilia

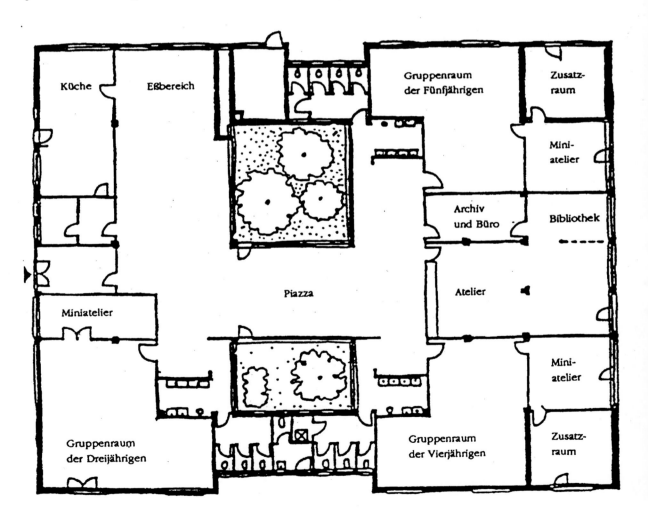

Abb. 5 u. 6
Vorschulpädagogik in
Reggio/Emilia
*Fotos: Archiv Adelheid
Sievert*

Abb. 7 u. 8

solcher Einrichtungen.

Die bisher vorliegenden Beispiele
für ästhetische Werkstattarbeit sind
zumeist zeitlich begrenzte Arbeits-
vorhaben, oft im Kontext der Leh-
rerbildung von Studierenden
erprobt. Oder sie wurden zwar mit
Schülerinnen und Schülern durchgeführt, jedoch außerhalb der Schule im Rahmen der kulturellen
Jugendbildung. Ein solches Beispiel
beschreibt der inzwischen als Hochschullehrer an der Bielefelder Universität für die Grundschulausbil-
dung im Fach Kunst zuständige
Klaus-Ove Kahrmann mit der Sommerakademie Tri-Angel auf dem
Jugendhof Scheersberg (1992). Er
stellt das Werkstattprinzip ausdrük-
klich in die Tradition der Arbeits-
schulbewegung der Reformpädago-
gik, die bereits den Werkstattgedanken mit der Forderung nach Selbsttätigkeit und Selbstorganisation ver-

knüpfte (Kahrmann 1992, S. 8). Um
die Schule als Erfahrungsraum zu
erweitern, müsste sie entweder
selbst zur Werkstatt umgebaut werden, oder man sollte regelmäßig
Werkstätten außerhalb der Schule
aufsuchen, wie dies am Beispiel des
Jugendhofes oder der Schullandhei-
me möglich wäre.

Die Werkstatt als Ergänzung und
Erweiterung der Schule wird auch
von der in der letzten 15 Jahren sehr
aktiven Bewegung der Kinder- und
Jugendmuseen propagiert. Vor
allem die nach amerikanischem Vorbild als eigenständige Einrichtungen konzipierten Kindermuseen
verstehen sich ausdrücklich als
«Werkstattmuseum». So bestand z. B.
das erste Ausstellungsprojekt des –
leider nur auf Zeit realisierten –
Frankfurter Werkstattmuseums
Kaleidoskop aus einer riesigen Mit-
mach-Baustelle in einer 900 qm gro-

ßen Ausstellungshalle (Buch-czik/Sinclair 1991).

Eine Kunstwerkstatt besonderer Art hat sich aus den von Arno Stern nach dem Krieg aus seiner Arbeit mit jüdischen Waisenkindern in Paris begonnenen Malateliers entwickelt (Stern 1996). Diese sehr speziell nach festen Vorgaben des Gründers eingerichteten «Malräume» verbreiteten sich zunächst vor allem in der Schweiz, zunehmend jedoch auch in Deutschland (Abb. 3). Die beiden Schweizer Autorinnen Helen Bachmann (1985) und Bettina Egger (1984) haben ihre wichtigen Forschungen zur Entwicklung der bildnerischen Sprache als Leiterinnen solcher Malateliers nach Arno Stern gemacht. Inzwischen gibt es zumindest solche Malräume auch in wenigen deutschen Schulen. Hier handelt es sich offenbar um eine sehr faszinierende besondere Arbeitssituation. Mir scheint, dass man von Arno Stern vor allem lernen kann, wie groß der Einfluss von Einrichtung, Ausstattung und «Spielregeln» auf die Arbeitsweise der Kinder ist, und dass mit der Einrichtung eines solchen Erfahrungsraumes wirklich ein ganz eigenständiges Erziehungsprinzip verwirklicht werden kann.

Die konsequenteste und am längsten erprobte Einrichtung von Kunstwerkstätten existiert jedoch im Rahmen der Kleinkindpädagogik der kommunalen Kindertagesstätten in der oberitalienischen Stadt Reggio in Emilia. Das Modell der hier seit über 25 Jahren entwickelten «Reggiopädagogik» wurde zunächst weltweit durch seine Ausstellungen «Die hundert Sprachen der Kinder» bekannt, in denen die Ergebnisse dieser Werkstattarbeit von Kindern als «Wunderwerke» bestaunt wurden. Auch in zahlreichen Städten der Bundesrepublik war diese Ausstellung zu sehen (Berlin, Frankfurt, Hamburg, Bielefeld) und viele Besuchergruppen haben sich seither

vor Ort in Reggio davon überzeugen können, wie dort gearbeitet wird. Insbesondere in dem Buch von Annette Dreier sind das pädagogische Konzept und seine besonderen situativen und historischen Bedingungen in Reggio sehr gut dokumentiert (Dreier 1993). Einen guten Eindruck von der besonderen Ästhetik der Reggiopädagogik vermittelt nach wie vor der Katalog, der 1984 für die erste Ausstellung in Berlin zusammengestellt wurde (Hermann u. a. 1987). Nach den Worten des Gründers der Reggiopädagogik, Loris Malaguzzi, haben Kinder hundert Sprachen, um sich mit ihrer Welt auseinander zu setzen und um sich darüber mitzuteilen. Gezielte Ausbildung erfährt in der Regel jedoch nur die Wortsprache. Um die Vielfalt der Ausdrucksmöglichkeiten systematisch zu unterstützen, arbeitet in der Kindertagesstätte oder Krippe im Team mit den pädagogischen Fachkräften ein Künstler oder Kunstpädagoge mit den Kindern. Zu jedem Gruppenraum gibt es ein kleines «Miniatelier» und zusätzlich noch ein gemeinsames großes Atelier (Abb. 4 - 8).

Alle diese Einrichtungen zeigen mit ihrem je besonderen Beispiel die vielfältigen Möglichkeiten der Werkstattarbeit und können konkrete Ideen und Vorstellungen für die Einrichtung einer Kunstwerkstatt geben.

Wie fangen wir an?

Werkstattarbeit könnte zunächst probeweise im bisherigen Fachunterricht Ein-

---

Der Kindergarten «Diana»

«Jedes Kind hat sein Fach für seine persönlichen Sachen, seine persönlichen Geheimnisse, Spielsachen, Arbeiten, Materialen ... Durch eine Tür gehe ich in das Miniatelier. Auf den Regalen stehen vielfältige Materialien: Knöpfe, Perlen, Bänder, Folien ... in Gläsern geordnet. Äste, Rinde, Früchte, Blüten, Federn ... liegen in Körbchen daneben. Sie laden zum Betrachten, zum Betasten, zum Gestalten ein. Die Räume der vier- bis fünfjährigen und der fünf- bis sechsjährigen Kinder haben einen weiteren Zusatzraum, hier können die Kinder in einem Sandkasten Landschaften bauen. Für die Großen steht in diesem Raum ein Computer zur Verfügung, an dem ein Kind alleine oder mehrere Kinder zusammen arbeiten können.

Im großen Atelier nebenan arbeitet die Werkstattleiterin mit einer Gruppe von Kindern. In den vielen Kästen mit Fenstern aus Folien sind im Regal bunte Papiere, Schleifen, Stoffreste, Draht ... übersichtlich angeordnet. Papier, Ton, Pappe, Farben ... stehen in großer Vielfalt und Mengen für kreative Arbeiten zur Verfügung.» (Krieg 1993, S. 44f.)

Abb. 9 u. 10
Fotos: Archiv Adelheid Sievert

Fachraum werden könnte.

Auch methodisch ist der Übergang von Arbeitsstationen im binnendifferenzierenden Kunstunterricht zur Kunstwerkstatt fließend, wie die Unterrichtsbeispiele zum «Stationenlernen» von Claudia Franke-Brandau und Elisabeth Sippel in diesem Buch zeigen. Statt Lehrerinnen und Lehrern könnten auch Eltern oder andere «Expertinnen» und «Experten» mit Spezialkenntnissen zur Werkstattarbeit beitragen.

Ein besonderes Ziel der Werkstattarbeit ist zudem die Förderung handwerklicher Kompetenzen bei Mädchen (und ihren Lehrerinnen), die traditionell weniger geübt sind im Umgang mit Werkzeug und Maschinen (Abb. 9 - 11).

Im Zentrum des Lernens in der Werkstatt steht die möglichst selbstständige praktische Tätigkeit, jedoch macht die Selbstorganisation auch gemeinsame Reflexions- und Auswertungsgespräche notwendig. In Ausstellungen, Inszenierungen, Aufführungen zeigt die ästhetische Werkstatt, was sie «geschafft» hat und erhält dadurch Impulse, aber auch Korrekturen und Bewertungen von außen, die sie verarbeiten muss.

So enthält z. B. die in diesem Buch ebenfalls vorgestellte «Zeichenwerkstatt» von Andreas Brenne auch viele szenische Momente, in denen sich die Kinder in und vor der Klasse präsentieren. Die Zeichenwerkstatt, in der die Kinder eine ganz neue und andere Art des Zeichnens kennen lernen und üben, als ihre bisherigen Kinderzeichnungen es verlangten, ist eingebettet in den komplexen Rahmen des Themas «Körperwahrnehmung».

Ein ‹Fernziel› wäre, dass sich eine ganze Schule dem Werkstattprinzip öffnet und damit neue Wege des Lernens in allen Bereichen ermöglicht. Im ‹Offenen Unterricht› einer gan-

gang finden, aber z. B. in Ganztagsschulen auch in freien Arbeitsgemeinschaften oder an Projekttagen auf Zeit eingerichtet werden. Eine ausschließliche Orientierung am «Freizeitbereich» der Schule wäre jedoch nicht wünschenswert, da tendenziell u. a. fächerübergreifende und fächerverbindende Projekte angestrebt werden sollten (z. B. «Bücher machen» in Kooperation von Deutsch- und Kunstunterricht).

Wie man im eigenen Klassenraum mit der Werkstattarbeit beginnen kann, zeigt der Beitrag von Renate Mann in diesem Buch. Zugleich eröffnet er jedoch auch die Perspektive, wie aus «kleinen Kunstecken» in der Klasse vielleicht doch eine Kunstwerkstatt in einem eigenen

zen Schule, die das selbstständige und entdeckende Lernen zum Prinzip hat, wäre die Kunstwerkstatt ein wichtiges Element nicht nur für den Kunstunterricht, sondern sie würde selbstverständlich auch für den anderen Fachunterricht und für fächerübergreifende Projekte genutzt (vgl. Hafkus/Kiesewetter 1998).

Anmerkung

Dieser Beitrag geht auf eine Veröffentlichung unter dem Titel «Kunstwerkstatt» in Die Grundschulzeitschrift, 118/1998, S. 6 - 11 zurück.

Literatur

Bachmann, Helen I.: Malen als Lebensspur. Stuttgart 1985

Buchczik, Marie-Louise/ Sinclair, Dianne (Hg.): Kaleidoskop. Das Werkstattmuseum für Kinder in Frankfurt am Main. Frankfurt a. M. 1991

Dreier, Annette: Was tut der Wind, wenn er nicht weht? Begegnung mit der Kleinkindpädagogik in Reggio Emilia. Berlin 1993

Egger, Bettina: Bilder verstehen. Wahrnehmung und Entwicklung der bildnerischen Sprache. Bern 1984

Hafkus, Trude/ Kiesewetter, Dorit: Kunst überall. Eine Schule gibt der Kunst mehr Raum. In: Die Grundschulzeitschrift. 118/1998, S. 44 - 45

Hermann, Gisela u. a.: Das Auge schläft bis es der Geist mit einer Frage weckt. Krippen und Kindergärten in Reggio/Emilia. 3. Aufl. Berlin 1987

Kahrmann, Klaus-Ove (Hg.): Wahrnehmen und Gestalten. Formen werkstattbezogener ästhetischer Praxis. Bilder und Texte von der Internationalen Sommerakademie Tri-Angel. Flensburg 1992

Krieg, Elsbeth (Hg.): Hundert Welten entdecken. Die Pädagogik der Kindertagesstätten in Reggio Emilia. Essen 1993

Puritz, Ulrich: Der ästhetische Projektor - Anmerkungen eines Kunstprozessors. In: Selle, Gert/ Zacharias, Wolfgang/ Burmeister, Hans-Peter (Hg.): Anstöße zum «Ästhetischen Projekt». Eine neue Aktionsform kunst- und kulturpädagogischer Praxis? Unna 1994, S. 156 - 170

Selle, Gert: Das ästhetische Projekt. Plädoyer für eine kunstnahe Praxis in Weiterbildung und Schule. Unna 1992

Stern, Arno: Die natürliche Spur. Wenn die Mal-Lust nicht zu Werken führt. 2. Aufl. Bielefeld 1996

Abb. 11
*Foto: Archiv
Adelheid Sievert*

Ariane Garlichs

Kunstwerkstätten und Leistungsbewertung

Wie verträgt sich das?

Das Leistungsdenken scheint die letzten kulturellen Reservate erreicht zu haben. Kürzlich las ich in einer nordhessischen Tageszeitung, dass musikalische Früherziehung Kinder leistungsfähiger und intelligenter mache und daher interessierte Eltern möglichst schon im Vorschulalter ihre Kinder zu einschlägigen Kursen anmelden sollten. Ähnliche Argumente lassen sich für die Bewegungserziehung, Kindermalschulen und womöglich sogar für Pfadfindergruppen ins Feld führen. So gewinnt man eine interessierte Klientel, für die der Leistungsvorteil ihrer Kinder das höchste Gut auf Erden ist.

Ich zweifele nicht daran, dass musikalische Früherziehung oder andere qualifizierte Angebote Kinder intelligenter machen können, aber welch ein Jammer, wenn nicht mehr die Lust am lebendigen Tätigsein, an den immer neuen Erfahrungen und Entdeckungen beim Musizieren, Malen, Tanzen im Vordergrund steht, sondern alles einem Zweck dient! Wenn experimentelles Erproben und Grenzüberschreitungen gar nicht mehr erlebt werden, weil sie einer bestimmten Zielerreichung nach vorgegebenen Normen im Wege stehen. Zu welch armseliger Dienstleistung können Tätigkeiten verkommen, die sonst den Zauber der ungehinderten Kreativität in sich tragen! Man fühlt sich an Schillers Briefe «Über die ästhetische Erziehung des Menschen» erinnert, der bereits 1795 notierte: «Die Kunst ist eine Tochter der Freiheit»,

um an späterer Stelle fortzufahren: «Der Nutzen ist das große Idol der Zeit, dem alle Kräfte fronen und alle Talente huldigen sollen». Klarer kann man das Spannungsverhältnis, in dem sich schulische Bildung heute vollzieht, kaum ausdrücken.

Werkstattarbeit kann ein Teil schulischer Bildungsarbeit sein und meint dann offene Formen des Tätigseins und Lernens unter Anregung und Anleitung eines Werkstattleiters/einer Werkstattleiterin. Der Begriff Kunstwerkstatt selber ist vieldeutig und entzieht sich einer einfachen Festlegung. Nach Sievert (1998, S. 6) bezeichnet er sowohl einen besonderen Lernort als auch ein Unterrichtsprinzip. «Im wörtlichen Sinn ist Werk-Statt eine Stätte, also ein Ort, an dem ein Werk hergestellt oder auch repariert wird. (...) Unerläßlich ist ein Platz, an dem auch Materialien gesammelt und begonnene Arbeiten gelagert werden können. (...) In der Kunstwerkstatt ist die Eigenaktivität und die Kompetenz jedes Einzelnen herausgefordert, besonders individuelle Fertigkeiten, Interessen und Begabungen werden nicht als Störung, sondern als Bereicherung in die Planung wie in die Arbeitsprozesse einbezogen. Arbeitsteilig und kooperativ können in kleinen Gruppen eigenständige Ideen entwickelt und erprobt werden». (ebd.)

Im Anschluss an den Werkstattgedanken möchte ich – in Abwandlung einer Bemerkung von Korczak* – fordern, dass die Schule der Zukunft

frei nach Korczak, der gesagt hat, die sterilen Kinderzimmer und «blankgefegten städtischen Gärten» seien nicht «die Werkstatt, in welcher der aktive Wille des Kindes die Mittel zu seiner Verwirklichung fände» (zit. nach Bittner 1982, S. 70)

2

die Werkstatt werden sollte, «in der der aktive Wille des Kindes die Mittel zu seiner Verwirklichung» findet, denn alle unsere schulischen Bemühungen sind daran zu messen, ob sie dem Kind helfen, «selber zu denken, zu werten, zu urteilen (...), damit ein Mensch entsteht und nicht ein Roboter» (Langeveld 1963, S. 22). Von hier aus zur Frage der Bewertung künstlerischer Leistungen im Werkstattunterricht ist der Weg mit Stolpersteinen gepflastert, die nicht ganz leicht zu umgehen sind, denn schulisches Arbeiten unterliegt in gewisser Weise der Bewertungspflicht, es sei denn, die Zeugnisse würden abgeschafft. Die Steine müssen jedoch genau angesehen werden, wenn man keinen Schaden anrichten oder erleiden will.

Da Kunstwerkstätten kein einheitliches Gebilde sind, sondern vielerlei Zielsetzungen dienen können, wende ich mich zuerst einer besonderen Form zu, die mir am ehesten durch eine rigide Bewertungspraxis zu beeinträchtigen, wenn nicht gar zu gefährden ist. Ich meine Werkstätten für Malerei, Poesie, Tanz, Theater und dgl. als Geburtsstätten Freien Ausdrucks. Als exemplarisches Beispiel kann die Aktion von Werner Zülch dienen, die in dem Beitrag von Dorit Bosse in diesem Buch beschrieben wird. Weitere Beispiele – auch ganz unspektakuläre – ließen sich denken. Das verbindende Moment ist jeweils, dass die Akteure ungehindert ihren Einfällen folgen können, dass es hierbei kein eindeutiges Richtig oder Falsch, Gut oder Schlecht gibt, allenfalls ein mehr oder weniger der Situation (der Aufgabe, der Gruppenkonstellation, dem Raum, dem Material u. a.) angemessenes Verhalten. Es gibt kreativere und weniger kreative Einfälle. Über sie lässt sich streiten. Sollte man sie zur Grundlage von offiziellen Bewertungsprozessen machen? Ich denke: Nein! Um dies zu begründen, muss ich etwas ausholen.

Freier Ausdruck und Bewertung

Die Praxis des Freien Ausdrucks hat ihre Wurzeln in der Freinet-Pädagogik. Freinet hatte früh erkannt, welch eminente Bedeutung die Entfaltung der Ausdruckskräfte für die emotionale, geistige und soziale Entwicklung von Kindern hat. So ist der Freie Ausdruck in allen seinen Formen im bildnerischen, sprachlichen, musikalischen und darstellerischen Bereich zu einem Kernstück der Freinet-Pädagogik geworden. Frei heißt dabei soviel wie: unbeeinflusst von inhaltlichen und formalen Vorgaben, den spontanen Äußerungsimpulsen von Kindern entspringend, nicht den Gesetzen der Logik und Erwachsenenvernunft folgend und doch Träger eines oftmals verborgenen, für das jeweilige Kind spezifischen Sinns.

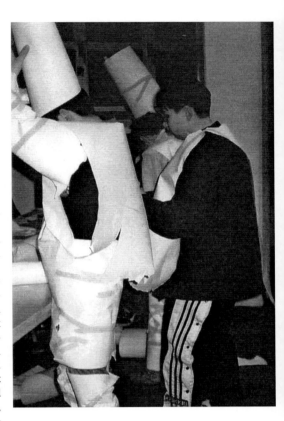

Was sich aus diesen Grundgedanken bis heute in Schulen entwickelt hat, ist höchst unterschiedlich. In manchen Klassen entstehen Zeichnungen und Geschichten beiläufig neben dem üblichen Unterricht. Das Material wird bereitgestellt, und die Kinder werden

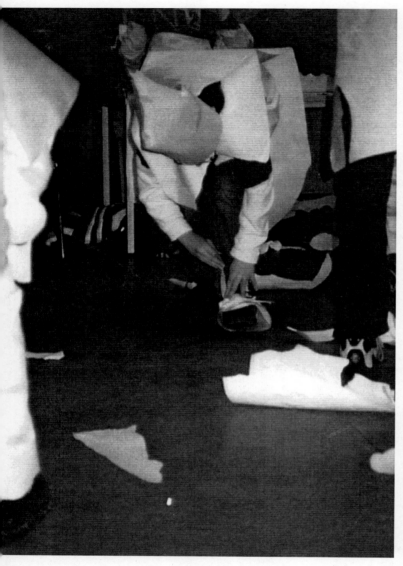

der Klasse zusammengestellt wird. Je älter die Schüler sind und je anspruchsvoller die experimentellen Versuche gedacht werden, desto wichtiger sind spezifische Anregungen und Rahmenvorgaben. Dafür wiederum ein Beispiel: Werner Zülch stellte seinen Schülerinnen und Schülern, einem 7. Schuljahr, für eine Aktion große Makulaturrollen und Tesakrepp zur Verfügung, mit dem sie sich in «Marsmenschen» verkleiden konnten (s. Abbildungen). Die begrenzten Mittel erforderten adäquate Einfälle. So wurden z. B. Erfahrungen mit der Sperrigkeit und Verletzlichkeit des Materials, mit den Grenzen, die Aufgabe allein zu lösen und der Notwendigkeit, mit andern Schülerinnen und Schülern aus der Gruppe zu kooperieren, gemacht. Manche Einfälle ließen sich materialbedingt gar nicht erst ausführen, andere führten zu unerwarteten Effekten und dgl. mehr. Die Bewegungsformen mussten sich dem Material anpassen; ein ganz ungewohntes Körpergefühl. Im Nachgang wurde mit den Schülerinnen und Schülern eine Reflexion über ihre Beobachtungen und Erlebnisse durchgeführt und damit die Aktion zu einem Abschluss gebracht. Mit dem Beispiel deute ich an, dass die experimentellen Versuche zu Freiem Ausdruck unterschiedlich komplex sein und auch die Grenzen der einzelnen Kunstsparten überschreiten können (hier z. B. zum darstellenden Spiel).

ermutigt, wann immer sie wollen, davon Gebrauch zu machen. Eindrucksvolle Beispiele dafür sind «Patricks Zeichnungen» (Le Bohec/Le Guillou 1993) und die Geschichtensammlung «Ein Vogel fliegt. Er kann fliegen im Text» (Hesse/Wellersdorf 1996). Einige Lehrerinnnen und Lehrer verbinden die Freiheit mit Auflagen. So gibt es z.B. die Regel, dass in jeder Woche von jedem Schüler an einem beliebigen Tag zu einem selbst gewählten Thema eine Geschichte zu schreiben ist, aus der das «Wochenbuch»

Kunstwerkstätten, die der Entfaltung Freien Ausdrucks dienen, sind für mich Freiräume par excellence. Darin sehe ich in der leistungs- und konkurrenzorientierten Schule und Gesellschaft vor allem ihre Bedeutung. Sie bieten Einzelnen und Gruppen experimentelle Erprobungsmöglichkeiten für kreatives Gestalten, was weit mehr als eine kompensatorische Entlastung von Schul- und Lebensstress ist, den es ja leider nicht nur für Lehrer, sondern vielfach auch für Kinder und

Jugendliche gibt. Sie ermöglichen veränderte Erfahrungen mit sich selbst, der Mitwelt und den jeweils gegebenen Bedingungen von Raum, Zeit und Material. Darin beruht auch ihr lösender, befreiender und mitunter sogar therapeutischer Effekt, wie wir von Theater- und Kunstwerkstätten aus Klinik und Knast wissen. Um diese Wirkung zu erzielen, dürfen sie nicht in ein zu enges Korsett gezwängt werden, nicht zu brav und schulförmig angelegt sein, weil dann Grenzerfahrungen und Grenzüberschreitungen fast ausgeschlossen sind. Ich erspare mir, dies näher auszuführen, weil der Tagungsband Beispiele genug bringt und die Lesenden selber an ihnen überprüfen können, wo und inwiefern sonst im Alltag gültige Grenzen dabei durchbrochen werden.

Kunstwerkstätten als Möglichkeitsräume

Kunstwerkstätten lassen sich mit Winnicott als Möglichkeitsräume verstehen, denen eine grundlegende Bedeutung für die Entwicklung von Kreativität zukommt. Er unterscheidet drei Bereiche, in deren spannungsreichem Zusammenspiel sich Entwicklung vollzieht:

1) die äußere Realität, die der Einzelne vorfindet und nicht nach Belieben verändern kann, mit der er sich also arrangieren muss (dazu gehört in der frühen Kindheit zuvörderst die Mutter oder eine andere kontinuierlich verfügbare Bezugsperson);

2) die innere Realität, die das Kind mitbringt (also seine vitale Ausstattung als Basis für alle weiteren Erfahrungen); auch diese innere Realität ist vorgegeben und nicht einfach austauschbar;

3) der intermediäre Raum, ein Zwischenbereich zwischen der inneren und äußeren Realität als offener Handlungsraum, in dem sich

die Interaktion zwischen Mutter und Kleinkind entfaltet und eine neue einmalige Realität konstituiert.

Dieser dritte Bereich wird von Winnicott als Spannungsbereich beschrieben, in dem sich schöpferische Fähigkeiten entwickeln können, die in der gemeinsamen Interaktion erfunden und erprobt werden. Er geht davon aus, dass im Gegensatz zu den beiden erst genannten Bereichen «der Handlungsbereich des Menschen im Sinne des dritten Erfahrungsbereiches (dem des Kulturerlebens oder des kreativen Spiels) bei einzelnen Menschen (...) äußerst variabel (ist). Dies liegt daran, daß dieser dritte Bereich das Ergebnis von Erfahrungen des Einzelnen, ob Kleinkind, Kind, Jugendlicher oder Erwachsener in der ihn umgebenden Umwelt ist. Es besteht hier also eine Variabilität, die sich ganz wesentlich von der der Phänomene der inneren psychischen Realität und der der äußeren erlebbaren Realität unterscheidet. Die Ausprägung dieses dritten Bereiches kann je nach dem Ausmaß realer Erfahrung äußerst gering oder sehr groß sein.» (Winnicott 1993, S. 123 f.). Dieser Gedanke ist für Winnicott so wichtig, dass er ihn an späterer Stel-

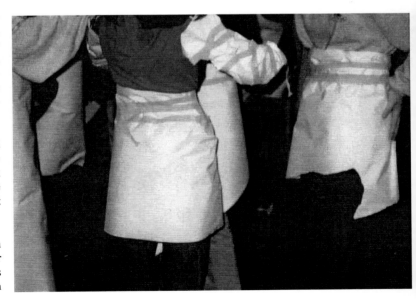

le wiederholt: «Es ist die Besonderheit dieses Ortes, an dem Spiel und Kulturerleben sich ereignen, daß er existentiell von der Erfahrung abhängt und nicht von Anlagefaktoren» (ebd. S. 126). Die Basiserfahrung für die Entwicklung der Kreativität liegt in einer guten Mutter-Kind-Beziehung (Winnicott 1971/1993, auch Schäfer 1995). Diese kann sehr unterschiedlich ermutigend oder versagend erlebt werden. Darum ist es wichtig zu wissen, dass sie zwar den Ausgangs- aber nicht den Endpunkt einer möglichen Entwicklung darstellt. Das menschliche Individuum ist so plastisch – zumal im Kindes- und Jugendalter –, dass ständig korrigierende und ergänzende Entwicklungen stattfinden. Später übernehmen andere relevante Bezugspersonen – so auch Lehrer – die Funktion, die zunächst die Mutter hat, und regen die weitere Entwicklung an.

Etwas von dem, was Kunsterzieher in der Werkstättenarbeit mit Kindern und Jugendlichen erleben, findet hier seine Erklärung und gerade darum ist diese Arbeit als identitätsstiftende Kulturarbeit innerhalb und außerhalb von Bildungsinstitutionen von so elementarer Bedeutung. Hinzu kommt, dass Schülerinnen und Schüler in ihrem familiären und sozialen Umfeld keineswegs immer optimale Bedingungen zu kreativer Entfaltung finden. Oft finden sie nicht die geeigneten Anregungen, die ihnen Anstöße geben und sie herausfordern. Darüber hinaus liegt es teilweise an den zu engen Vorstellungen über das, was an kreativen Produktionen erwünscht ist und gefällt, oder auch daran, dass Kindern und Jugendlichen der emotionale Zuspruch fehlt, dass ihre Kreationen auf Wohlwollen stoßen und akzeptiert werden. Kinder, die in wechselnden familiären Konstellationen und Beziehungsunsicherheit aufwachsen, sind z. B. in besonderer Weise auf eine akzeptierende Haltung angewiesen; Jugendliche, die

sich ohnehin in einem labilisierenden psychischen Umstrukturierungsprozess befinden, desgleichen – wenn auch aus anderen Gründen. Die Praxis musisch-ästhetischer Erziehung berührt einen subjektsensiblen Persönlichkeitsbereich. Die Leistungsbewertung sollte deshalb immer auch die (Gesamt-)Entwicklung der einzelnen Schülerin bzw. des einzelnen Schülers im Blick haben. Sie setzt eine vertrauensvolle Lehrer(in)beziehung voraus. Was Winnicott zum Ursprung des potenziellen Raumes gesagt hat, dass nämlich eine ausreichend gute, vertrauensvolle und zuverlässige Beziehung am ehesten die Gewähr dafür bietet, dass sich «eine gelöste innere Haltung» und kreatives Spiel entfalten kann, lässt sich sinngemäß auf die Schule übertragen. Wo Schülerinnen und Schüler keine tragfähige Vertrauensbasis entwickeln, fehlt ihnen die basale Voraussetzung für eine «zwanglose, uneingeschränkte Selbstverwirklichung» (ebd. S. 126).

Leistungsbewertung in Kunstwerkstätten

Zurück zu Fragen der Leistungsbewertung. Was macht die Frage im Zusammenhang mit Kunstwerkstätten so prekär? Ist es der institutionelle Freiraum, den es zu schützen gilt, die Besonderheit des Faches Kunst mit seiner schier unbegrenzbaren Vielschichtigkeit und Komplexität oder der Anspruch an ungehinderte Selbstentfaltung (neben dem inhaltlich weitgehend vorbestimmten, curricular durchstrukturierten Fachunterricht)? Ich möchte die Fragen hier nicht ausführlich diskutieren, aber doch einige Akzente setzen. (Erstens würde dies den Rahmen dieses Beitrags sprengen, weil dazu u. a. eine differenzierte Berücksichtigung der einzelnen Lernfelder Voraussetzung wäre, wie dies kürzlich Jank am Beispiel des Faches Musik gezeigt hat; Jank 2000). Ich beschränke mich auf wenige allgemeinpädagogische Überlegungen, die mir wichtig erscheinen.

1) Je mehr es bei künstlerischen Aktionen um das Ausleben kreativer und spontaner Einfälle geht, desto wichtiger sind bewertungsfreie Räume (nicht zu verwechseln mit leistungsfreien Räumen!). Schülerinnen und Schüler müssen ihr Vorgehen innerhalb einer verabredeten Aufgabe vor niemandem rechtfertigen, sie können sich jedoch dazu äußern, wenn sie dies wollen. Sie können z. B. in ihre Aktion/ihr Werk einführen, erläutern, was sie darstellen wollten, wie ihnen dies gelungen ist und womit sie ggf. nicht zufrieden sind. Lehrende und Gruppe bilden ein aufmerksames und sachkundiges Publikum (für die Grundschule nachzulesen bei Bambach o.J. und Le Bohec/Le Guillou 1993). Auf Anfrage können sie Vorschläge zur weiteren Ausgestaltung machen. Wenn eine Aktion, ein Produkt hervorgehoben und gewürdigt werden soll, wird überlegt, wie man weiter verfahren kann. Soll eine Ausstellung, eine Vorführung geplant werden? Es ist alles erlaubt, was in der Regie der jungen Autorinnen und Autoren sowie im Dialog mit der Gruppe entsteht, nur eines nicht: eine von außen durch Lehrende herangetragene Benotung zu Inhalt und Form. Sie würde die Unbefangenheit und Spontaneität der Beteiligten im Keim ersticken.

2) Freies Gestalten, Konstruieren und Experimentieren (allein oder in der Gruppe) ist aber nur die eine Seite des Lernens in Kunstwerkstätten. Die andere Seite ist das gezielte Heranführen an Ausdrucksmittel und -techniken, verbunden mit vorgegebenen Aufgabenstellungen, deren adäquate Umsetzung sich gerade im Vergleich unterschiedlicher Lösungen mit den Schülerinnen und Schülern gemeinsam diskutieren lässt. Hier hätte ich vom Grundsatz her wenig gegen eine objektivierende Leistungsbetrachtung einzuwenden. Allerdings sind – bevor Urteile gefällt werden oder Zensuren festgelegt werden – die Kriterien vorher im Dialog mit den Schülerinnen und Schülern zu diskutieren und müssen sich in spezifischer Weise an dem im Unterricht Gelernten bzw. an der Aufgabenstellung orientieren also sachadäquat sein. Sie können auch in Verbindung mit Unterrichtsvorhaben und -zielen evtl. vorab festgelegt werden. Das Finden und Bewusstmachen von Kriterien schärft die Wahrnehmung der Schülerinnen und Schüler für ihr eigenes Werk und vermittelt so ein Kompetenzbewusstsein; im optimalen Fall Freude am praktischen Tun, die zu weiterführenden Versuchen anregt.

3) Der Begriff Leistungsmessung verbietet sich m. E. für den musischästhetischen Lernbereich, weil er die Assoziation weckt, es ginge hierbei um eindeutig erhebbare Messdaten. Ich spreche lieber von Leistungsbewertung. Wie alle künstlerischen Bereiche eröffnen auch Kunstwerkstätten sinnvolle Möglichkeiten zu Leistungsdialog und -feststellung. Oberstes Ziel für beides ist die Ermutigung zur eigenen Auseinandersetzung mit künstleri-

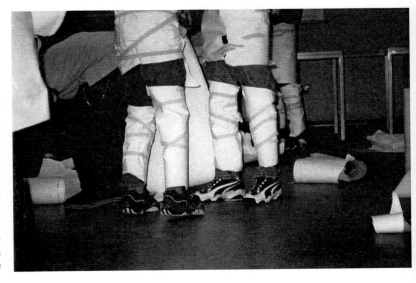

immer dies sinnvoll und möglich erscheint – auch der Initiierung gemeinsam zu verantworteten künstlerischen Aktionen und Produktionen dienen. Das stärkt die Bereitschaft zu solidarischem Handeln.

4) Zum Abschluss: Wer Leistung will, muss Lernen fördern. Das richtet sich zunächst an alle Personen in Politik und Öffentlichkeit, die sich um die Leistungsfähigkeit unseres Schulwesens besorgt geben. Sie sind für geeignete schulische Rahmenbedingungen verantwortlich zu machen. Ihnen muss gesagt werden, dass jeder Leistung Lernprozesse vorangehen und dass sich Unterricht und Lernbedingungen keineswegs automatisch durch flächendeckende Erhebungen und Vergleiche in Bezug auf Schülerinnen- und Schülerleistungen bessern, wie dies einige Elternverbände und Politiker von den Diskussionen um die Studien TIMSS und PISA zu erhoffen scheinen. Nun könnten sich Kunstlehrende damit beruhigen, dass der Kunstunterricht von solchen Leistungsvergleichen zunächst verschont bleibt; er ist noch einmal davon gekommen. Reine Freude sollte dabei jedoch nicht aufkommen, weil dies gerade heißen könnte, dass er nicht ernst genommen und an den Rand gedrängt wird. In jeder einzelnen Schule müssen die verantwortlichen Lehrkräfte offensiv seinen Stellenwert verteidigen und um vernünftige Bedingungen kämpfen (evtl. mit Hilfe von Elternschaft, Öffentlichkeit und Fachverbänden). Musisch-ästhetische Werkstätten, die Qualität entwickeln wollen, sind keine Spielwiesen die man bildungspolitisch und schulpraktisch ausmanövrieren darf. Sie tragen ihren Teil dazu bei, den Bildungsauftrag unserer Schulen zu erfüllen, den Hartmut von Hentig unter das Motto stellt, «die Menschen stärken, die Sachen klären». Ich möchte ergänzen, dass unter diesem Motto das Gewicht der ästhetischen Bildung in unseren Schulen ruhig noch zunehmen dürfte.

schen Praktiken und Produkten (auch historisch oder aktuell überlieferten). Weil dies so ist, sollte nicht alles, was in Kunstwerkstätten getan und diskutiert wird, der Leistungsbewertung unterliegen. An der Auswahl der zur Leistungsbewertung auszuwählenden Arbeiten können die Schülerinnen uns Schüler selber beteiligt werden, und es sollten nicht nur Individualleistungen, sondern auch Gruppenleistungen eingebracht werden können. Leistungsbewertung sollte – wo

Literatur

Bambach, Heide: Ermutigungen. Nicht Zensuren. Lengwil/Schweiz o. J.

Bittner, Günther: Der Wille des Kindes. In: Zeitschrift für Pädagogik. 28. Jg., 1982, S. 261 - 272

Freinet, Célestin: Méthode naturelle de dessin. In: Oeuvres Pédagogiques. Bd. 2. Lonrai 1994, S. 416 - 488

Garlichs, Ariane: Heilende Wirkungen Freien Ausdrucks. In: Hagstedt, Herbert (Hg): Freinet-Pädagogik heute. Beiträge zum internationalen Célestin-Freinet-Symposion in Kassel. Weinheim 1997, S. 160 - 178

Hesse, Ina/ Wellersdorf, Heide (Hrsg.): «Es ist ein Vogel. Er kann fliegen im Text.» Kinder schreiben sich ihre Geschichten von der Seele. Bremen 1996

Jank, Birgit: Ermutigung und Kompetenzerfahrung. In: Die Grundschulzeitschrift, 14. Jg. Heft 135/136, 2000, S. 38 - 41

Langeveld, Martinus J.: Schule als Weg des Kindes. Versuch einer Anthropologie der Schule. Braunschweig 1963 (Erstveröffentlichung 1960)

Le Bohec, Paul/Le Guillou, Michèle: Patricks Zeichnungen. Erfahrungen mit der therapeutischen Wirkung des freien Ausdrucks. Bremen 1993

Schäfer, Gerd E.: Bildungsprozesse im Kindesalter. Weinheim/München 1995

Sievert, Adelheid: Kunstwerkstatt. In: Die Grundschulzeitschrift 12. Jg., Heft 118, 1998, S. 6 - 11

Winnicott, Donald W.: Vom Spiel zur Kreativität. Stuttgart 7. Auflage 1993 (Erstveröffentlichung 1971)

Werner Stehr

Wider die methodische Monokultur

Werkstattunterricht aus bildungsplanerischer Perspektive

Von der Vielfalt methodischer Zu-griffsweisen auf Lerninhalte sollten staatliche Rahmenvorgaben nicht weit entfernt sein. Administrativ gesteuerte Bildungsplanung bedarf eines wissenschaftlich gesicherten Bezugssystems, sie darf keine Luft-schlösser bauen oder nur Worthül-sen fabrizieren, und sie muss auf der Basis personeller, inhaltlicher und operationaler Vorgaben stets das Machbare berücksichtigen.

Auch Kunst-Lehrpläne unterliegen diesen Einflüssen. Lassen wir den häufig beklagten Wildwuchs realer kunstpädagogischer Lernorganisa-tion beiseite, wurzelt – trotz allen empirischen Nichtwissens über die Ergebnisse – die zu einem statt-lichen Stamm herangereifte Fachpä-dagogik historisch in den Ideen der Kunsterziehungsbewegung, die sich zu Beginn des Jahrhunderts als pro-gressives Pendant oder gar Movens der aufkeimenden Reformpädago-gik verstand. Aus heutiger Distanz ging vom dort bereits propagierten Werkstattgedanken seit jeher eine besondere Faszination aus: Die eine Argumentationslinie hat mit der Affinität zu künstlerischen Produk-tionsverfahren in Atelier oder Werk-statt zu tun, die andere, weil kunst-pädagogische Praxis als bevorzugte Aneignungsform an möglichst adä-quaten Aktionsorten vorgesehen ist. Besonders die Ausgestaltung pro-duktiven Tuns, bei dem etwa mög-lichst großformatig und freizügig gemalt, gegipst, gepanscht oder konstruktiv gebaut wird, lehnt sich an künstlerische Verfahren mit allen

nur denkbaren Werkstoffen und Techniken an. Die Film- und Foto-arbeit oder die Herstellung von Keramik in Fachwerkstätten ergänzt das fachliche Spektrum; Klassen-räume sind für all diese raumgrei-fenden oder besonderen Aktivitäten gänzlich ungeeignet.

Vielleicht entwickelte sich auch aus diesen fachspezifischen Arbeitswei-sen und Raumansprüchen der Kun-sterziehung mit der Zeit eine beson-dere, nicht nur aus Sicht der Schüle-rinnen und Schüler «eigenartige» Erziehung, denn zumindest haben die ästhetischen Handlungsformen und Produktionsorte neben ver-schiedenen anderen Blickwinkeln auf das Fach am eigenwilligen Image der Kunstpädagogik einen gewissen Anteil. Möglicherweise treten gewichtige weitere Gründe hinzu: Kunstunterricht wird gele-gentlich als luxuriöse Sonderform des Lernens angesehen, tendenziell entwickelt er sich jenseits der so genannten Hauptfächer zum klassi-schen Nebenfach zurück. Die zwar noch im Pflichtkanon erbrachte schulische «Leistung» passt sich mit ihren nach außen nur schwierig ver-mittelbaren Werturteilen dem ohne-hin schon fragwürdigen Beurtei-lungssystem nicht so recht an. Das manchmal Exotische kommt ebenso dadurch zum Ausdruck, dass der sich bereits in den Zwanzigerjahren auch baulich analog zu naturwissen-schaftlichen Fachräumen, Sporthal-len oder Musiksälen etablierte nischenartige Wirkungskreis des Kunstlehrers im Alltag zunehmend zu einer Art Fachwerkstatt herausbildete, in der ein eigenartiges Flair herrschte. In diesen Schutzraum ziehen sich angesichts der Unruhe des Schulbetriebs sowohl die Lehrkräfte wie auch die Schülerinnen und Schüler gern zurück. Wo kann man schon in der Pause getrost weiterarbeiten, Limonade trinken oder sich beim Tätig-Sein angeregt unterhalten?

Der Kunstbereich stellt auch heute noch zuweilen eine Art vergrößertes Künstleratelier dar, in dem das Ungeregelte und Andere gern zugelassen sind. Allerdings zieht diese Absonderung auch unterschwellige oder gar offene Spannungen nach sich, denn was im Kunstunterricht gelehrt und gelernt werden soll, unterliegt freilich der staatlichen Vormundschaft und Aufsicht. Es geht um die Orientierung an verbindlichen Lehr- und Strukturplänen, die Anpassung an schulische Rituale und Rechtsauflagen. Ihre latente Problematik soll hier nicht vertieft werden, doch ganz unabhängig von den Vorstellungen kunstpädagogischer Praxis ist der öffentlich inszenierte Schulbetrieb ohne Regelwerke, also ohne Rechtsverordnungen und Rechenschaftspflichten, nicht denkbar.

Schon die alten Lehrpläne der Fünfziger- und Sechzigerjahre (Bildungspläne 1957) rekurrieren auf die verschiedenartigen Arbeitsweisen der «musischen Bildung», die, stundenmäßig damals noch beneidenswert üppig ausgestattet, als «Bildnerisches Gestalten» die Kunsterziehung mit dem eigenständigen Fach Werken kombinierte. Im Feld der bildnerischen Praxis wurde auffallend unterschieden zwischen «Klassenzimmertechniken» und «Werkstattgebundene[m] Gestalten» (ebd., S. 405 f.), das den historischen Berichten zufolge häufig in verliesartigen Kellergewölben, aber auch in großzügig ausgestatteten Zeichensälen oder geräumigen

Werkstätten stattfand. Und ganz dem damaligen kulturpessimistischen Zeitgeist Gehlens, Sedlmayrs und Freyers folgend, wird in den staatlichen Lehrplänen inbrünstig das ‹Besondere› des erzieherischen und ästhetischen Anliegens betont, denn Kunsterziehung versteht sich nicht als normales Unterrichtsfach: «Die durch eigenes bildnerisches Tun gewonnenen Erfahrungen sollen in [...] dem Kind die Augen öffnen für Wert und Unwert [...] der Dinge, die es täglich umgeben.» Kinder sollen zum «Mitträger einer gediegenen Volkskultur werden» und der Fachunterricht soll «das gesamte Schulleben durchdringen, ein Gegengewicht gegen die einseitige Ausbildung des Intellekts und einen Beitrag zur Schulung der Sinne darstellen.» (ebd. S. 403)

Unbeschadet des späteren Paradigmenwechsels von der betulichen musischen Erziehung zum aufgeklärt rationalistischen Konzept des Kunstunterrichts in den Sechzigerjahren offenbart sich eine Kontinuitätslinie, die, ausgehend vom Blick auf die angesprochenen Ansprüche der Aktions- und Raumfrage des Werkstattgedankens, bis in die hessischen Rahmenrichtlinien der Siebziger- oder in die Rahmenpläne der

Abb. 1 Schülerinnen und Schüler eines Kunst-Grundkurses der Jacob-Grimm-Schule, Kassel bei der Vorbereitung einer Ausstellung in der Schulgalerie

Abb. 2 Schülerinnen und
Schüler eines Kunst-
Grundkurses der Jacob-
Grimm-Schule, Kassel

len Verhältnis so zueinander bestimmen, dass die Lehrerin oder der Lehrer in die Lage versetzt wird, die vorgegebenen Ziele in eigener pädagogischer Verantwortung zu erreichen und Interessen der Schülerinnen und Schüler einzubeziehen.» (Hessisches Schulgesetz 1992, § 4 (1)) Reformpädagogische Lernprinzipien bilden darüber hinaus auch den Kern zu einer Neubestimmung der Rolle der Lehrkräfte, der stärkeren Selbsttätigkeit und Eigeninitiative der Kinder und Jugendlichen, einem entspannten Lernklima und der Öffnung der Schule gegenüber ihrem sozialen Umfeld.

Achtzigerjahre hineinreicht.

Alle zurückliegenden curricularen Konzeptionen markieren demzufolge deutlich, dass aufgrund der methodischen Entscheidung zu Gunsten des praktischen ästhetischen Handelns im Kunstunterricht eine vom normalen Lehrbetrieb abweichende Unterrichtsorganisation als unverzichtbar angesehen wird. Insofern war es fachdidaktisch – und planerisch – nur folgerichtig, auch in die staatlichen Rahmenvorgaben der Neunzigerjahre (Rahmenplan Kunst [Sek. I] 1996) ausführliche Leitvorstellungen einer besonderen, werkstattorientierten methodischen Lernorganisation aufzunehmen, zumal das revidierte Hessische Schulgesetz (1992) einen dafür günstigen Referenzrahmen bildete. Das Gesetz legt fest, dass «der Unterricht [...] auf der Grundlage von Rahmenplänen erteilt [wird]. Sie müssen die allgemeinen und fachlichen Ziele der einzelnen Fächer, Lernbereiche oder Aufgabengebiete sowie didaktische Grundsätze, die sich an den Qualifikationszielen des jeweiligen Faches, Lernbereichs oder Aufgabengebiets zu orientieren haben, enthalten und verbindliche und fakultative Unterrichtsinhalte in einem sinnvol-

Eine weitere bildungsplanerische Komponente, die den betagten Werkstattgedanken ebenfalls verstärkte, bildete in den Neunzigerjahren eine aufgeschlossene Fachdidaktik, die zu diesem Zeitpunkt sich intensiv der Rationalität ästhetischer Erfahrung von Kindern und Jugendlichen widmete. In der kunstdidaktischen Diskussion, die sich um eine über ihren engeren Wirkungskreis hinausgehende Legitimation und Neugewichtung ästhetischer Bildung bemüht, sind zwischenzeitlich deutliche «Verschiebungen» feststellbar (Koch 1994; Grünewald u. a. 1997). Für die unter Modernisierungsdruck stehende Fachdidaktik lautet eine fruchtbare These: Ästhetische Erfahrung bezieht sich nicht auf Kunsterfahrung, sondern ist ein Modus, Welt und sich selbst im Verhältnis zur Welt und zur Weltsicht anderer zu erfahren.» (Otto 1994, S. 56) Ausgehend von Wolfgang Welschs Thesen ‹Zur Aktualität Ästhetischen Denkens› wird abgeleitet, dass die Auseinandersetzung mit Phänomenen des Ästhetischen neben den bewährten kunstpädagogischen Praxisformen von kognitiv-theoretischen und praktisch-handelnden Aneignungsprozessen jenen unverwechselbaren, «einmaligen Vernunftstypus» (Seel 1985) zu konstituieren hilft, der zum einen der wissenschaftlichen Vernunft nicht gegenüberzustellen ist oder sie ausschließt, der sie zum anderen produktiv ergänzt, – und damit den Menschen als Subjekt mit ästhetischen Wahrnehmungs- und Sinnestätigkeiten überhaupt erst konstituiert. Es geht hierbei um eine Wechselbeziehung zwischen szientifischer und ästhetischer Rationalität, also um ein Ergänzungsverhältnis. «Ästhetische Prozesse, seien sie produktiver oder rezeptiver Art – genauer müßte man sagen, eher objektivierender oder internalisierender Art, denn auch Rezeption konstituiert ästhetische Objekte und Prozesse – sind Resultate von Erkenntnisprozessen, wobei diese Prozesse nach Struktur und Qualität in ganz eigener und unverwechselbarer Form dimensioniert sind.» (Kaiser 1997, S. 29)

Die Prämissen dieses Ansatzes stellen plausibel heraus, dass den in der ästhetischen Erziehung zu erwerbenden Kompetenzen - es geht um Lernen und Begreifen im unmittelbarsten Sinne - eine existenzielle Dimension zukommt. Ohne Phantasietätigkeit, Sozialfähigkeiten, Problemlösungsverhalten, utopisches Denken, angewandte Kreativität etc. ist humane Daseinsbewältigung unmöglich. Darüber hinaus übernehmen aufgrund ihrer operativen Logik die in dieser Begründung frei von pathetischen Versprechungen verwendeten Begriffe des ‹elementaren› oder ‹authentischen Lernens› eine entwicklungspsychologisch klar definierte Rolle: Denn was in ästhetischen Erfahrungen anzueignen ist, gleicht «lebensweltlicher Fundierung menschlichen Handelns» (Meyer-Drawe 1984, S. 508), die sich durch keine andersartige Aneignungsform substituieren lässt. Der praxisbetonten pädagogischen Auseinandersetzung mit Kunst entspricht demzufolge eine erstrebenswerte conditio humana. Es versteht sich fast von selbst, dass die dazu passenden Aneignungsfor-

men eng mit den angesprochenen Methodenfragen korrespondieren. Das hier thematisierte Werkstattkonzept bildet dazu eine passende – man könnte auch sagen: kompatible – Form.

Aus diesen Gründen versuchen verbindliche Empfehlungen in den Rahmenplänen (1996) als Vorschlag zur Lern- und Unterrichtsorganisation die fachspezifischen Arbeitsweisen zu konkretisieren: «Kunstunterricht orientiert sich – wo immer es möglich ist – am Werkstattgedanken, in dem die schöpferische Selbsttätigkeit der Schülerinnen und Schüler dominiert. Entsprechend müssen Lernprozesse in Form ästhetischer Praxis unter Berücksichtigung notwendiger kreativer Freiräume organisiert werden. Das bedeutet nicht die Verabsolutierung der Praxis aufs bloße ‹Machen›, sondern die konstruktive Einbettung von Informations- und Demonstrationsphasen, von Phasen reflexiver Auseinandersetzung und Analyse in den Produktionsprozeß. Spielerische, experimentelle und ordnende Phasen müssen sich im Lernprozeß abwechseln. [...] Kunstunterricht im Sinne des Werkstattkonzepts ist vornehmlich projektartiges Lernen. Ausgerichtet auf ein Werkziel sind die Lernaktivitäten in einen größeren Sinn- und Produktionszusammenhang gestellt. [...] [Hierzu] gehört auch, daß der Arbeitsraum zeitweilig zum Erlebnis- und Begegnungsraum wird, in dem Bilder betrachtet, anregende Musik und Literatur gehört werden und offene Gespräche stattfinden. Dem entspricht [die] Öffnung nach außen, das Aufsuchen außerschulischer Lernorte wie Museen, Ausstellungen, Galerien und – soweit möglich – Künstlerateliers. Aber auch das Erkunden, Beobachten und unmittelbare Erleben von besonderen Beispielen gestalteter Umwelt vor Ort oder die direkte sinnliche Auseinandersetzung mit [..] ästhetisch lohnenden Orten sollen ermöglicht werden. [...] Als kulturelles Forum und Ort der künstlerischen Anerkennung sollten vor allem auch festinstallierte Ausstellungsflächen und -räume zur Verfügung stehen; ggf. kann sogar eine eigene Schul- oder eine Stadtteilgalerie für Kinder und Jugendliche eingerichtet werden.» (Rahmenplan Kunst, Sek. I, 1996, S. 26 f.)

Es liegt auf der Hand, dass die Autonomieforderungen des Schulgesetzes und die zitierten Ausgestaltungsvorschläge zukünftig mit Sicherheit Dissenzen produzieren, die sich für die Betroffenen nicht ohne Weiteres auflösen lassen: Rükkbezogen auf die Auswirkungen des favorisierten Werkstattkonzepts auf die konkrete Unterrichtsorganisation bedeutet es, dass Schulträger, -verwaltung und -leitung für den Kunstunterricht angemessene Voraussetzungen bereitzustellen hätten. Wenn davon ausgegangen wird, dass zukünftig die Einzelschule als entscheidende Einheit für innovative Veränderungen anzusehen ist und dass die Realisierung von mehr Autonomie und mehr demokratisch bestimmte Selbstor-

ganisation der Einzelschule eine der zentralen Herausforderungen der Zukunft ist, stellt sich die Frage des Funktions- und Gebrauchswertes von Rahmenplänen nicht mehr nur im Hinblick auf die Kompatibilität mit Gesetzesvorgaben, also bezogen auf die Legitimationsfunktion, die diese Texte zu erfüllen haben, sondern vor allem in Hinblick auf die zentrale Bedeutung der Orientierungsfunktion, die solche Texte haben können.» (Elfner 1992) Über den Weg der verbindlichen Pläne wird staatlicherseits ein Impuls vermittelt, der vielen Entscheidungsträgern nicht geheuer ist. Den ministeriellen Vorstellungen zufolge wird es zukünftig folglich den Gremien vor Ort vorbehalten sein, wie ihr angebotener Kunstunterricht aussehen wird und welche Ressourcen und unverzichtbaren Räumlichkeiten ihm zur Verfügung stehen werden. Weil die Schule der Zukunft auch die Bewirtschaftung ihrer Mittel (Budgetierung) und – nach einer gründlichen Reform des Dienstrechts – ebenso die Personalbewirtschaftung teilweise übernehmen soll, wird es eine spannende Frage werden, welcher Professionalitätsgrad der kunstpädagogischen Arbeit – die dann unter Umständen auf dem freien Arbeitsmarkt, etwa bei freischaffenden Künstlerinnen und Künstlern, unter entsprechenden Flexibilitätsgesichtspunkten «eingekauft» werden kann – zuzumessen ist.

Wie die Bildungsplanung in jüngster Zeit verdeutlicht, übernehmen die Lehrpläne dann ohnehin nur noch eine Art «Orientierungsfunktion», was immer darunter zu verstehen ist. Denn welchen Part zur Siche-

Abb. 3 Schülerinnen und Schüler eines Kunst-Grundkurses der Jacob-Grimm-Schule, Kassel

rung von vergleichbaren Bildungsgehalten und formalen Qualifikationen sie tatsächlich übernehmen, bleibt angesichts der bisher fehlenden Evaluation oder Unterstützung nebulös.

Somit stellt sich die Frage, ob es zukünftig nicht zu einem prekären Auseinanderdriften von viel zu eng oder umfangreich gefassten Bildungsauflagen und einer zwangsläufig hinterherhinkenden Schulpraxis kommen wird, die ganz anderen Gesetzmäßigkeiten und Sachzwängen folgt. «Es könnte ja sein», gab Herwig Blankertz schon 1970 zu bedenken, «dass die relative Selbständigkeit des pädagogischen Denkens frommer Selbstbetrug ist, dass in Wahrheit eine solche Argumentation nur dazu dient, die staatliche Omnipotenz zu verschleiern.» (Blankertz 1970, S. 125) Ein wenig spöttisch könnte man hinzufügen: Allerdings haben in der Vergangenheit Kunsterzieherinnen und Kunsterzieher mit Rahmenrichtlinien, Rahmen- und Kursstrukturplänen oder anderen Verwaltungsvorschriften bekanntlich nie große Probleme gehabt - die Forschung bestätigt dies eindrucksvoll (Vollstädt u. a. 1999) - und in ihren Zeichensälen, Werkstätten und Nischen weitgehend das getan, was sie selbst für richtig hielten.

Literatur

Bildungspläne für die allgemeinbildenden Schulen im Lande Hessen, Sondernummer 1, 2 u. 3. Wiesbaden 1957

Blankertz, Herwig: Theorien und Modelle der Didaktik. (4. Aufl.) München 1970

Elfner, Michael: Das Hessische Schulgesetz und seine Auswirkungen auf die Gestaltung und Weiterentwicklung der Rahmenpläne des Landes Hessen. In: Schulrecht Hessen. Stuttgart 1992

Grünewald, Dietrich u. a. (Hg.): Ästhetische Erfahrung. Perspektiven ästhetischer Rationalität. Velber 1997

Hessisches Schulgesetz. Wiesbaden 1992

Kaiser, Hermann J.: Operative Grundlagen ästhetischer Rationalität. In: Grünewald u. a. (Hg.), 1997

Koch, Lutz u. a.: Pädagogik und Ästhetik. Weinheim 1994

Meyer-Drawe, Käte: Lebenswelt [Stichwort] in: Enzyklopädie Erziehungswissenschaft. Handbuch und Lexikon der Erziehung [hrsg. von Dieter Lenzen], Bd. 3. Stuttgart 1984, S. 505-511

Otto, Gunter: Das Ästhetische ist «Das Andere der Vernunft». Der Lernbereich Ästhetische Erziehung. In: Schule. Zwischen Routine und Reform (Friedrich Jahresheft XII). Seelze 1994, S. 56-58

Rahmenplan Kunst, Sekundarstufe I. Wiesbaden 1996

Seel, Martin: Die Kunst der Entzweiung. Zum Begriff der ästhetischen Rationalität. Frankfurt/M. 1985

Vollstädt, Witlof u. a.: Lehrpläne im Schulalltag. Eine empirische Studie zur Akzeptanz und Wirkung von Lehrplänen in der Sekundarstufe I. Opladen 1999

Renate Mann

Werkstatt im Schrank: Thema Hase

Werkstattarbeit ohne großen, separaten Raum

Zugegeben: Werkstattarbeit in einem extra Raum, der betreut wird und jeder Lehrerin mit ihren Klassen zugänglich ist, hat einen großen Vorteil und ist sicher im Sinne der Methode. Aber in den meisten Schulen lassen schon die räumlichen und personellen Verhältnisse die Anfänge eines solchen Anspruchs im Keime ersticken. Wer dennoch nicht auf die Arbeit in einer Werkstatt mit seiner Lerngruppe verzichten möchte, kann eine kleine Werkstatt in einem großen Schrank einrichten.

In vielen Schulen stehen noch alte Schränke, die irgendwie genutzt werden, indem in ihnen Nützliches und Vergessenes aufbewahrt wird. Dieser Schrank, in eine Ecke des Flurs oder eine Kammer gerückt und mit Werkzeug und Material ausgestattet, bietet eine ausreichende Basis für einen anspruchsvollen Werkstattunterricht (Abb. 1).

In dem Schrank sollte es eine ständig verfügbare Grundausstattung geben, die durch andere Materialien zu einem speziellen Thema ergänzt wird. Wird zu einem bestimmten Sachverhalt gearbeitet, sollten die Materialien ausgetauscht bzw. erweitert werden. Dazu gehören vor allem die Abbildungen aus der Bildenden Kunst aus entsprechenden Kunstbüchern und Informationen zu einzelnen Künstlerinnen und Künstlern, die zu dem Thema gearbeitet haben.

Die Grundausstattung für eine Werkstatt im Schrank könnte folgendermaßen aussehen:

- Papiere verschiedener Größen (von der Postkarte bis zu Makulatur)
- Papiere in verschiedenen Farben und Stärken (von Tonpapier über Zeichenkarton bis hin zu handgeschöpften Papieren und Drachenpapier)
- Blumenseiden und Krepppapier
- Pappen und Kartons (Abfallprodukte)
- Zeitungspapier in großen Mengen
- Schuhkartons, Schachteln und Schächtelchen
- Zeitschriften und Kataloge
- Stoff- und Wollreste
- Filz und Rohwolle
- Nähnadeln und Garne
- Kleister, Kleber und Klebeband
- Scheren für verschiedene Materialien (z. B. Stoff- und Papierscheren, spitz und abgerundet)
- kleine (nicht stumpfe) Messer zum Schnitzen und Ritzen
- Passepartoutschneider
- große und kleine Behälter für Wasser und flüssige Farbe
- Dispersionsfarben
- Wachsmal- und Ölkreiden
- Tusche und Tinte
- Wasserstelle in der Nähe/ wischbarer Boden
- Besen und Kehrblech/ Utensilien zum Putzen
- Seife und (Papier-) Handtücher
- Verbandskasten/Notfallruf

Zu Ostern eine Hasenwerkstatt

Nicht nur die Jahreszeiten, sondern auch die traditionellen christlichen Feste wie Weihnachten und Ostern sind ein Teil des Schulalltags und bestimmen partiell die Unterrichtsinhalte. Weihnachtsmann und Osterhase sind Unterrichtsgegenstand, ob man will oder nicht, denn die Erwartungen der Kinder, dass Geschenke im Unterricht hergestellt werden, ist ungebrochen groß. Um einerseits den Erwartungen der Kinder zu entsprechen, aber andererseits diesen auch etwas entgegenzusetzen, bestimmte das Thema «Hase» den Werkstattunterricht der letzten Wochen vor den Osterferien — und zwar speziell der künstlerische Umgang mit diesem Motiv. Das gängige Bildklischee vom Osterhasen sollte durch die unterschiedlichen Zugriffe auf das Thema und die vielfältige Beschäftigung mit dem Hasen aufgebrochen und verändert werden.

Kinder haben zu Tieren im Allgemeinen einen großen emotionalen Zugang, und wenn es um Meerschweinchen und Stallhasen geht, meist sogar einige Erfahrungen. Wenn keine eigenen Erfahrungen, dann besitzen sie jedoch häufig Bücher, die den Hasen zum Thema haben. Für einen Tag ist es auch erlaubt, ein Tier in den Unterricht mitzubringen, damit die Kinder sein Verhalten (wenn auch in einem Käfig) beobachten und das Aussehen zeichnen können.

Beim Hasen-Thema liegt es auf der Hand, dass fachübergreifende Aspekte berücksichtigt werden, denn natürlich können sowohl im Sachunterricht als auch im Fach Deutsch zahlreiche Zugänge zum Hasen ermöglicht werden. In diesem Fall bietet unser Werkstatt-Schrank nicht nur Material für den Kunstunterricht, sondern auch für andere Fächer.

Für eine Werkstatt zum Thema Hase wird Folgendes benötigt:

1. Informationen:

- Sachbücher zu Hasen und Kaninchen
- Hasengeschichten in Kinderbüchern
- Hasenmärchen aus aller Welt
- Fabeln, in denen der Hase vorkommt
- Hasen in der Volkskunst (z. B. Oblaten, Blech-Spielzeug, Steiff-Tiere)
- Abbildungen von Kunstwerken zum Thema «Hase» (z.B. von J. Beuys, A. Dürer, J. Miró)
- Informationen zu den Künstlern und Kunstwerken
- Abbildungen von Stillleben mit Tieren (z. B. von G.Flegel)

2. Material:

- Schokoladenosterhasen, Filzreste, Naturmaterial, Deckel von Schuhkartons (für die Arbeit zu Beuys)
- Farbe, Heißklebepistole (für die Assemblage)
- Ausschneidebögen, Zeitschriften (für die Arbeit zu Miró)
- Schere, Stifte, Kleber (zum Collagieren)
- Selbstgeschnitzte Holzfeder (aus einem Stöckchen zu schnitzen), Tusche, Tinte (für die Arbeit zu Dürer)
- verschiedene Grafitstifte und Kreiden (Naturstudien)
- Seife, Speckstein, Kartoffeln, Ton

Abb. 1 Werkstatt im Schrank

Abb. 2 Albrecht Dürer (1471 - 1528): Hase, 1502. Wasser- und Deckfarben. Wien, Albertina

Abb. 3 Schülerarbeit:
Tusche-Zeichnung

Abb. 4 Schülerarbeit:
Tusche-Zeichnung

(zum plastischen Arbeiten)
- kleines Küchenmesser, Raspel, Schleifpapier, Modellierhölzer, Wasser (zum plastischen Arbeiten)
- Draht verschiedener Stärken,
- Drahtschere, Rund- und Kneifzange (zum plastischen Arbeiten)
- Kopien mit verschiedenen Hasenmärchen oder Hasengeschichten (für ein Theaterstück)
- schwarzes Tonpapier (Schattentheater zu Hasenmärchen/-geschichten)
- spitze Schere, Musterklammern, Blumendraht, Schaschlikstäbchen (für die Schattenfiguren).

Unsere temporäre Werkstatt beginnt mit einem Ausstellungstisch zum Thema, auf dem sämtliche Materialien präsentiert werden. Nach dem Betrachten und Anfassen der Gegenstände und Bilder besteht die Möglichkeit, sich mit dem Thema «Hase» selbstständig in Partner- oder Gruppenarbeit auseinander zu setzen. Die Kinder schauen sich Sachbücher an, lesen Märchen und Geschichten, beschäftigen sich mit den reproduzierten Kunstwerken und berichten sich gegenseitig von den neuen Erkenntnissen. Wenn es sich ergibt, kann in der nächsten Stunde ein Zwerghase oder ein Kaninchen in der Klasse beobachtet und gezeichnet oder gemalt werden.
Eine Weiterführung, die den Schwerpunkt auf die ästhetische Praxis der Kinder legt, bietet das Material im Werkstattschrank an.

Zunächst wird mit den Kindern die Fülle der gestalterischen Möglichkeiten besprochen und weiterentwickelt. Wir sehen uns die abgebildeten Kunstwerke an, die Kinder erhalten Informationen zu den Künstlern, Materialien und Techniken werden erläutert.

Die Kinder entscheiden sich, mit welcher Arbeit sie beginnen wollen. Sie entnehmen das dazu nötige Material und sprechen sich mit anderen Schülerinnen und Schülern ab. Für die einzelnen Bereiche (Zeichnen, Plastisches Arbeiten, Malen mit Farbe, Collage und Assemblage) stehen Arbeitsblätter mit Materialvorschlägen, nötigem Werkzeug und deren Anwendung für alle sichtbar (an den Wänden, an den Fensterscheiben, an der Tafel oder an den Schrankseiten) zur Verfügung. Außerdem können Schattenspiele zum Märchen «Prinz Hase», zur Geschichte «Hase und Igel» oder zu anderen «Hasen-Lektüren» entwickelt werden (siehe z. B. http://gutenberg. aol.de).
Haben die Kinder eine Arbeit zu Ende geführt, tragen sie sich in eine Liste ein (siehe unten).

Für die ästhetische Praxis zum Thema Hase stehen mehrere Wochen Zeit im Fach Kunst zur Verfügung. Am Ende der Einheit wählen die Schülerinnen und Schüler — je nach Absprache – ein, zwei oder drei Arbeiten aus und besprechen mit ihrer Lehrerin/ ihrem Lehrer die Note.

Exemplarisch wird im Folgenden auf eine Auswahl von Werkstattangeboten hingewiesen. Die gesamte gestalterische Beschäftigung mit dem Thema «Hase» kann an dieser Stelle nicht dokumentiert werden. Das Ziel der hier vorgestellten Hasen-Werkstatt, die Kinder zu möglichst individuellem, ihrem eigenen Interesse gemäßen ästhetischen Handeln zu bewegen, soll dabei anhand einiger Schülerarbei-

NAME	ZEICHNEN MIT			PLASTISCH ARBEITEN MIT					MALEN MIT FARBE UND			COLLAGE	ASSEM-BLAGE
	Krei-de	Tu-sche	Blei-stift	Ton	Seife	Knete	Kar-toffel	Draht	Bunt-stift	Filz-stift	Deck-farben	(Miró)	(Beuys)
XXXXXXX XXXXXXX													

ten verdeutlicht werden.

Ausgehend von der Faszination an Dürers detailgenauer Darstellungsweise seines Hasen (Abb. 2), fertigten einige Kinder Tusche-Zeichnungen mit selbst geschnitzten Federn an, die sich an der künstlerischen Vorlage orientieren, zum Teil sogar in der Haltung identisch mit Dürers Zeichnung (Abb. 3 u. 4).

Andere Schülerinnen und Schüler zeichneten eine Hasenfamilie bei Tag oder Nacht mit weißer Kreide auf schwarzes Tonpapier – orientiert an zahlreichen Abbildungen in den Sachbüchern (Abb. 5 u. 6).

Für das plastische Gestalten standen Ton, Seife, Knete, Kartoffeln, Speckstein, Straßenkreide, Steine und Draht zur Verfügung. Die Kinder hatten somit die Möglichkeit, entweder Material zu formen (Ton, Knete, Draht), durch Wegnehmen von Material eine Form zu entwickeln (Seife, Speckstein, Straßenkreide, Kartoffel) oder aber eine Form zu finden, indem ein Stein ausgewählt wird, auf den mit Filzstift ein Hase gezeichnet wird (Abb. 7).

Mit Begeisterung befassten sich die Kinder mit Joan Mirós Stillleben (siehe Abb. 8 u. Kasten S. 85). Auf einem Tisch liegen und stehen neben anderen Dingen durch die erscheinungsgetreue Darstellungsweise lebendig wirkende Tiere: ein Hahn, ein Fisch, ein Kaninchen. Mit Mirós Werk war die Aufgabe verbunden, eine Collage herzustellen, in der Elemente von Mirós Stillleben aufgenommen und durch weitere Gegenstände, gemalt oder aus Zeitschriften ausgeschnitten, integriert werden. Zur Verfügung stand hierfür ein Arbeitsblatt zum Ausschneiden der Bildgegenstände (Abb. 9). Einigen Schülerinnen gelang es, mit den vorgegebenen Formen Mirós Motiv nicht einfach zu imitieren, sondern ein neues Stillleben zu gestalten (Abb. 10 u. 11).

Abb. 5 Schülerarbeit: Kreide-Zeichnung

Abb. 6 Schülerarbeit: Kreide-Zeichnung

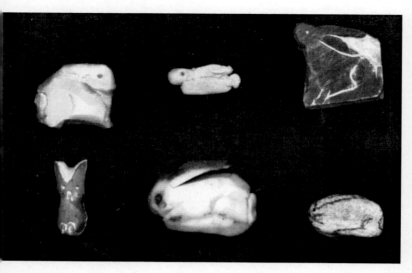

Am schwierigsten, und vielleicht auch am anspruchsvollsten, war die Beschäftigung mit Beuys' Friedens-hasen (vgl. Kasten zu Beuys S. 85). Für Beuys ist der Hase Inbegriff der Friedfertigkeit. Dies veranlasste ihn 1982, eine nachgebildete Zarenkro-ne – Symbol der Macht – einzu-schmelzen und ihr die Form eines Hasen zu geben. Im «Hasengrab» (Abb. 12) fehlt der Hase: Er ist ver-schüttet vom Zivilisationsmüll. Die Kinder brachten den goldenen Frie-denshasen in ihren Assemblagen wieder zum Vorschein und präsen-tieren ihn nun als Osterhasen in einem Ensemble Beuys'scher Mate-rialien (Abb. 13 u. 14).

Abb. 7 Schülerarbeiten. Oben: Hasen aus Seife, Ton, Speckstein. Unten: Hasen aus Stra-ßenkreide und Öl, Kartof-fel, Stein und Filzstift

Abb. 8 Joan Miró (1893 - 1983): Der Tisch (Stillleben mit Kaninchen), 1920. Öl auf Leinwand. Zürich, Sammlung Gustav Zumsteg

Abb. 9 Ausschneidebogen

MIRÓ: Der Tisch (Stillleben mit Kaninchen)

©Mann 2000

Abb. 10 Schülerarbeit: Collage

MIRÓ: Der Tisch (Stilleben mit Kaninchen)

©r.mann 2000

Abb. 11 Schülerarbeit: Collage

Abb. 12 Joseph Beuys: (1921 - 1986): Hasengrab, 1962/67. Montage verschiedenster Materialien und Abfälle auf Holzunterlage. Privatbesitz

Abb. 13 Schülerarbeit: Assemblage

Abb. 14 Gemeinschaftsarbeit: Assemblage

Joan Miró: Der Tisch - Stillleben mit Kaninchen, 1920

Auf einem kubistisch verzierten Tisch ruhen naturalistisch ausgeführte Tiere und Dinge. Im Gegensatz zum Kubismus baut Miró die realistischen Zitate nicht in die geometrische Bildstruktur ein. Er belässt so den unüberbrückbaren Zwiespalt zwischen beiden Welten. Eines der letzten Bilder, in denen Miró detaillistische und abstrakt kubistische Elemente miteinander kombiniert, ist das Stilleben «Der Tisch (Stilleben mit Kaninchen)» von 1920. (...) Während der Tisch und der umgebende Raum in stilisierte, winklige Formen zerlegt sind, sind Kaninchen, Fisch, Gemüse, Weinblätter und Huhn realistisch gemalt. Von den Objekten auf dem Tisch ist nur der unbelebte Weinkrug vom Stil erobert. Seltsamerweise wirken die Tiere noch lebendig, obwohl sie sicherlich zum Essen gedacht waren. Der Kontrast der Stile spiegelt sich in diesem Zwiespalt wider.

Quelle: Mink, Janis: Joan Miró. Köln 1993, S. 24

Joseph Beuys

Während des Studiums an der Kunstakademie Düsseldorf (...) beschäftigte sich Beuys intensiv mit natur- und geisteswissenschaftlichen Studien, vor allem mit den Schriften Rudolf Steiners. Schon in dieser Frühzeit fällt der stark emblematische Charakter der plastischen Werke von Beuys auf, die oft um Tiermotive wie Hase, Hirsch, Elch, Schaf, Schwan und Biene kreisen. Die stark stilisierten, aber noch konventionellen Plastiken befremden durch ihre inhaltliche Bindung an mythologische und anthroposophische Ideen. (...) Materialien wie Fett, Filz, Holz, Knochen, Asche, Schwefel, Honig usw. dienten Beuys bei der Entwicklung einer umfassenden, nur zum Teil rational verständlichen, neuen Bedeutungsdimension: So bedeutet Fett in erkaltetem, erstarrtem Zustand tote Energie, erstarrtes Denken, in flüssigem Zustand jedoch den Prozeß des Denkens schlechthin; Filz steht für Wärmespeicher, Energievorrat, als Symbol für Bewahrung. Das Konzept des erweiterten Kunstbegriffs, der Sozialen Plastik, (...) machte ihn (Beuys) zu einem oft umstrittenen Einzelgänger der Kunstszene (...) «Meine Objekte verstehen sich als Stimulanzien für die Transformation der Idee von Plastik, von Kunst überhaupt. Sie sollten Gedanken darüber auslösen, was Plastik sein kann und wie das Konzept plastischen Gestaltens auf die unsichtbaren Materialien, die jeder benutzt, ausgedehnt werden kann: Denk-Formen – wie wir unsere Gedanken formen – oder Sprach-Formen – wie wir unsere Gedanken in Worte formen – oder Soziale Plastik – wie wir die Welt, in der wir leben, formen. Plastik als Entwicklungsprozeß» (Beuys, London 1980).

Quelle: Lexikon der Kunst, Bd. 2. Erlangen 1994, S. 141 f.

Peter Hespeler

Großformatiges Drucken mit Grundschulkindern

Kunstwerkstatt in der Grundschule

Kunstunterricht in Klasse 3 und 4: Nicht alle arbeiten das Gleiche. Es wird mit Farbe großformatig gemalt, an einer Holzplastik gearbeitet. Es werden Entwürfe für einen Druckstock gefertigt, oder es wird die Zeichnung auf das Holz übertragen und geschnitten. Die Arbeitsatmosphäre ist ruhig und konzentriert. Kinder helfen sich gegenseitig, geben Ratschläge. Der Lehrer hat Zeit, sich einzelnen Gruppen und Kindern zu widmen, Techniken und Vorgehensweisen zu erklären. Man spürt, dass die Kinder es gewöhnt sind, so zu arbeiten und dass sie es genießen, genügend Zeit zur Umsetzung ihrer Ideen zu haben. Sie können ihre Arbeit mit den anderen besprechen, sich von ihnen Hilfe holen und so lange ihr Werk verändern, bis alle Beteiligten zufrieden sind. Die fertigen Arbeiten sind noch einige Zeit in der Werkstatt präsent und dienen den anderen Kindern zur Anschauung. Nach einer gewissen Zeit werden sie dann im Schulhaus ausgestellt.

Wir haben versucht, die Einrichtung unserer Kunstwerkstatt so übersichtlich wie möglich zu gestalten. Alles hat seinen Platz im Regal oder in den Schränken. Die Kinder haben nur zu denjenigen Werkzeugen und Materialien Zugriff, die sie im Moment für ihre Arbeiten brauchen. Das Aufräumen und Putzen wurde ritualisiert. Die Schülerinnen und Schüler helfen sich dabei gegenseitig und achten darauf, dass alles gereinigt wird und an seinen jeweils dafür vorgesehenen Platz kommt.

Auseinandersetzung mit dem Thema

Am Beginn einer neuen Arbeit oder eines Projekts steht die Auseinandersetzung mit dem Thema. Das Thema unseres letzten Projekts war «Bedrohte Tiere». Im Zoo, in der Stuttgarter Wilhelma, wurden auf großen Blättern Entwürfe von bedrohten Tieren gemacht, die sich die Kinder ausgesucht haben. Später wurden Texte zu den Bildern in der Bücherei erarbeitet und mit der Schuldruckerei im Handsatz gedruckt.

Kennenlernen des Materials und der Arbeitstechnik

Die Entwürfe werden auf 45 x 60 cm große und 5 mm starke Pappelsperrholzplatten gelegt und mit einem Kugelschreiber durchgedrückt. Die dünnen Spuren werden auf der Holzplatte mit einem dicken Bleistift nachgezeichnet.

Anschließend werden den Kindern die Arbeitstechnik und der Umgang mit dem Material erklärt. Mit einem v-förmigen Schnitzmesser werden die Bleistiftstriche nachgeschnitten. Die «Haltehand» wird mit einem Skihandschuh oder einem Arbeitshandschuh geschützt. Die Sperrholzplatte befestigen wir mit einer Schraubzwinge auf dem Tisch. Der Druckstock ist nun für den ersten Abdruck fertig.

Es gibt verschiedene Möglichkeiten, den Druckstock zu drucken. Am besten funktioniert dafür eine Linol-

Abb. 1 Schülerarbeit
«Elefant», 50 x 70 cm

Abb. 2 Schülerarbeit «Panter», 50 x 70 cm

druckpresse oder Rollenpresse, die für den Letterndruck verwendet wird.

Natürlich können die Druckstöcke auch mit dem Löffel durchgerieben werden. Dazu walzt man den Druckstock mit Farbe ein, legt das Blatt darauf und reibt mit der Rückseite des Löffels darüber. Zur Kontrolle heben wir das Blatt immer wieder etwas vom Druckstock hoch, um die Qualität des Abriebs zu kontrollieren. Vorsicht! Beim Reiben muss die Hand mit einem Handschuh geschützt werden, da es durch die Reibungswärme zu Verbrennungen kommen kann.

Wir arbeiten beim Drucken immer mit einer Rollenpresse. Sie ist preisgünstig in der Anschaffung und bei Bedarf können Lettern mitgedruckt werden. Die Rollenpresse hat eine feste Druckhöhe. Zum Bilddruck

wird in die Rollenpresse eine Sperrholzplatte eingelegt und mit Papier und Karton so lange unterfüttert, bis der Druck stark genug ist.

Zum Drucken verwenden wir ausschließlich Offsetfarben. Sie können als Farbreste umsonst bei Druckereien bekommen werden. Mit einem Spachtel streichen wir etwas Farbe auf eine Plexiglasplatte. Ein wenig Lasurweiss macht die Farbe geschmeidiger und glänzend. Zum schnelleren Trocknen geben wir Trockenpaste dazu. Die Farbe hat keine Giftklasse und das Handwerkszeug kann mit Novasol, einem Kokosölprodukt, gereinigt werden. Das Kokosöl wird mit einer Sprühflasche aufgesprüht. Nach kurzem Einwirken reinigen wir die Teile mit einem Lappen und waschen sie unter fließendem Wasser nach.

Wir legen die Plexiglasplatte, Spachtel und Handwalze in eine flache Obstkiste aus Pappe, so bleibt die Verschmutzung auf diesen Raum beschränkt.

Die Farbe walzen wir mit einer Handwalze auf dem Druckstock aus. Ein Blatt wird in die Maschine und der Druckstock auf das Blatt gelegt. Nun zieht ein Kind die Rollenpresse darüber. Da wir nach dem Prinzip der «verlorenen Platte» drucken, müssen wir bereits jetzt die endgültige Auflagenzahl drucken. Ein Nachdrucken ist nicht möglich, da nach jedem Druckvorgang der Stock bearbeitet und somit verändert wird. Das Blatt ziehen wir ab und legen es zum Trocknen in ein Trockenregal. Der Trockenvorgang dauert ca. 24 Stunden. Beim Drucken arbeiten mehrere Kinder im Team. Zwei Kinder walzen den Druckstock ein, ein Kind legt das Blatt in die Maschine, ein Kind legt den Druckstock auf das Blatt, und ein weiteres legt den fertigen Druck ins Trockenregal.

Will man eine Auflage von beispielsweise zehn Blättern drucken, müssen der beschriebene Vorgang sowie alle folgenden Schritte zehn Mal wiederholt werden.

Der zweite Druckschritt

Wir schneiden mit einem Hohlbeitel alle Flächen aus dem Holzdruckstock heraus, die beim zweiten Mal nicht mehr Drucken sollen. Beim

Abb. 3 Schülerarbeit «Zebra», 50 x 70 cm

zweiten Druckschritt haben wir mehrere Farben mit kleinen Walzen gleichzeitig aufgetragen. Wir verwenden dazu Tapetenandruckrollen aus Neopren, die in Baumärkten erhältlich sind. Damit lassen sich auch kleine Flächen problemlos einwalzen.

Hier ist wieder Teamarbeit von den Kindern gefragt. Vier Kinder walzen die verschiedenen Farben auf. Ein Kind legt die Blätter in die Maschine, ein anderes legt den Druckstock passgenau auf das Blatt und zieht die Rollenpresse darüber. Von anderen Kindern wird das gedruckte Blatt vom Druckstock abgezogen und ins Trockenregal gelegt oder auf einer Leine aufgehängt. Nun ist ein mehrfarbiger Druck entstanden, der nach einem Tag weiterbearbeitet werden kann.

Der dritte Druckschritt

Bis auf die als Umrisszeichnung notwendig verbleibenden schmale Stege schneiden wir alle Flächen heraus. Der Druckstock besteht nur noch aus schwarzen Linien. Zum Wegnehmen der Flächen verwenden wir wieder die Hohlbeitel und ein Schnitzmesser, um die Feinheiten nachzuschneiden. Die «Haltehand» wird natürlich entsprechend mit einem Arbeitshandschuh geschützt. Den ganzen Druckstock walzen wir mit einer großen Handwalze mit schwarzer Offsetfarbe ein. Der Druckstock wird wieder auf den Druck gelegt und passgenau abgedruckt. Die schwarzen Stege klären die Bildform und trennen die einzelnen Farbflächen.

Dem Zufall eine Chance geben

Wir werfen während des Druckprozesses keine vermeintlich missratenen Drucke weg, sondern bearbeiten sie immer zu Ende. Oft war ein zu blasser oder verwackelter Druck nachher grafisch am interessantesten. Diese «Fehlexemplare» haben uns schon oft zu neuen Experimenten angeregt.

Kinder als Experten

Schnell bilden sich unter den Kindern Spezialisten. Sie helfen den anderen Kindern, erklären ihnen, wie am besten gearbeitet wird und wie Fehler vermieden werden. Oft sind es handwerklich begabte Kinder, die hier ihre Erfolgserlebnisse haben. Die Kinder lernen, dass nur Teamarbeit beim Drucken zu einem guten Ergebnis führt. Sauberkeit und Durchhaltevermögen werden von der Sache und von den anderen Kindern im Team gefordert. Die Kinder lernen Verantwortung für ihre Arbeit zu übernehmen. Diese sozialen Aspekte sind in unserer Druckwerkstatt nicht zu unterschätzen.

Drucken

Zahlreiche Gegenstände unserer Umwelt sind in Bild und Schrift gedruckt: Zeitungen, Bücher, Plakate, Comics, Postkarten, Piktogramme usw.; Kleidung, Vorhänge, Tapeten u. a. sind bedruckt. Kindern und Jugendlichen sind nicht nur diese in verschiedenen Drucktechniken gestalteten Alltagsprodukte vertraut, sie kennen auch die Reproduktionsverfahren des Kopierers und nutzen die Möglichkeiten des Computerausdrucks. Die Reproduzierbarkeit von Gestaltetem wird als selbstverständlich wahrgenommen. Vor diesem Hintergrund scheint die Forderung, dass Schülerinnen und Schüler Druckgrafik als Medium der Vervielfältigung kennen lernen sollen, überholt. Zwar ist die Druckgrafik kein Reproduktionsmittel mehr wie etwa noch im 19. Jh., gleichwohl ist es sinnvoll, die Möglichkeit der Reproduktion eines Bildes unterrichtlich zu nutzen: etwa zum Herstellen von Plakaten, Glückwunschkarten und Spiel- oder Einladungskarten, zur Illustration von Büchern, die in der Schule entwickelt wurden usw. Die Anmutungsqualität eines Originaldrucks, auf dem der Farbauftrag deutlich sichtbar wird oder die Materialität des Druckstocks noch erkennbar ist, lässt sich nicht durch eine Kopie ersetzen.

Grundsätzlich lassen sich vier verschiedene Drucktechniken unterscheiden: der Hochdruck (Farbe liegt auf den erhabenen Flächen wie z. B. bei Holz- und Linolschnitt, Materialdruck, Weißlinienschnitt, Monotypie), der Tiefdruck (Farbe sitzt in den Vertiefungen des Druckstocks wie z. B. bei Kupferstich, Kaltnadel- und Ätzradierung), der Flachdruck (Farbe haftet auf präparierten Flächen, z. B. Lithografie) und der Siebdruck (Farbe wird durch ein Sieb gedruckt, das nur an bestimmten Stellen durchlässig ist). Druckgrafische Verfahren haben prinzipiell gemeinsam, dass ein Druckstock mit druckbaren und nicht druckbaren Bereichen vorhanden sein muss, sowie Farbe, die auf einen Bildträger gedruckt wird. Damit verbunden ist das Problem der Seitenverkehrung: Das auf dem Druckstock Gestaltete erscheint seitenverkehrt auf dem Bildträger.

In ihrer Ausdrucksqualität unterscheiden sich drukkgrafische Verfahren vor allem durch die verschiedene Bearbeitung und Materialität des Druckstocks erheblich. Jede einzelne Technik bietet Wirkungsspezifika, die durch technische Raffinessen betont werden können und die den Inhalt einer Hervorbringung mitbestimmen. Darüber hinaus sind vielerlei Mischtechniken möglich, die wiederum einen besonderen Ausdruckscharakter begründen. Beispielsweise wurden im Surrealismus einige aleatorische Verfahren (Zufallstechniken) wie die Décalcomanie entwickelt, die als Druckverfahren häufig mit der anschließenden Weiterbearbeitung der Bilder einhergeht, oder die Monotypie als einmaliges Abdrucken eines Farbauftrags. Materiale Reize ergeben sich ähnlich wie bei der Frottage bei solchen Drucken, denen verschiedene Materialien mit ausgeprägten Strukturen als Druckstock zugrunde liegen. Die Künstlergruppe «Brücke» hob zu Beginn des 20. Jh.s die Bedeutung des Holzschnitts als autonomes Mittel künstlerischer Gestaltung hervor, indem die spezifische Wirkung des Materialwiderstands in der Bearbeitung und die Holzmaserung in die Gestaltungsabsicht einbezogen wurden.

Druckgrafische Verfahren zwingen zur Entschiedenheit in der Linien- und Flächensetzung: Es gibt so gut wie keine Möglichkeit zur Korrektur, denn eine einmal weggenommene Fläche etwa beim Holzschnitt lässt sich nicht wieder einfügen, eine Linie mit der Kaltnadel kaum revidieren. Mehr als in anderen Formen ästhetischer Praxis rückt der bildnerische Prozess in das Bewusstsein, denn zum einen muss eine präzise Vorstellung des Dargestellten entwickelt werden, um die Seitenverkehrung zu bedenken, zum anderen sind Korrekturen problematisch. Jeder Druck bedeutet eine Überraschung: Das Ergebnis ist ein Zwischenschritt im Gestaltungsprozess, der bewusst reflektiert werden muss. Das Gedruckte ist veränderbar und verpflichtet zum Nachdenken über die weitere Vorgehensweise.

Constanze Kirchner

Quelle: Kunst+Unterricht 223/224 1998, S. 22

Literatur

Berger, Roland/ Walch, Josef: Praxis Kunst Druckgrafik. (Materialien für den Sekundarbereich I und II). Hannover 1996

Brügel, Eberhard: Unterrichtsbeispiele zum Arbeitsbereich Drucken. (Kunstunterricht Grundschule). Baltmannsweiler 1990

Kunst+Unterricht 117/1987: «Druckgrafik»
Kunst +Unterricht 177/1993: «Copy-Art»
Kunst+Unterricht 197/1995: «Siebdruck»
Zeitschrift für Kunstpädagogik 4/1982: «Drucken»

Claudia Franke-Brandau

Get together

Anbahnen von Stationendrucken im 1. Schuljahr

Stationenlernen in einem 1. Schuljahr setzt die Fähigkeit zur Teamarbeit der einzelnen Schülerinnen und Schüler voraus. Zunächst hatten wir in der Klasse fünf Gruppentische eingerichtet, an denen nicht nur der Kunstunterricht, sondern auch der alltägliche Unterricht ablief. Im Zentrum des Klassenraums befand sich ein fest installierter Materialtisch, auf dem je nach Unterrichtsfach entsprechende Arbeitsmittel bereitlagen, die sich jedes Kind für seine notwendige Arbeit in der Gruppe oder auch für sich selbst beschaffen konnte. Für den Kunstunterricht diente eine zusätzliche Tischreihe entlang der gesamten Fensterbank als Ablage von Materialkästen für unser Arbeitsprojekt Stationendrucken (siehe Kasten). Vor Beginn des Übungszirkels probten wir zunächst eingehend das Herrichten der Gruppentische. Ein Plan für die erforderlichen Materialien (Abb. 1) erwies sich hierzu für die einzelnen Gruppen als hilfreich und wurde über die gesamten Unterrichtssequenzen bereit gestellt. In den darauf folgenden Wochen sollten die Kinder unterschiedliche Druckverfahren kennen lernen und diese schrittweise

in noch festen Gruppenkonstellationen gemeinsam einüben und erproben.

Milchtütendruck (Weißliniendruck)

Bereits das Sammeln folienbeschichteter Kartons hatte die Klasse im Vorfeld unseres Vorhabens zu hochmotivierten Milch- bzw. Safttrinkern und «Mohrenkopfessern» gemacht. Als jedes Kind ein Stück Folienkarton in den Händen hielt, war die Überraschung über die geringe Formatgröße groß, denn die störenden Knicke und Nähte der aufgeschnittenen Verpackungen mussten zunächst abgeschnitten werden. Je nach Belieben und Können stand es den Kindern frei, ihre Motive mit oder ohne Schablonen oder Stanzvorlage in die Folien mit einem Kugelschreiber einzugravieren. Danach wurden die Druckstöke mit Linoldruckfarben eingefärbt. Als Tischunterlagen verwendeten wir festes, möglichst großformatiges Glanzpapier (Abfälle von Großdruckereien), das sich gleichzeitig zum Farbverreiben mit den Handwalzen eignete und am Ende der Stunde mühelos entsorgt werden konnte.

Das Abziehen der Druckergebnisse war zweifellos der spannendste Moment, zeigte sich hier unmittelbar, dass sich bei unsachgemäßem Umgang mit den Materialien Misserfolge oder experimentelle Überraschungen einstellten. Als jedes Kind die Technik des einfachen Milchtü-

Es empfiehlt sich, die Materialkisten inhaltsbezogen zu beschriften bzw. optisch zu kennzeichnen, um die Ein- und Aufräumphasen zeitsparend zu gestalten. Die Materialkisten enthielten: Milchtütenkarton, Verpackungskarton verschiedener Stärken, Styropor- bzw. Styrodur-, Polystyrol- oder Styreneplatten, 3-4 mm stark (im Fachhandel für den Schulbedarf oder auch als Dämm-Material auf Rollen im Baustoffhandel erhältlich), Lederreste, Gewebe-, Gardinenstoffe, Schablonen, Stanzvorlagen, Linoldruckfarben, Druckwalzen, Handbürsten, Scheren, Klebstoff, doppelseitig selbstklebende Foto-Etiketten, Kugelschreiber.

Abb. 1 Materialplan

tendrucks sicher beherrschte, wagten wir uns an das mehrfarbige Drucken mit Maske. Hierzu fertigten alle eine dem Motiv angepasste Papierschablone an, die ausgeschnitten wurde, so dass der Druckstock freiblieb. Oder die Kinder deckten wahlweise ihren Druckstock bzw. einen Teilbereich ihres Motivs ab und färbten die gewünschten Stellen erst mit einer Farbe und nach Auf- oder Abdecken der Maske einen weiteren Teil des Druckstockes mit einem anderen Farbton ein. Bei einfarbigen Drucken erwies sich die Maske als besonders günstig, da die Randbegrenzung sauber blieb (vgl. Abb. 2-4).

Kartondruck

Experimentell angelegt war auch die Einführung in den Materialdruck, was zu vielfältigen Ideen führte. Die Kinder schnitten entweder vollständige oder aus Teilen zusammengesetzte Motive aus Karton aus und ordneten diese auf einer festeren Pappplatte an. Das Fixieren erfolgte mit Foto-Etiketten. Nach

dem Einfärben der Druckstöcke wurden mit Handbürsten, der Handkante oder mit Löffeln die Druckmotive angedruckt und vorsichtig abgezogen. Da den Kindern am Materialtisch eine große Auswahl an Papiersorten zur Verfügung stand, kam ein lebhafter Austausch über die Druckergebnisse innerhalb der Gruppen zustande. Im experimentellen Umgang mit dem Material erfuhren die Kinder, dass zu dünner Karton «unsauber» druckt, so dass das nicht gemeinte Umfeld zu stark abfärbte. Einige Schülerinnen fertigten sich deshalb eine Maske an und druckten sogar zweifarbig; die meisten konzentrierten sich jedoch auf die Papierqualität ihrer Druckerzeugnisse und verwendeten Schreibmaschinenpapier mit unterschiedlichen Farbgründen (vgl. Abb. 5-7).

Styropordruck (Weißliniendruck)

Als leicht zu beschaffendes, jedoch nicht ganz unproblematisches Druckmaterial erprobten wir Styro-

Abb. 2 Turm
Milchtütendruck

Abb. 3 Pilz
Milchtütendruck

pordruckstöcke, hergestellt aus Dämmmaterial (Rollenware). Hierzu erhielt jedes Kind ein ca. DIN A 4 großes Stück, worauf zunächst ein Motiv vorgezeichnet werden sollte. Anschließend wurden die Linien mit einem Kugelschreiber eingraviert; das bröselige Material ließ sich jedoch z. T. nur schwer bearbeiten, da vielfach größere Styroporteile aus dem Untergrund herausbrachen und Löcher verursachten. Besonders gut hingegen bewährten sich Styroporschalen für Fleischwaren, die ein Schüler mitgebracht hatte. Aufgrund der bisher kleinformatigen Grundfläche fehlte einigen Kindern jedoch der Mut, ihr Motiv möglichst groß und flächendeckend zu gestalten. Beim Einfärben mit Linoldruckfarbe erwies sich Styropor als extrem saugfähig. Folglich dauerte es eine Weile, bis die Kinder herausgefunden hatten, wie viel Farbe sie für den Farbauftrag verwenden mussten. So motiverend das «Ausschälen» der Linien war, um so enttäuschender waren leider auch viele Ergebnisse der Erstdrucke. Nach zwei bis drei Folgedrucken erhielten die Kinder befriedigende Ergebnisse. Durch die weiche Beschaffenheit des Materials eignete sich diese Druckart weniger gut für größere Druckauflagen, da der Druckstock nach mehreren Abdrucken «ermüdet» und zunehmend «sitzen bleibt». Alternativ lassen sich die Linien des Druckmotivs mit Flüssigklebstoff (nicht wasserlöslich) herausätzen, was verhindert, dass die Druckstöcke brechen (vgl. Abb. 8-9).

Kombinationsdruck (Materialdruck)

Die Aufgabe dieser Unterrichtssequenz bestand darin, die inzwischen bekannten Druckverfahren unter Einbeziehung weiterer Materialien miteinander zu kombinieren. Mit Leder kamen die Kinder nur dann zum Erfolg, wenn sie die glatte Seite zum Einfärben des Druckstockes verwendeten. Etwas Mühe bereitete das Schneiden des flexiblen Materials, die Druckergebnisse waren jedoch i. d. R. ansprechend. Weitaus schwieriger empfand die Klasse es, aus Gitter- bzw. Gardinenstoff ein Motiv oder Motivteile herzustellen und mit Karton zu kombinieren. Aufgrund der Durchlässigkeit des Materials färbte der Druckstockhintergrund mit ein und hinterließ beim Abdrucken unsaubere Strukturen. Alternativ färbten die Kinder deshalb zunächst den Gitterstoff mit Linoldruckfarbe ein, bevor sie diesen dann auf der Grundplatte befestigten. Als vervielfältigendes Druckverfahren eignet sich diese Methode kaum, zumal die Kinder auch mit der Bearbeitung des Materials überfordert waren (vgl. Abb. 10-12).

Zusammenfassung

Durch die Erörterung unterschiedlicher Druckverfahren, den Umgang mit den Farben und den verschiedenen Papierqualitäten wurden die Kinder ästhetisch sensibilisiert. Das gemeinsame Einüben in strukturierendes, absichtsvolles Handeln ließ aufgrund der Materialvielfalt deutlichen Freiraum zum Experimentieren, jeder Druck wurde mit Spannung und Motivation verfolgt und in der Gruppe kommentiert. Der Einsatz von Schablonen und Stanzvorlagen erwies sich nicht fantasiehemmend, vielmehr garantierte er für die Erstklässler ein brauchbares, ermutigendes Endprodukt, so dass sie ihre Aufmerksamkeit verstärkt auf ein differenziertes Wahrnehmen von Farbe und Material lenken konnten.

Besonders Kinder mit feinmotorischen Schwächen wurden somit zu experimentellem Handeln ermutigt. Im weiteren Verlauf der Unterrichtssequenz begannen sich zunehmend viele Kinder von den angebotenen Schablonenmotiven zu lösen und entwarfen eigene Motive. Andere wiederum veränderten ihre Schablonenentwürfe indem sie entsprechende Binnenstrukturen hinzuzeichneten oder ihr Motiv durch Überdrucken mit einem weiteren Druckstock in einen thematischen Gesamtzusammenhang einbetteten.

Lernen an Stationen

Gut drei Monate waren vergangen, nachdem die Schülerinnen und Schüler der Klasse 1 c gelernt hatten, sich im Team zu organisieren, das eigene Handeln zu strukturieren, sich gegenseitig zu helfen und auszutauschen. Bisher hatten sie ihre Perspektive auf das Material und die Produktionsverfahren gerichtet, nun jedoch sollte ihre Aufmerksamkeit einer gemeinschaftlich zu entwickelnden inhaltlichen Ebene gelten. Als Gemeinschaftsthema wollten die Kinder Motive für die einzelnen Buchstaben des Alphabets entwerfen, da wir aus Platzgünden keine fertigen großformatigen Buchstabenbilder in der Klasse aufgehängt hatten.

Auf Wunsch der Klasse richteten sich die Kinder vier Stationen mit jeweils unterschiedlichen Druckverfahren ein. Wie aus dem Sportunterricht (Zirkeltraining) bekannt,

Abb. 4 Gitarre
Milchtütendruck

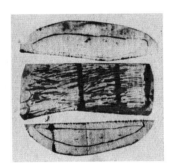

Abb. 5 Hamburger
Kartondruck

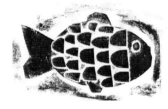

Abb. 6 Fisch
Kartondruck

Abb. 8 Haus im Garten
Styropordruck

Abb. 9 Uhu – Styropordruck

Abb. 10 Apfel
Lederdruck, zweifarbig

Abb. 7 Pferd hinter Zaun–
Kartondruck mit zwei
Druckstöcken

Abb. 13 A - Apfel; B - Ball; C - Clown; D - Dose; E - Ente; F - Fisch; G - Gitarre; H - Hamburger; I - Indianer; J- Junge; K - Kaktus; L - Lastwagen; M - Mond; N - Nashorn; O - Osterei; P - Pferd; Q - Qualle; R - Regen; S - Schere; T - Turm; U - Uhu; V - Vogel; W - Wurm; X - X; Y- Yo-Yo; Z - Zaun

Abb. 11 Insekt
Kombinationsdruck
(Gitterstoff, Karton)

vereinbarten sie das Wechseln der Stationen im Uhrzeigersinn nach jeweils einer Woche, so dass nach vier Wochen jedes Team alle Druckstationen durchlaufen hatte. Konflikten bei der Besetzung der einzelnen Stationen konnte mit dieser Maßnahme im Vorfeld begegnet werden. Als verbindlicher Arbeitsauftrag sollten alle Kinder vier festgelegte unterschiedliche Buchstabenmotive entwerfen und davon mindestens vier Drucke anfertigen. Nach jeder Druckphase erfolgte eine Besprechung der Arbeitsergebnisse. Hierzu wurden alle Drucke mit Magneten an der Tafel befestigt. Im Anschluss an die Besprechung wurden die einzelnen Druckmotive in die Reihenfolge des Alphabets eingeordnet. Der Wunsch, dass jedes Kind sein eigenes ABC-Buch besitzen sollte, konnte jedoch aus zeitlichen Gründen nicht realisiert werden, und so musste sich die Klasse mit einem ABC-Gemeinschaftsposter (Abb. 13) begnügen – vorerst zumindest, denn sie will im zweiten Schuljahr weitermachen.

Literatur

MachArt, Beiträge 3, Päd. Hochschule Ludwigsburg, Schuldruckzentrum. Hg. von Dieter Adrion, Eberhard Dettinger, Karl Schneider (ISBN 0933-3215). Ludwigsburg 1991

Kunst+Unterricht, Heft 223/224/1998, Friedrich-Verlag. Velber 1998

Abb. 12 Schmetterling
Kombinationsdruck
(Karton und Wellpappe)

WERKSTATT, f.,

auch im neueren dt. noch durchaus geläufig:

- der bildende künstler ... ist meist auf seine einsame werksatt beschränkt
> *GÖTHE I 47, 30 W.;*

- solche gedanken habe ich immer in meiner werkstatt gehegt, und gott sei dank! sind meine uhren stets gesucht
> *BRENTANO ges. schr. (1852) 5, 338;*

- so sieht man im geiste den meister inmitten einer groszen werkstatt und von ausgezeichneten, zahlreichen schülern umgeben
> *HERMANN GRIMM Michelangelo (1890) 1, 40; (...)*

zuweilen ausdrücklich von fabrik unterschieden (...):

- manche meiner genossinnen kamen aus der werkstatt und der fabrik
> *LILY BRAUN memoiren d. sozialistin 2 (1911) 227;*

doch auch für eine kleinere fabrik gebraucht: (...)

- herr Hessling wünschte, dasz Dietrich die ferien benütze, um in der väterlichen werkstatt den gang der papierverfertigung kennenzulernen
> *H. MANN untertan (1949) 28.*

nicht selten spricht man auch von der werkstatt eines apothekers, chronisten, dichters, komponisten, schauspielers, totengräbers u.a.: (...)

- und ist ihnen besser, es werde ihnen eine kugel durch die haut gejagt, als das sie vielleicht den hencker ... solten seine werckstatt ziehren
> *J. DÖPLER theatrum poenarum (1693) 502;*

- weil ich damahl frisch aus dem grabe kame, so ist sich nicht zu verwunderen, dass der erste, so mir begegnete, ein todten-gräber ware, welcher dahin kame um seine werckstatt der fäulnis zu versorgen
> *LINDENBORN Diogenes (1742) 1, 9;*

- um so lehrreicher sind die wenigen ... beispiele, welche uns in seine (Mozarts) werkstatt führen
> *O. JAHN Mozart (1856) 1, 599;*

- aber nicht nur gingen die liebesleute liebenswürdig und im tode erschütternd aus seiner (des schauspielers J. Kainz) werkstatt hervor, seine seele vermochte auch in anderen empfindungen aufzuwirbeln
> *F. GREGORI Josef Kainz (1904) 56; (...)*

Deutsches Wörterbuch von Jacob und Wilhelm Grimm
Fotomechanischer Nachdruck der deutschen Erstausgabe 1960
dtv München 1999
Bd. 29 = Bd. 14,.
bearbeitet von der Arbeitsstelle des Dt. Wörterbuches zu Berlin/Ost

Andreas Brenne

Zeichenwerkstatt

Die künstlerische Feldforschung als Methode einer kulturanthropologischen Standortbestimmung

«In der pädagogischen Anthropologie des Kindes herrscht weitgehend die richtige Überzeugung, daß die Körpererfahrung von besonderer Wichtigkeit sei und hier eine bedeutendere Rolle in der Entwicklung spiele als in späteren Lebensabschnitten.» (Funke-Wieneke 1996, S. 18)

Ausgehend von diesem Gedanken betreute ich im Rahmen des «Kunstpädagogischen Tages» eine Arbeitsgemeinschaft, die den Zusammenhang zwischen Kultur und Körpererfahrung thematisierte. Hintergrund dieser AG waren verschiedene Unterrichtsversuche in der Grundschule, in denen diese Zusammenhänge im Rahmen verschiedener ästhetischer Werkstätten behandelt wurden.

Die Wahrnehmung des eigenen Körpers ist nicht nur abhängig von individuellen Entwicklungen und Prägungen, sondern auch abhängig von kulturellen Standards (Körperhaltungen, Gestik, Bewegungsformen), welche sich ebenso wandeln wie die Kulturen. Dennoch bleiben Spuren in Form von bildnerischen Zeugnissen zurück. Zeichnungen, Bilder und Skulpturen sind Zeugnisse eines typisierten Körperempfindens. Um dies deutlich zu machen, fand im Rahmen der Kunstwerkstatt eine Zeitreise durch die Kunstgeschichte statt. Ein Vergleich zwischen der Körpersprache des Mittelalters und der Renaissance sollte verdeutlichen, wie variantenreich Körperwahrnehmung und Körpersprache sein können.

In diesem Zusammenhang fand eine künstlerische Erforschung dieser historischen Zeugnisse statt, wobei verschiedene Zugangsweisen erprobt wurden. Die zeichnerische Rezeption des Materials war der Ausgangspunkt für unterschiedliche Aktivitäten:
- Nachstellen historischer Figurationen,
- Entwicklung von Bewegungsformen,
- Skulpturale Umsetzung,
- Thematisierung der Körper-Raum-Beziehung.

Durch diese ästhetischen Aktivitäten sollte der eigene Körper in Beziehung zu historischen Körperkonzepten gesetzt werden. Dadurch sollte nicht nur die Wahrnehmung des eigenen Körpers geschärft, sondern auch das Handlungsrepertoire erweitert werden.

Diese fächerübergreifend angelegte ästhetische Werkstatt wurde in einem zweiten und einem dritten Schuljahr einer Grundschule erprobt, ist aber unter Berücksichtigung der jeweiligen Lernausgangslage in allen Schulstufen realisierbar. Bevor ich über die schulpraktischen Erfahrungen berichte und die Durchführung dieser Werkstatt unter Berücksichtigung der Bedingungen der Grundschule darstelle, möchte ich vorab das Modell der «künstlerischen Feldforschung» von Lili Fischer erläutern, an dem sich mein Unterrichtskonzept orientiert.

Die künstlerische Feldforschung

Grundlage der vorgestellten ästhetischen Werkstatt ist das System der künstlerischen Feldforschung von Lili Fischer, Professorin für Performance an der Kunstakademie Münster und zuständig für die Organisation und Strukturierung des Studiengangs «Künstlerisches Lehramt für die Primarstufe».

In ihrer künstlerischen Arbeit und Lehre versucht sie durch eine Kombination von empirischen und künstlerischen Untersuchungsverfahren, Teile der belebten und unbelebten Welt (Felder) zu erkunden, d. h. es werden Spuren gesucht, gesichert und künstlerisch verarbeitet. Hierbei werden sowohl kulturelle als auch natürliche Dimensionen von Welt zum Forschungsgegenstand erhoben; im Sinne einer grenzüberschreitenden anthropologischen Forschung.

Dabei entstehen Sammlungen, die aus einer Kombination von Fundstücken, die dem Feld entnommen wurden, und persönlichen Notationen künstlerischer Art, wie z. B. Zeichnung oder Skulptur, bestehen. Diese Sammlungen werden in Form einer multimedialen Performance präsentiert.

Zusammengefasst besteht die künstlerische Feldforschung aus drei Handlungsebenen:

- Erforschung des zu bearbeitenden Feldes,
- Rezeption und Produktion auf der Grundlage des erforschten Materials,
- Ergebnisse dieses Denk- und Handlungsprozesses werden auf einer Präsentationsebene einem Publikum nahegebracht.

Die künstlerische Feldforschung (als kunstpädagogisches Modell) eignet sich meines Erachtens als Bezugssystem für den Versuch, die ästhetische Praxis im Unterricht (als integratives, grenzüberschreitendes Prinzip) weiterzuentwickeln.

Die Arbeitsweise im Sinne der künstlerischen Feldforschung sieht folgendermaßen aus:

Zunächst wird ein Themenfeld festgelegt, welches entweder der Lebenswelt des Kindes entnommen wird oder ein noch unbekanntes Terrain in Augenschein nimmt. Daraufhin beginnt die interdisziplinäre Erforschung des Feldes, wobei verschiedene Untersuchungsformen zum Einsatz kommen.

Um eine erste Bestimmung des Feldes vorzunehmen, gibt es zwei Möglichkeiten: Die erste Möglichkeit wäre die Sichtung von zugäng-

Abb. 1 Manessische Buchmalerei: Heinrich von Stretlingen

101

Abb. 2 u. 3
Schülerinnen beim Tanzen

lichen Informationen unterschiedlichster Art (Texte, Bilder, Filme, kunstgeschichtliche Zeugnisse, Musik, etc.) sowie deren künstlerische Aufarbeitung. Das Sammeln und Bearbeiten der verfügbaren Materialien kann in Gruppenarbeit oder in Einzelarbeit der Schüler stattfinden. Die Aufgabe des Pädagogen besteht in der Organisation des Arbeitsprozesses, ohne Selbstorganisationstendenzen zu unterbinden. Die Sichtungsphase ist mit der Fragestellung verbunden, wie die Ergebnisse adäquat dokumentiert und einer Öffentlichkeit präsentiert werden können. In diesem Zusammenhang können verschiedene Lösungen entwickelt werden, wobei nicht nur die sprachliche und textliche Dokumentation/ Präsentation als Möglichkeiten auftauchen, sondern auch visuelle, auditive und taktile Mittel zum Einsatz kommen können. Diese Mittel verbinden sich untereinander.

Auch für die Präsentation des Arbeitsprozesses gilt: Der Pädagoge hat begleitende Funktion. Die erste Möglichkeit einer Aneignung des Feldes bedeutet nicht, dass diese auf den Lernort Schule beschränkt bleibt. Die Materialien können an den verschiedensten Orten gesammelt werden.

Die zweite Möglichkeit einer Bestimmung des Feldes ist die Sichtung vor Ort. Auch hier werden die verschiedensten Formen ästhetischer Aneignung sowie kognitiver Analysen durchgeführt. Das Sammeln von Materialien/ Spuren ist ebenso wichtig wie die Erprobung ästhetischer Ausdrucksformen:

- der zeichnerische Entwurf,
- das Herstellen von Bildern (ohne aquarellieren zu müssen),
- das Einsetzen des Körpers als künstlerisches Medium,
- der Einsatz nichtvisueller Mittel wie Sprache und Musik,
- das Einbeziehen von Text,
- das Einbeziehen von Zeit als formgebende Komponente,
- das Mischen all dieser Ausdrucksformen.

Diese Formen dienen sowohl der ästhetischen Rezeption als auch der Produktion von «Forschungsdokumentationen» durch die Lerngruppe. Welche der genannten Möglichkeiten für die erste Feldbegegnung in Frage kommt, hängt von den organisatorischen Möglichkeiten sowie von der Struktur des Feldes ab. Die Ergebnisse der Feldforschung werden anschließend analysiert und strukturiert. Hierfür bietet sich der Lernort Schule an, der mehr Labor- bzw. Werkstattcharakter annehmen sollte. Des Weiteren bietet sich Schule als Ort für Präsentation und Diskussion der Feldforschungsergebnisse an.

Nicht nur die selbstständige Art und Weise des Lernens befördert eine Schulung des kreativen Potentials des Kindes, insbesondere die unterschiedlichen Zugänge zu einem Thema wie beispielsweise Bewegung und Tanz – mal über die eigene Bewegung, mal durch skizzenhaftes Zeichnen, dann wieder durch die Betrachtung von Bewegungsformen, durch das Nachstellen von Bewegung, das gestalterische Erfassen von Bewegung etc. – fordern das ästhetische Erleben der Kinder und damit auch das kreative Potential heraus. Lebenswelt wird aufgrund der gestalterischen Tätigkeit nicht nur ästhetisch erfahrbar, sondern auch veränderbar.

Die Arbeit an bzw. in einer Werkstatt meint hier nicht die räumliche Festlegung der Aktivitäten (z. B. im Kunstraum). Dies ist unter den Bedingungen der Grundschule auch selten möglich. Gemeint ist hier vielmehr ein Werkstattprinzip. Ein Themenfeld muss so organisiert werden, dass eine grenzüberschreitende Erforschung und Bearbeitung des Gegenstandes möglich ist. Dies bedeutet auch, dass es möglicherweise zwingend notwendig ist, unterschiedliche Orte aufzusuchen. (Um Bewegungsformen zu erproben bedarf es z. B. eines Raumes mit viel Platz.) Entscheidend ist weiterhin die Organisation der Aneignungsformen. Zum einen bedarf es

Abb. 4 Lili Fischer: Klärschlamm Charlest on (Detail), 1989

sich die Werkstattarbeit erst durch die Verzahnung von lehrerzentrierten Impulsen mit offenen Aneignungsphasen auf der Basis frei zugänglichen ästhetischen Materials. (Auch ein Schreiner nutzt bei der Entwicklung eines Möbelstückes standardisierte Techniken der Holzverarbeitung.)

Zeichenwerkstatt

Die von mir vorgestellte Werkstatt basiert auf einem Projekt der Kunstakademie Münster, das im Wintersemester 1994 unter Leitung von Lili Fischer durchgeführt (Fischer 1996, S. 50 ff.) und von mir im Sommer 1999 im Rahmen eines kunstpädagogischen Praktikums mit LehramtsstudentInnen der Kunstakademie an der Norbert-Schule (Münster) in einem zweiten Schuljahr geleitet wurde.

eines kontinuierlichen Zugangs zum Material (Medien, Werkzeuge, ästhetisches Material, bereits entstandene Produkte). Damit wird das Prinzip des entdeckenden Lernens berücksichtigt. Zum anderen kann der Pädagoge durch Darbietung und Erläuterung unbekannter Arbeitsweisen das Handlungsrepertoire und damit die Aneignungsmöglichkeiten der Kinder erweitern. Kleinschrittig geführte Unterrichtsphasen sind oftmals kein Widerspruch zum Werkstattprinzip. Vielmehr entfaltet

In der Norbert-Schule gab es keinen eigenen Kunstraum. (Dies gilt für viele Grundschulen.) Die Werkstatt wurde demzufolge an unterschiedlichen Orten durchgeführt (Klassenraum, Musikraum). Dies bedeutete, dass der zur Verfügung stehende Raum nach Ablauf der Unterrichts-

zeit in seinen ursprünglichen Zustand versetzt werden musste, was die Organisation von Material erschwerte. Durch diese Bedingungen kann man von einer temporären Werkstatt sprechen.

Zeitreise

Neugierig versammeln sich die Kinder der Klasse 2 b im Kreis im abgedunkelten Musikraum der Norbert-Schule. Ich entzünde eine Kerze und leise ertönt geistliche Vokalmusik des Mittelalters (Magister Perotinus: «Beta viscera», 12. Jh.). Während einer «Zeitreise» erzähle ich den Kindern von den mittelalterlichen Lebensumständen. («Dort wo heute eure Schule ist, war einst ein Bauernhof ...»). Ich gebe Hinweise auf signifikante Unterschiede des damaligen Bildungssystem und des sozialen Lebens (Rösener 1986). Zentrales Element der «Zeitreise» ist die Beschreibung der Entstehungsbedingungen und der Funktion von Buchmalereien, die heute noch Spuren eines vergangenes Lebensgefühls wiedergeben.

Ich zeige den Kindern eine Buchmalerei manessischer Handschrift,

in der Elemente des höfischen Tanzes vorgeführt werden (Abb. 1). Die Kinder versuchen, die Abbildung zu deuten. Nina begeistert sich für die elegante Körperhaltung einer abgebildeten Tänzerin. Um ihren Eindruck zu veranschaulichen, schlage ich vor, die Szenerie nachzustellen. Die Klasse erhält den Auftrag, Ninas Haltung zu korrigieren. Julian übernimmt den männlichen Gegenpart, was den Spott der übrigen Jungen hervorruft. Die beiden «Vortänzer» versuchen aus dem Bewegungsseg-

Abb. 5 - 8
Kinder beim Zeichnen

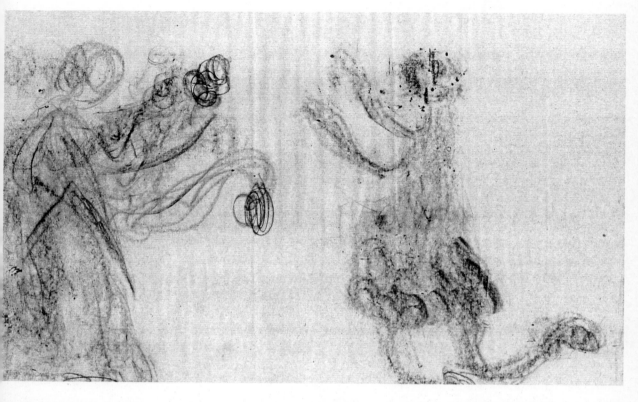

Abb. 9 Graphitzeichnungen zum Tanz

ment einen Bewegungsablauf zu entwickeln, was mit Schwierigkeiten verbunden ist. Die gezeigte Abbildung gibt zwar Auskunft über Details einer Bewegung, aber nicht über ihren Vollzug.

Ich schlage den Kindern vor, diese Tänze mit Hilfe mittelalterlicher Musik (Witzlav von Rügen: «Der herbest kumpt uns riche nuch», 1325) auszuprobieren, wobei wir zunächst die Choreografie auf Grundlage der vorangegangenen Bildbetrachtung festlegen müssen. Besonderes Augenmerk wird auf Hand- und Körperhaltung gelegt. Mein Vorschlag, dass Jungen und Mädchen Paare bilden sollen, ruft allgemeinen Protest hervor. So werden gleichgeschlechtliche Paare gebildet. Mit großem Engagement versuchen die Kinder, die durch die Bildbetrachtungen gewonnene Vorstellung höfischen Bewegungsrepertoires in eigene Bewegung umzusetzen. Ein albanisches Mäd-

chen integriert Elemente orientalischen Tanzes in den Schreittanz. Einige Kinder setzen die bewegten Rhythmen mit großer Anteilnahme in ungezügelte Sprünge und Drehungen um (Abb. 2 u. 3).

Nun erfolgt eine zeichnerische Auswertung der tänzerischen Erfahrungen, wozu wir in den Klassenraum zurückkehren. Ich zeige den Kindern eine Zeichnung von Lili Fischer aus einem Performancedrehbuch (Abb. 4). Mit breitem Graphitstift verschwimmen die Konturen einer Figur in ihrer Bewegtheit. Lino stellt fest, dass sich die Figur bewegt. Man könne diese Bewegung sehr gut nachahmen. Er probiert dies. Den Kindern scheint an diesem Beispiel klar geworden zu sein, dass es bei der Bewegungsdarstellung von Körpern in Bewegung nicht auf anatomische Details ankommt, sondern auf die Vermittlung ihrer Bewegtheit. Ich bin gespannt auf die Umsetzung.

Für die zeichnerische Bewegungserforschung erhält jedes Kind einen breiten Graphitblock und mehrere Bahnen Papier. Der Forschungsauftrag besteht darin, die verschiedenen Bewegungsabläufe der Tänze festzuhalten. Besondere Aufmerksamkeit wenden die Kinder dem ungewohnten Zeichenwerkzeug zu. Verschiedene Varianten werden ausprobiert (Umrisslinien legen die Figur fest, Andeutung von Bewegung und Volumen der Figur durch Ausstreichen der Oberfläche des Blockes, Kombination beider Methoden). Durch den Versuch, Körperbewegung zu dokumentieren, vernachlässigen die Kinder die exakte Wiedergabe anatomischer Details zugunsten einer persönlichen experimentellen Strichführung. Die standardisierten Fragen an den Lehrer, wie «Ist das so richtig?», bleiben aus (Abb. 5 - 8).

Bewegungschoreografie
Die in der vorangegangenen Sitzung entstandenen Bewegungsstudien werden vorgestellt und analysiert. Zunächst werden die verschiedenen Möglichkeiten, das neue Zeichengerät einzusetzen, thematisiert. Anna

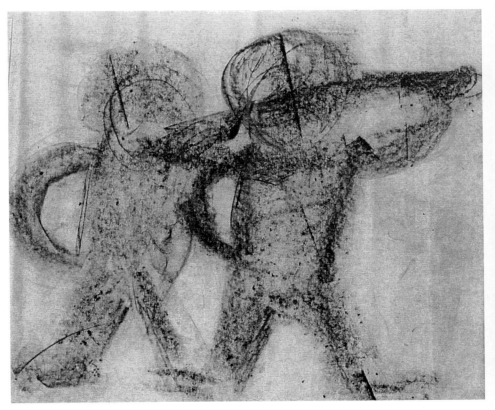

Abb. 10 u. 11
Graphitzeichnungen zum
Tanz

Abb. 12 Michelangelo:
Moses, um 1513-16.
Rom, San Pietro in
Vincoli

bevorzugt die Kombination aus Strich und Ausstreichen.

Anschließend besprechen wir die unterschiedliche Darstellungsqualität der entstandenen Zeichnungen. Einige Zeichnungen enthalten schematische Andeutungen eines Bewegungsablaufes, andere hingegen sind von erstaunlicher Differenziertheit in der Bewegung und von großer Expressivität.

Nun soll das zeichnerische Verfahren umgedreht werden, indem die Kinder ihnen vertraute Bewegungsabläufe zeichnerisch festlegen, und diese später den anderen als choreografische Bewegungsanleitung anbieten. Nach anfänglicher Unsicherheit untersuchen die Kinder ihnen vertraute Bewegungsabläufe.

Während die Jungen dem Sport entlehnte Bewegungsanleitungen herstellen, entwerfen einzelne Mädchen tänzerische Choreografien.

Afrim beginnt die Beinstellung zu differenzieren: von der geraden Linie zum abgewinkelten Oberschenkel. Lena verfertigt ganze Serien, um sich dann gezielt mit einer ausgewählten Position zu beschäftigen, welche sie auf ein großes Format überträgt. Abschließend überprüfen die Kinder, ob die gezeichneten Bewegungen umsetzbar sind.

Die entstandenen Zeichnungen haben für die Kinder an Qualität gewonnen, denn sie dienen nicht nur der Vergegenwärtigung scheinbar vertrauter Bewegungsabläufe und Körperhaltungen, sondern bieten einen Anlass, neue Bewegungsformen zu entwickeln (Abb. 9 - 11).

Mehrdimensionale Körpererfahrung

Ich zeige den Kindern eine Abbildung des «Moses» von Michelangelo, der in der Zeit von 1513-16 entstanden und in der Kirche San Pietro in Vincoli in Rom zu sehen ist (Abb. 12).

Wiederum greife ich das Verfahren auf, durch Nachstellen bildnerische Zeugnisse zu veranschaulichen. Dadurch wird die zweidimensionale Abbildung einer Skulptur zu einer dreidimensional erfahrbaren Figur. Ich fordere die Kinder auf, das Modell (Christian) zu zeichnen (Abb. 13). Die zur Verfügung stehende Zeit beträgt lediglich zwei Minuten. Durch die begrenzte Zeit werden die Kinder zu einer Beschränkung auf elementare Körperformen und zu einer Konzentration auf die Körperhaltung gezwungen. Nachdem die Zeit abgelaufen ist, kommt es zu lautstarken Protesten, weil weitergearbeitet werden soll. Viele Kinder verzetteln sich allerdings in zu detaillierten Körperdarstellungen. Ich wiederhole das Verfahren, wobei Christian die Position verändert (45° Drehung). Ich begründe die Zeitbeschränkung u.a. damit, dass es für das Modell eine Strapaze bedeuten würde, eine Position für längere Zeit zu halten. Diesmal funktioniert die Zeiteinteilung der Kinder besser. Nico achtet selber auf die Einhaltung der vorgeschriebenen Zeit und verkündet das Ende. Bei der sich anschließenden Reflexionsphase wird deutlich, dass eine Zeitbeschränkung eine Steigerung der Ausdrucksfähigkeit bewirkt.

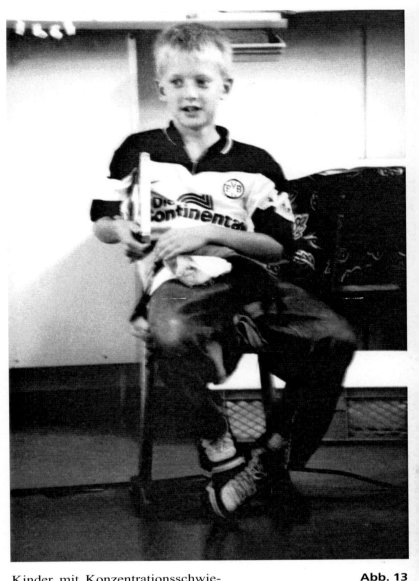

Abb. 13
Moses' Haltung
wird nachgestellt

Kinder mit Konzentrationsschwierigkeiten fokussieren ihre Aufmerksamkeit auf den kurzen Moment der Zeichnung. Frustrationen, die durch das Unvermögen entstehen, sich für längere Zeit auf die zeichnerische Bewältigung komplexer Formen einzulassen, werden vermieden. Die Kinder zeichnen nun ihr Modell aus verschiedenen Perspektiven. Nina stellt fest, dass man einen Körper aus unzähligen Blickwinkeln betrachten kann (Abb. 14 - 16).
Ich schlage den Kindern vor, vier Positionen aus ihren Skizzen auszu-

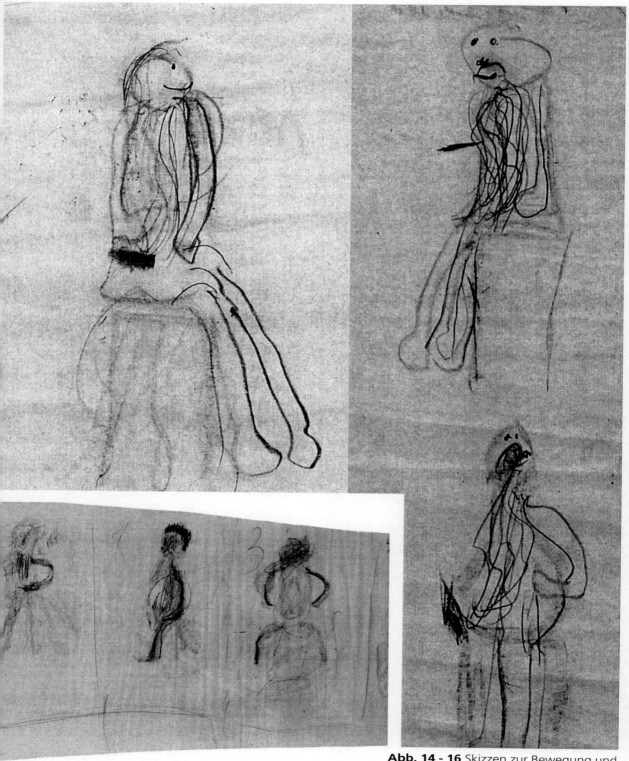

Abb. 14 - 16 Skizzen zur Bewegung und
Haltung von Moses

wählen und diese auf Karton zu übertragen. Die Zeichnungen können zu einem Kasten verbunden werden, um die Figur aufzurichten und ihr Volumen zu geben. Daraus entsteht eine Kombination aus Zeichnung und Skulptur. Durch die Überarbeitung der eigenen Skizzen werden proportionale Unstimmigkeiten beseitigt, ohne dass ein Korrektiv zur Verfügung steht. Grundlage ist die einfühlende Erinnerung an die Figur, welche durch die vorangegangene konzentrierte zeichnerische Rezeption leicht abgerufen werden kann (Abb. 17 u. 18).

Literatur

Brenne, Andreas: Zeichenwerkstatt mit Hand und Fuß. In: Die Grundschulzeitschrift, Themenheft Kunstwerkstatt, 10/1998, S. 18 ff.

Duderstadt, Matthias (Hg.): Kunst in der Grundschule: Fachliche und fächerübergreifende ästhetische Erziehung. Frankfurt a. M. 1996

Fischer, Lili: Küchenlatein. Köln 1989

Fischer, Lili: Primäre Hand- und Fußarbeiten aus der Kunstakademie Münster. Regensburg 1996

Funke-Wieneke, Jürgen: Die pädagogische Bedeutung der Körpererfahrung im Kindesalter. In: Die Grundschulzeitschrift/ Sammelband Ästhetische Erziehung I. Seelze 1996, S. 18-21

Rösener, Werner: Bauern im Mittelalter. München 1986

Staudte, Adelheid (Hg.): Ästhetisches Lernen auf neuen Wegen. Weinheim und Basel 1993

Staudte, Adelheid (Hg.): Die Grundschulzeitschrift/ Sammelband Ästhetische Erziehung I. Seelze 1996

Staudte, Adelheid (Hg.): Die Grundschulzeitschrift/ Sammelband Ästhetische Erziehung II. Seelze 1997

Abb. 17 u. 18
Zeichnungen, auf
Karton übertragen

Elisabeth Sippel

Stationenbetrieb in der ästhetischen Erziehung – ein alter Hut mit neuen Federn?

Experimentierstationen im Kunstunterricht

Werkstattunterricht im Fach Kunst fordert und fördert ein Verständnis von ästhetischen Lernprozessen bei Lehrenden und Lernenden, das den Intentionen des im Folgenden exemplarisch geschilderten Unterrichts nach dem Prinzip des Stationenbetriebs verwandt ist. Insofern kann der Stationenunterricht in der ästhetischen Erziehung Perspektiven eröffnen, die sich durchaus dem Werkstattunterricht annähern.

In diesem Beitrag wird ein konkretes Beispiel vorgestellt, wie im Fach Kunst in den Klassen 5 bis 10 nach dem Prinzip des Stationenbetriebs unterrichtet werden kann. Stationenbetrieb bedeutet hier, dass an einzelnen Stationen verschiedene Genres, Medien, Materialien bzw. Aufgaben von der Lehrerin bzw. dem Lehrer bereitgestellt werden. Die Schülerinnen und Schüler wählen sich entsprechend ihrem Interesse eine oder auch mehrere Stationen aus, mit deren Angebot sie sich im Unterricht befassen möchten. Es empfiehlt sich, die Stationen im Raum verteilt auf Tischen, Fensterbänken, Stühlen usw. ansprechend zu präsentieren und zudem genügend Arbeitsplätze einzurichten.

Eine Station braucht:
- eine Anleitung und einen klaren Arbeitsauftrag möglichst mit einem motivierenden Beispiel (in der Regel klebe ich diese in einer Klarsichthülle am Tisch fest, damit sie stets verfügbar bleiben),
- Werkzeuge (Papiere, Stifte, Farben, Spachtel etc.),
- Materialien (für Recherchen: Texte; für Gestaltung: Bildbände etc.).

Bei der Konzeption der Stationen ist zu überlegen, ob sie thematisch zusammenhängend konzipiert sind oder nicht – beides ist denkbar. Die im Folgenden beschriebenen sechs Stationen stehen untereinander in keinem direkten inhaltlichen Zusammenhang, sie müssen nicht nacheinander oder in einer bestimmten Reihenfolge durchlaufen werden. Vielmehr sind sie als alternative und auf unterschiedliche Art anregende Lernangebote konzipiert, die das Kennenlernen verschiedener gestalterischer Techniken, Medien und Genres ermöglichen sollen.

1. Station: Experimentelle Dias – freies Experimentieren auf der Fläche
Experimentieren in dieser Station ist zum einen geprägt von der Dynamik im Prozess des Suchens, Erfindens und Improvisierens. Ein Ziel ist nicht vorgegeben, Offenheit für das Unerwartete und Zufällige ist hier entscheidend. Zum anderen kann an dieser Station aber auch systematisch experimentiert werden, indem zielbewusst verschiedene Materialien und ihre Wirkung einer Versuchsanordnung gemäß geprüft und verglichen werden können. Ein planmäßiges Erforschen kann hierbei – evtl. nach der Phase des nicht zielgerichteten Suchens – eine wichtige Rolle spielen.

Zwischen die Glasscheiben eines Diarahmens gebracht, erzeugen die angebotenen, meist transparenten Materialien variantenreiche Bilder (Abb. 1), die zunächst mit Hilfe des kleinen Dia-Betrachters von den Schülern und Schülerinnen während des Gestaltungsprozesses auf ihre Wirkung hin überprüft und verändert werden können. Bei einer anschließenden gemeinsamen Großprojektion der entstandenen Schülerarbeiten in einem gut verdunkelten Raum sollten die experimentellen Erfahrungen mit den verschiedenen Wirkungen und Einsatzmöglichkeiten der Materialien untereinander ausgetauscht werden. Von der Projektion dieser kleinen experimentellen Dias geht in der Regel eine große Faszination auf die Schüler und Schülerinnen aus, so dass ein Gespräch über Strukturen, Farbwirkungen und Formenvielfalt leicht zustande kommt. Geht man davon aus, dass das Unvorstellbare, Unvorhersehbare ein generelles Charakteristikum von bildkünstlerischer Gestaltung ist (Freitag-Schubert 1997, S. 12), dann können Heranwachsende an dieser Station erfahren, dass das Experiment auch ein spannendes methodisches Spezifikum künstlerischer Arbeit sein kann. Von besonders gelungenen Dias sollten Farbabzüge z. B. im Format 20 x 30 cm gemacht werden, weil deren spezifische Wirkung sich durchaus von der Dia-Projektion unterscheidet und zudem das Bild materiell zur Verfügung stellt.

Abb. 1 Für die experimentellen Dias werden Glasdiarahmen mit verschiedenen Materialien, wie Stücken von Gummibärchen, Weintrauben oder Klecksen von Aquarellfarbe gefüllt.

Ausstattung der Station «Experimentelle Dias»

Mit dem meist transparenten Material kannst du in den Glasdiarahmen Bilder entstehen lassen. Aus dem Diarahmen darf keine Flüssigkeit auslaufen, weil hierdurch die Diabetrachter oder Diaprojektoren beschädigt werden könnten. In den kleinen Diabetrachtern kannst du das Bild während des Entstehens sehen, allerdings verändert es sich beim Auf- und Zuklappen des Diarahmens.
Zum Trocknen bitte die Dias legen. Schreibe deinen Namen auf den Diarahmen.

Zur Anschauung:
Einige bereits gestaltete Dias mit den dazugehörigen Papierfarbabzügen im Format 20 x 30 cm (Abb. 2 - 4) waren ausgelegt.

Werkzeuge und Materialien:
3 bis 4 kleine Diabetrachter, Papier zum Abdecken des Arbeitsplatzes, Wattestäbchen und Zahnstocher für den Auftrag von Farben, Haar-Gel usw.; Scheren, Schälchen, Glasdiarahmen, farbige Tinten, Aquarellfarbe, Haar-Gel, transparente Farbfolien, Bettfedern, Uhu, Zwiebelhaut, Gummibärchen, Weintrauben, farbige Nylonstrümpfe, Watte, Transparentpapier, Glasmalfarben, farbige Textmarker, transparente Verpackungen mit Schrift (z. B. von Papiertaschentüchern), Salz (hinzukommen können: Haare, Flusen, Fussel, Staubflocken, Blütenteile, Erde usw.).

Möglichkeiten der Weiterarbeit:
- Die schwarz/weißen Fotokopien der Farbabzüge können grafisch bzw. malerisch weitergestaltet werden.
- Aus den Dias wird eine Dia-Show konzipiert, die mit Musik unterlegt wird.
- Die Dia-Projektion dient als Assoziationsfeld oder Hintergrund für eine Performance.

2. Station: Schattenexperimente – ein Einstieg ins Schattentheater

Das visuelle Phänomen Schatten ist als Objekt- und Körperschatten ein Aspekt bildnerischen Ausdrucks, u. a. in der Malerei und Grafik sowie in Fotografie und Film. Auch in digitalen Gestaltungen spielen Schatten häufig eine wichtige Rolle. Wenn wir wissen wollen, unter welchen Bedingungen Schatten entstehen und sich verändern, wie sie auf Raum-, Zeiterfahrung und Stimmung wirken, dann ist der eigene praktische und experimentelle Umgang mit Schatten zentral. Aus kultureller und interkultureller Sicht ist das Schattenspiel bzw. Schattentheater zudem ein bedeutendes künstlerisches und synästhetisches Ausdrucksmedium (vgl. Kunst+ Unterricht 168/1992 «Schattenspiel»).

Der Overheadprojektor kann bei dieser Station als Lichtquelle für das Schattentheater dienen, da die auf ihm platzierten Gegenstände zugleich ein Bühnenbild z. B. für eine Spielhandlung entstehen lassen. Dies lädt zum spielerischen Experimentieren mit diesem Medium und dem Materialangebot ein. Die Schüler und Schülerinnen erproben zunächst in der Kleingruppe transparente und nicht transparente Objekte auf ihre Wirkung hin in der Projektion und arrangieren daraufhin gezielt für ein Bühnenbild. So wird im Wechsel zwischen Experimentieren und Beobachten ein Gefühl für die Dynamik im Gestaltungsprozess gefördert. Zudem werden die Heranwachsenden für Kompositionen und korrespondierende Größenverhältnisse sensibilisiert. Die anschließend mit dem Bleistift auf ein Blatt Papier zu skizzierenden Entwürfe der Bühnenbilder sollten in der Gruppe gegenseitig vorgestellt werden und können darüber hinaus zu einer eigenen Geschichte inspirieren. Die Station muss so platziert sein, dass der Overheadprojektor auf eine weiße Wand projizieren kann und daneben der Materialtisch noch Platz findet.

Ausstattung der Station «Schattenexperimente»

Auf dem eingeschalteten Overheadprojektor kannst du mit den bereitliegenden Materialien experimentieren, um ein ‹Bühnenbild› für ein Schattentheater zu entwerfen.
Versuche eine unheimliche und gefährliche Atmosphäre zu gestalten.
Wenn du mit deinem Entwurf zufrieden bist, skizziere ihn kurz auf Papier und gib die benutzten Materialien an.

Zur Anschauung:
Gerissenes Papier und ein Obstnetz waren auf dem eingeschalteten Overheadprojektor drapiert.

Werkzeuge und Materialien:
Overheadprojektor, Scheren, Kleber, Folienstifte, transparentes Klebeband, Overheadfolien, Frischhaltefolie, farbige Folien, Naturmaterialien wie Blätter, Zweige, Blüten, Erde; verschiedene Netze, Schreibpapier, weiche Bleistifte, Kordel, Fäden

Möglichkeiten der Weiterarbeit:
- Einzelne Bühnenbilder werden zu einer Geschichte verbunden.
- Die Gegenstände für das Bühnenbild werden auf dem Overheadprojektor bewegt, verändern sich, übernehmen «Rollen». Dies kann mit Musik unterlegt werden. Auf die Einheit von Bildgestaltung, Spielinhalt und Dramaturgie ist hierbei zu achten.
- Das Bühnenbild wird nicht mehr auf die Wand projiziert, sondern auf einen Schattenschirm (z. B. ein großes weißes Betttuch), und die Schüler und Schülerinnen spie len mit ihrem Körperschatten.

---

3. Station: Kompositionen anders entdecken

Kunstwerke – seien es Bilder, Plastiken oder Architektur – sind stets an eine visuell wahrnehmbare Form gebunden; Linie, Fläche und Farbe sind die wichtigsten Kompositionselemente, aus denen sich ein bildnerisches Werk zusammensetzt. In der abstrakten Kunst des zwanzigsten Jahrhunderts ohne erzählende, figürliche Inhalte wird dies besonders offensichtlich. Ein Weg, sich Kunst zu nähern, ist die Analyse ihrer Form. Ein Aspekt der formalen Analyse ist neben den Angaben zur Materialbeschaffenheit, zum Alter oder zur Herkunft des

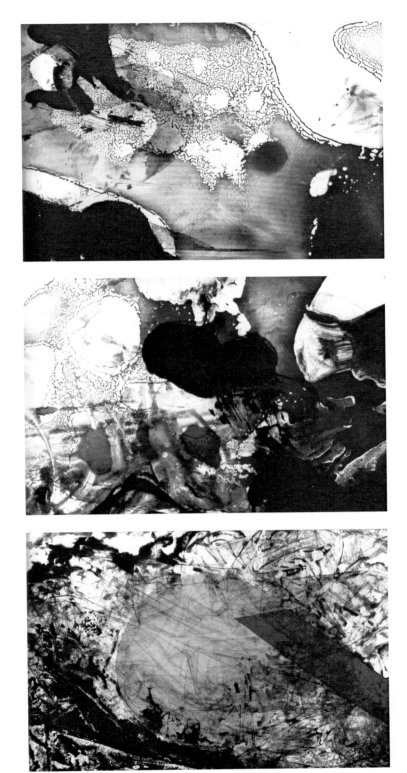

Abb. 2 bis 4
Papierabzüge der
experimentellen Dias

Werkes die Analyse der Bildelemente und der Komposition dieser Elemente (Kirschenmann/ Schulz 1999, S. 32 f.). Kompositionsprinzipien, wie Reihung, Staffelung, Streuung, Ballung, Rhythmus oder Symmetrie lassen sich anhand eigener Kompositionsskizzen und -zeichnungen erfahren und nachvollziehen. Der Eindruck von Ordnung, Ruhe oder Dynamik auf einem Bild ergibt sich nicht zufällig, sondern unterliegt einem absichtvollen Einsatz formaler Mittel durch die Künstlerin bzw. den Künstler.

Das Angebot dieser Station lässt zwar wenig Spielraum für eigene Gestaltung, aber es lädt die Schüler und Schülerinnen dazu ein, sich mit unterschiedlichsten reproduzierten Kunstwerken im oben umrissenen Sinne genauer auseinander zu setzen. Besonders ungegenständliche Malerei eignet sich für diese Aufgabe und kann den Zugang zu diesen Werken erleichtern.

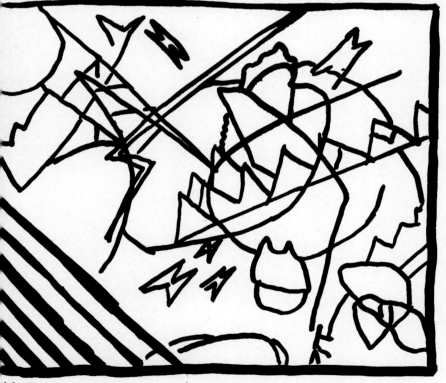

Das Nachzeichnen des Bildaufbaus auf der Klarsichthülle bereitet den Schülerinnen und Schülern selten Schwierigkeiten. Die Arbeitsergebnisse sollten zusammen mit den jeweiligen Kunstkarten z. B. an einer Wand der Gesamtgruppe vorgestellt werden, um möglicherweise das Interesse an einer intensiveren Auseinandersetzung mit einem Werk zu animieren.

bb. 5 oben: Wassily Kandinsky: Weiße Mitte, 1921, Öl auf Leinwand
nten: Nachzeichnung des Bildaufbaus

Ausstattung der Station «Kompositionen anders entdecken»

Wähle eine Kunstkarte aus, die dir zusagt.

Stecke sie in eine Klarsichthülle und nimm dir einen Folienstift dazu.

Nun trage auf der Hülle die wesentlichen Flächen/Linien/Richtungen der Komposition ein. Suche zum Beispiel nach Schwerpunkten oder Zentren. Welche Senkrechten oder Waagrechten sind wichtig? Zeichne diese nach. Welche Diagonalen und Schrägen fallen auf und bestimmen die Komposition des Werkes?

Bitte notiere auf der Hülle den Namen des Kunstwerkes und deinen Namen.

Zur Anschauung:

Klarsichthüllen mit den nachgezeichneten Flächen und Linien eines Kunstwerkes und der dazugehörenden Kunstkarte lagen aus (Abb. 5 - 7).

Werkzeuge und Materialien:

Schwarze, dünne Folienstifte, Klarsichthüllen A 4 oder A 5, Lineale, Karteikasten mit sehr unterschiedlichen Kunstkarten.

Möglichkeiten der Weiterarbeit:

- In einem reflektierenden Gespräch kann über die Gründe, die bei der Auswahl der Kunstkarten entscheidend waren, gesprochen werden.
- Eigenständige Recherchen zu einem Künstler bzw. einer Künstlerin können hierdurch initiiert werden.
- Die entstandenen Kompositionsstudien können über die Bildvorlage hinaus frei weitergezeichnet werden.

Abb. 6 links: Willem de Kooning: Ohne Titel IX, 1975, Öl auf Leinwand
rechts: Nachzeichnung

Abb. 7 oben: Lothar Baumgarten: VW do Brasil, 1973/74, Fotografie
unten: Nachzeichnung

Abb. 8
Peter Fischli
und David
Weiss: Der Lauf
der Dinge, vier
Ausschnitte,
1987, Video

4. Station: «Der Lauf der Dinge» von Fischli/ Weiss, Video, 30 Min.
Gruppenarbeit ist hier erforderlich, und an die Kooperationsfähigkeit und Spontanität der einzelnen Gruppenmitglieder werden an dieser Station recht hohe Anforderungen gestellt. Allerdings bereitet diese Aufgabe nach anfänglichem Zögern meist großes Vergnügen.

Die beiden Schweizer Künstler Peter Fischli und David Weiss haben in einer Lagerhalle eine 30 m lange Versuchsanordnung aus meist alltäglichen, instabilen Objekten aufgebaut, die präzise geplant, in Form einer Kettenreaktion in Bewegung gerät. Die Videoaufzeichnung dokumentiert diese spannende und vergnügliche Kettenreaktion, die mit physikalischen und chemischen Gesetzen jongliert (Abb. 8). Patrick Frey schrieb zum «Lauf der Dinge» im Katalog der documenta 8: «Entscheidend für das Funktionieren und die spezifische Animation der Fischli/Weiss-Dinge ist der unbedingte Einbezug von Fehlerquellen und Abweichungen. (...) Fehler werden in schöpferische Energie verwandelt. Die so in Gang gesetzten Anpassungsprozesse sind – überspitzt gesagt – systemerzeugend. Fischli/ Weiss interessiert nicht nur, was geschieht, wenn man Schwankungen in einer Ordnung verstärkt und zur Serie notwendiger Zu- und Unfälle macht. Fischli/Weiss interessiert noch viel mehr, warum und wie es weitergeht, was sich dahinter oder dazwischen, nur leicht gelenkt, halb wundersam wie von selbst erzeugt.» (Frey 1987, S. 73; vgl. auch Soutif 1992)

An der Station ist vor den Monitor ein Tisch gestellt, auf dem eine Butterbrotpapierrolle bereit liegt. Darauf soll während des Betrachtens des Videos «Der Lauf der Dinge» spontan und skizzenartig das Geschehen z. B. mit Bewegungslinien oder Symbolen notiert werden. Der oder die jeweils Zeichnende benötigt dabei Helfende, die sich um das Auf- bzw. Zusammenrollen der Papierrolle kümmern. Die Zeichnenden können sich hierbei abwechseln.

Die Gruppe sollte sich zunächst den Film anschauen, um sich anschließend während eines zweiten Abspielens des Videos an der Aufgabe zu versuchen. Durch die Notation tritt die spannungsreiche Dramaturgie der Versuchsabläufe deutlicher zu Tage und der ästhetische Genuss kann intensiviert werden. Die so entstandenen «Partituren» verdeutlichen besonders in einem vergleichenden Gepräch, worauf sich die Wahrnehmung konzentriert hat, welche Eindrücke flüchtig blieben oder was nur unzureichend notiert werden konnte.

5. Station: Übermalung/ Überzeichnung

Verhüllen, Verdecken und Übermalen können Tätigkeiten mit häufig starker Ausdruckskraft sein. Mit ganz unterschiedlichen Absichten wird etwas für immer oder auf Zeit ganz oder teilweise verborgen. Die Übermalung bzw. Überzeichnung bildet hier einen Sonderfall, denn sie ist in der Regel nicht rückgängig zu machen. Bereits Kleinkinder setzen sich mit Abbildungen etwa aus Zeitschriften dadurch handelnd auseinander, indem sie sie überkritzeln bzw. überschmieren, wenn ihnen entsprechende Materialien zur Verfügung stehen. Die Übermalung bzw. Überzeichnung kann also ein Akt der unmittelbaren Aneignung sein. Sie kann aber auch als ein aggressiver Akt der Zerstörung, des Vernichtens angesehen werden. Dies kann symbolische Bedeutung haben, ist aber auch ganz real zu verstehen, dass etwas Übermaltes nicht wieder zum Vorschein kommt, für immer verborgen bleibt. Wird etwas nur zum Teil übermalt, dann erhalten die nicht übermalten Bereiche besondere Aufmerksamkeit neben

der Fläche, die durch die Übermalung entstanden ist. Übermalen und Überzeichnen sind also im doppelten Sinne vielschichtige Akte der bildnerischen Auseinandersetzung und Gestaltung.

Die Übermalungen des österreichischen Künstlers Arnulf Rainer sollten bei dieser Station lediglich als Anregung herangezogen werden ohne die grafischen oder malerischen Möglichkeiten der Schüler und Schülerinnen hierdurch einzuschränken. Denkbar ist diese Station auch mit einem breiteren Angebot von Bildvorgaben zum Übermalen. Aus rein organisatorischen Gründen wurde hier auf das Angebot von Dispersions- bzw. Deckfarben inkl. Pinsel und Spachtel verzichtet, das Malen kann jedoch zweifellos auch wichtige haptische Materialerfahrungen bergen.

6. Station: Stillleben

«Dinge halten still. Sie sind deshalb geeignete Objekte des mimetischen Interesses, das die Schülerinnen und

---

Ausstattung der Station «Der Lauf der Dinge»

Text:
An dieser Video-Station sollten Kleingruppen zusammenarbeiten, so dass sich mit der skizzenhaften Notation der Ereignisse des Videos auf der davorliegenden Butterbrotpapierrolle abgewechselt werden kann.
Zum Schluss sollte ein ‹Leporello› entstanden sein, das Aufschluss über die Installation von Peter Fischli und David Weiss geben kann. Bei Bedarf kann das Video-Band gestoppt werden, wenn eine neue Gruppe weiterarbeiten möchte.

Werkzeuge und Materialien:
Video-Rekorder, Monitor, Fernbedienung, VHS-Kassette «Der Lauf der Dinge», Peter Fischli/ David Weiss (DuMont Video, 1990), mehrere Rollen Butterbrotpapier, weiche Bleistifte, Jaxonkreiden, Wäscheklammern für das Zusammenhalten der Papierrollen.

Möglichkeiten der Weiterarbeit:
- Mit verschiedenen instabilen Objekten kann ein eigener Versuchsaufbau versucht werden.
- Die entstandene Notation kann in Geräusche und Musik «übersetzt» werden.

Die Ausstattung der Station «Übermalung/ Überzeichnung»
Wähle eine der bereitliegenden Fotokopien aus und versuche durch Übermalung/ Überzeichnung ein neues Bild entstehen zu lassen. Lasse dich zunächst von den Übermalungen von Arnulf Rainer inspirieren und blättere im Bildband. Wenn es dich anspricht, so wähle eine Kopie aus und verändere sie nach deinen Vorstellungen.

Zur Anschauung:
Bildbände über Arnulf Rainer

Werkzeuge und Materialien:
Fotokopien von verschiedenen Porträt- und Aktfotografien aus Zeitschriften und Fotokopien aus einem Fotoband des Künstlers Will McBride; Wachspastellkreiden, Kohlestifte, Filzstifte, weiche Bleistifte.
Mögliche Weiterarbeit:
- Eigene Porträtfotografien können malerisch weiterbearbeitet werden.
- Anhand derselben Porträtaufnahme lassen sich durch Übermalung verschiedene Gefühlszustände ausdrücken.

Die Ausstattung der Station «Stillleben»
Betrachte die aufgebauten Stillleben intensiv. Suche dir eines der Stillleben aus, nimm es mit an deinen Arbeitsplatz und zeichne, skizziere oder male es möglichst genau.

Zur Anschauung:
Stilllebengegenstände: Armbanduhr, Zahnbürste, Walkman, Ohrringe, Gummibärchen, Gameboy, Nagelfeile, Handschuhe, Baseballmütze, Sportschuh, Heftpflaster, Kaugummi.

Werkzeuge und Materialien:
Papiere in verschiedenen Formaten und Farben, Pastellkreiden, Rötelstifte, Kohlestifte, weiche Bleistifte, Kugelschreiber, Filzstifte, Lineale.

Möglichkeiten der Weiterarbeit:
- Die Bildbetrachtungen von Stillleben in Malerei, Grafik und Fotografie können sich an die eigenen, praktisch gesammelten Erfahrungen anschließen.
- Mit den Gegenständen eines Stilllebens kann ein Objekttheater entworfen und aufgeführt werden.

Schüler dieser Altersstufe als Zeichen ihres Erwachsenwerdens ausdrücklich äußern. Sie wollen lernen erwachsen zu zeichnen. Die Geschichte der Kunst belegt den Zusammenhang zwischen Emanzipation und naturalistischem Abbildungsbedürfnis (aber auch dessen Überwindung).» (Rahmenplan Kunst, Sekundarstufe I, 1996, S. 55) Diesem Bedürfnis der Heranwachsenden will dieses Angebot entgegenkommen, wobei das Lernsetting des Stationenbetriebes den häufig aufkommenden Konkurrenzdruck minimieren kann. Will man das Interesse von Schülern und Schülerinnen daran wecken, ein Stillleben abzuzeichnen, so ist es entscheidend, welche Gegenstände präsentiert werden. Es muss nicht unbedingt Obst und Gemüse sein, sondern eine leicht ‹verrückte› Kombination von z. B. Utensilien des Alltags kann motivierend wirken. Sinnvoll ist es, zwei, drei oder mehrere kleine Stillleben zu präsentieren, die dann von den Schülerinnen und Schülern mit an den Arbeitsplatz genommen werden können.

Resümee
Will man einen ersten Versuch mit dem Stationenlernen im Kunstunterricht unternehmen, muss man das Rad nicht neu erfinden. Selbst die Kombination von vertrauten und traditionellen Themenfeldern und Gestaltungsangeboten kann durch das neue Lernsetting des Stationenbetriebs durchaus für die Gruppe eine neue und anregende Situation entstehen lassen, die mehr Raum für individuelle und differente ästhetische Erfahrungen bietet als der herkömmliche Unterricht zu nur einer gestalterischen Technik, einem Medium oder Genre. Allerdings bedarf der Stationenbetrieb zusätzlich einer genauen organisatorischen Planung. Materialien, Werkzeuge, Anschauungsobjekte u. a. müssen gleichzeitig für verschiedene Stationen besorgt und bereitgestellt werden, damit die Schüler und Schülerinnen selbstständig recherchieren, entdecken, experimentieren und gestalten können. Je nach Gruppengröße müssen genügend Stationen angeboten werden, damit man sich nicht gegenseitig im Wege steht oder es zu langen Wartezeiten

kommt. Sind Lehrende und Lernende mit dieser Arbeitsform vertraut, so können die Angebote sowohl komplexer als auch offener werden. Besonders zu Schuljahresbeginn sollte man dieses Lernsetting nutzen, denn es erscheint mir besonders gut geeignet, um Schülern und Schülerinnen Gelegenheit zu bieten, ihren eigenen Interessen nachzugehen, die sie in die Gruppe für die weitere Unterrichtsplanung einbringen können. In diesem Sinne sind auch die jeweiligen Anmerkungen zur Weiterarbeit zu verstehen. Der Stationenunterricht sollte keine Eintagsfliege bleiben, denn in der Kontinuität entwickelt er erst seine Potenziale.

Literatur

Freitag-Schubert, Cornelia: Malen experimentell. In: Kunst+Unterricht 214/1997, S. 12-17

Frey, Patrick: Peter Fischli & David Weiss. In: documenta 8 Kassel (Katalog) Band 2. Kassel 1987, S. 72-73

Kirschenmann, Johannes/ Schulz, Frank: Bilder erleben und verstehen. Einführung in die Kunstrezeption, Ernst Klett Schulbuchverlag, Leipzig 1999

Kunst+Unterricht: Themenheft «Schattenspiel», 168/1992

Soutif, Daniel: Der Lauf der Dinge. In: Peter Fischli David Weiss. Galeries Contemporaines. Musée national d'art moderne. Centre Georges Pompidou. Paris 1992, S. 22-24

Bezugsquelle für das Video: DuMont Verlag. Köln.

WERKSTOFF, m.,

dt. ersatzwort für material (...)

- was rühmet sich der mensch, dasz er dein werkzeug ist, wo du (natur) werkmeisterin, werkstoff und werkstatt bist!

    RÜCKERT ges. poet. w. (1867) 8, 38;

- nach dem werkstoff, in den löcher gebohrt werden sollen, unterscheidet man: metall-, holz- und gesteinsbohrmaschinen

    ALTEN hdb. f. heer u, flotte (1909) 2, 370 u. ö.(...).

auch werkstoff bildender künstler:
- jeder werkstoff hat sein eigenes formbestreben, das dem künstler zugleich schranke und antrieb ist

    DEHIO gesch. d. dt. kunst 2 (1921) 63;

hieran anschlieszend:
- jetzt wird der ewige unterschied zwischen der sprache des einzelnen ... und der sprache als künstlerischem werkstoff von Goethe bewuszt ergriffen, und dieser werkstoff wird in hartem mühen geformt ... nach den klassizistischen und idealistischen grundgedanken

    A. HÜBNER kl. schr. (1940) 260.

Deutsches Wörterbuch von Jacob und Wilhelm Grimm
Fotomechanischer Nachdruck der deutschen Erstausgabe 1960
dtv München 1999
Bd. 29 = Bd. 14,
bearbeitet von der Arbeitsstelle des Dt. Wörterbuches zu Berlin/Ost

Werner Zülch

Die Aktion! Das Theater! Das Spiel!

Experimentieren zwischen darstellender und bildender Kunst

Als Vierzehnjähriger – so erinnere ich mich – begann für mich eine Lehre in einem Druckereibetrieb; als Schriftsetzer, mit Möglichkeiten, in alle Bereiche eines grafischen, Betriebs reinzuschauen. Eine große Werkstatt, die mich mit ihren Druckmaschinen, Lithografieausrüstungen, buchbinderischen Verarbeitungen in den Bann zog. Endlich ein Lernen durch Tatkraft, Geschicklichkeit, Anerkennung bei gestalteten Druckerzeugnissen – damals sprachen wir von Akzidenzdrucksachen als meist im Handsatz hergestellten Drucken.

Zwischen diesen ersten Erfahrungen mit Werkstattarbeit und meinen heutigen Überzeugungen von Theaterarbeit, Theater- und Kunstpädagogik – wohlgemerkt immer im grenzüberschreitenden Sinn – liegt viel Lebenszeit. Beruflichen Festlegungen stehe ich heute äußerst kritisch gegenüber. Je nach Aufgabenstellung umfasst die Arbeit mal Inszenierungsfragen, das andere Mal konzeptionelle Überlegungen für ein Projekt, dann gestalterische Umsetzungen von Werbemedien für diese Projekte – ich bin als Bühnenbildner, als Fotograf oder Schauspieler tätig oder als das, was mich interessiert. Oft zwischen den Disziplinen und Genres.

Zur Zeit bin ich u. a. dabei, an der Kunsthochschule Kassel eine Konzeption für Studierende zu entwickeln, die Ausdrucksformen körperlicher Präsenz erproben und erfahren wollen. Die Teilnehmenden kommen aus den Studienangeboten Kunstpädagogik, Freie Kunst und vereinzelt auch aus der Visuellen Kommunikation. Um mich auf das Experimentieren zwischen darstellender und bildender Kunst ganz einstellen zu können, nannte ich das Projekt «Die Aktion! Das Theater! Das Spiel!». Es schien mir wichtig, Veranstaltungsthemen anzubieten, die für die Studierenden – zumeist aus der Kunstpädagogik – die Sichtweise gegenüber körperlichen Ausdrucksformen öffnen und nicht begrenzen.

Die individuellen Schwerpunkte der Akteurinnen und Akteure bewegen sich innerhalb dieses konzeptionellen Rahmens, ausgehend von performancehaften Umsetzungen, über spielinitiierte Bewegungsabläufe zu theatralischen Darstellungen und Abstraktionen.

Semesterarbeiten im Überblick
Sommersemester 1999: «rumeimern» – ein 20minütiger Bewegungsablauf von sechzehn Akteurinnen und Akteuren mit sechzehn blauen Kunststoff-Eimern. Im nachfolgenden Wintersemester: szenische Arbeit an Mini-Dramen mit Regiemöglichkeiten von Studierenden. Das Anliegen bestand darin, Visualisierungen und Abstraktionen von kurzen Textstücken zu entwerfen (Braun 1987). Im dritten Semester – es war Sommerzeit – wurden ausgehend von einer gebuchten Führung durch Kassels Innenstadt, künstlerische Annäherungen an die

Stadt angebahnt. An den Vormittagen, zu denen sich die Gruppe traf, wurde nach einer Seminareinführung in der Kunsthochschule ausschließlich «vor Ort» gearbeitet; bei Regen oder Sonnenschein. Ein ausklappbarer Tapeziertisch begleitete die Innenstadt-Stationen. Mit weißem Papier beklebt und einem großen Stadtplan versehen, wurde dieser durch Skizzen, Planorientierungen und als Frühstücksuntergrund zum begleitenden Symbol. Von hier aus begab sich die teilnehmende Gruppe an ihre Orte, die entdeckt, gefunden, bearbeitet werden sollten. Das Spektrum konnte «Aktionen, szenische Provokationen, Performances, Irritationen» umfassen. Mitte Juli – zu Semesterschluss – wurden die Arbeiten von achtzehn bis dreiundzwanzig Uhr einem öffentlichen Publikum gezeigt (Abb. 1). Ein «künstlerischer Rundgang» durch die Innenstadt. Ein

Experiment, das viel Aufmerksamkeit auslöste, nicht nur beim eigentlichen Publikum, sondern es wurde ganz besonders das zufällig und beiläufig zuschauende Passanten-Publikum irritiert und unversehens mit einbezogen.

Bei der inhaltlichen Vorbereitung dieses Projekts, erinnerte ich mich an ein Bild aus einem Film von Wolf Vostell, den er Ende der Fünfzigerjahre gemacht hatte (Abb. 2). In meiner Einführung zu Beginn der Semesterarbeit sprachen wir umfangreich über diese Abbildung und deren Aussage. «Das Theater ist auf der Straße» wurde zu einem konzeptionellen Ausgangspunkt für das Vorgehen und hat eigentlich nach dem Abschluss und der Präsentation immernoch – und wieder – seine Bedeutung behalten.

Abb. 1
Sommersemester-Thema «Orte. Un-Orte. Kassel. Eine künstlerische Annäherung an die Stadt»: Putz- und Wischaktion im Eingangsbereich eines Herrenausstatters in der City von Kassel (Silvia Rausch)

Abb. 2 «Das Theater ist auf der Straße», Bildausschnitt aus Wolf Vostells Decollage-Filmen (Ende der Fünfzigerjahre)

In Gedanken dreht sich für die nächsten Themen alles um die «Bespielung von leerstehenden Geschäftsläden» in Kassel; ein kritisches Zeichen auf Fehlentwicklungen in der Urbanität von Innenstadtbereichen. Gruppensituationen sollen im Mittelpunkt der Ideen stehen, die die Betrachtenden in den Läden – von außen oder innen – erwarten. Mit bizarren Kostümen, die aus Drähten und farbigen Papieren gefertigt werden, soll eine Spielenden-Gruppe in dem nachfolgenden Projekt die Metallwerkstatt der Kunsthochschule zu einem Bühnenraum verändern. Das Inventar der Werkstatt wird zum Klang- und Aktionsmaterial. Das Licht setzt Akzente.

Ideen, Raummöglichkeiten, Anlässe und Interessen der Studierenden sind die Plattform der Semesterumsetzungen. Ob es möglich ist, ein längerfristiges Projekt durchzuführen, kann ich zur Zeit nicht beurteilen. Jedenfalls wäre der Faktor «Zeit» über die Begrenzung eines Semesters hinaus, neu zu bestimmen. Ausschließen möchte ich diese Perspektive nicht.

Schule und Kunsthochschule. Kunsthochschule und Schule. Ein Wechselspiel.

Bei den Beschreibungen meiner Kunsthochschul-Konzeption mag sich dem Kunstlehrer oder der Kunstlehrerin die Frage aufdrängen, inwieweit Hochschularbeit sich auf die täglich ausgeübte Kunstunterrichtspraxis auswirkt. Allzuoft scheint Hochschularbeit – wenn sie sich auf Unterrichtspraxis bezieht – zu entfernt von dieser zu sein. So werfen Kunstunterrichtende in der Schule den an Hochschulen das Fach Kunst Lehrenden vor, sich von Unterrichtswirklichkeit und seinen neuen Anforderungen zu weit entfernt zu haben. Andererseits lässt sich auch die Kritik seitens der Hochschule vernehmen, warum Kunstvermittelnde – im System Schule installiert – nur äußerst selten ihre einmal gewonnenen kunstdidaktischen Überzeugungen hinterfragen, in Bewegung bringen, revidieren.

Mich persönlich fordert in meiner Arbeit an der Kunsthochschule und als kunst- und theaterpädagogisch

Tätiger an einer Integrierten Gesamtschule (je zur Hälfte) ganz besonders das Wechselspiel zwischen beiden Erfahrungs-, Erkenntnis- und Umsetzungsbereichen heraus. Als spielerisch wechselnd bezeichne ich dieses Verhältnis. Allerdings muss ich bei allem Spielerischen ergänzen, dass Phasen mit dazu gehören, die durch Unterschiede in den Arbeitsweisen und Ambitionen – bezogen auf beide Vermittlungsinstitutionen – schwierig bzw. höchst anstrengend werden können. Zu der Aufgabenstellung in der Vermittlung an Studierende der Kunstpädagogik gehört natürlich auch, Beispiele und Anregungen für die Arbeitsbereiche «Aktion/ Spiel» zu geben, die zum einen in den Hessischen Rahmenrichtlinien «Kunst» als künstlerische Praxis aufgeführt werden (in der Mittelstufe und ganz besonders in der Primarstufe - unter Kenntnisaspekten eher in der Oberstufe) und die ebenso in der Prüfungsverordnung für Hessische Hochschulen zu finden sind. So gesehen ist künstlerische und kunstpädagogische Arbeit in der Ausbildung für angehende Kunstlehrende auch immer eine Ambition, das zu vermitteln, was Kunstunterricht erweitert, belebt, anregt, zeitweise auch in Frage stellt. Das Experimentieren zwischen darstellender und bildender Kunst ist eine Chance für den Kunstunterricht. Im Erweiterungsvorgang des Experimentellen drückt sich das spielerische Ausloten zwischen den Genres aus.

Im Folgenden werden vier Beispiele vorgestellt, um die Arbeit «zwischen den Künsten» anschaulich und für die Praxis glaubhaft zu machen.

Umhüllungen und Verkleidungen

Als Hochschulmitarbeiter und Mentor an meiner Schule betreute ich im Sommer vorletzten Jahres eine Kunstpädagogik-Studentin in den Schulpraktischen Studien: Zwei

Abb. 3 u. 4
Umhüllungen und Verkleidungen in der schulnahen Natur; Gestaltungsarbeit einer Studentin in den Schulpraktischen Studien mit Schülerinnen aus dem Wahlpflichtunterricht Kunst, neunte Klassen. Material: unterschiedlichste Folien

Kurt Schwitters
Die Nixe

Es war einmal ein Mann, der gung
In eines Flusses Niederung.
Der Tanz der grünlich krausen Wellen
Tat seines Geistes Licht erhellen.

Am Ufer gluckste es so hohl,
Wohl einmol, zwomol, hundertmol;
Und auf des Flusses Busen brannte
Ein Glanz, den jener Mann nicht kannte.

Da dachte jener klug und schlicht:
«Ich weiß nicht, doch da stimmt was nicht!»
Und guckte ohne auszusetzen
Auf die verwunschnen Wellenfetzen.

Auf einmal gab es einen Ton,
Und aus dem Wasser hob sich schon
Mit infernalischem Geflimmer
Ein blondes, nacktes Frauenzimmer.

Die hatte hinten irgendwo
Den Schwanz, gewachsen am Popo;
Dagegen fehlten ihr die Beine
Das Mädchen hatte eben keine.

Sie steckte sich in ihr Gesicht
Ein Lächeln, das ins Herze sticht
Und stützte lockend ihre Hände
Auf ihres Schwanzes Silberlende.

Dem Mann am Ufer wurde schwach;
Er dachte: «Oh», und dachte: «Ach !»
Und ohne groß sich zu bedenken,
Wollt er ihr seine Liebe schenken.

Dem Mädchen in der Niederung
War seine Liebe nicht genung;
Sie winkte, statt sich zu erbarmen,
Dem Mann mit ihren beiden Armen.

Da bebberte der arme Mann,
Wie nur ein Starker bebbern kann;
Und senkte sich mit einem Sprung
Hinunter in die Niederung.

Da sitzt er nun und hat den Arm
Gebogen um der Nixe Charme;
Und wenn ein andrer kommt gegangen,
So wird er ebenso gefangen.

Quelle: Kennt ihr alle die Geschichte. Eine Balladensammlung; dtv junior, München 1982

---

unterschiedliche Rollen taten sich hierdurch auf, aber auch eine Möglichkeit, im Dialog mit der Studentin die Konzeption «zwischen den Künsten» vorzubesprechen und einem Wahlpflichtkurs, 9. Klasse, durch eigene Umsetzungen zu vermitteln. Da dieser Kurs ausschließlich mit Schülerinnen besetzt war, konnte ein sensibles und geschlechtsspezifisch relevantes Thema in Absprache mit den Beteiligten bevorzugt werden. Diese Eindeutigkeit der Situation, die durch die Studentin noch verstärkt wurde, schuf einen «Kunstraum», der für Umkleidungen, Frisieren, kleine Modeschauen einen intimen Charakter ergab. Während dieser Zeiten beschäftigte ich mich an einem anderen Ort, um das Vertrauensverhältnis der Schülerinnen zu der Studentin nicht zu irritieren. Da Sommerzeit auch die Zeit ist, in der man die Schule für Studien außerhalb verlassen sollte, wurde dieses Projekt zum Teil in der nahen Wald- und Wiesenlandschaft angelegt.

Die Studentin Silvia Rausch schreibt:

«Die Arbeit mit dem Rahmenplan in Hinblick auf mein gewähltes Thema (Verhüllungen) ist eher enttäuschend als motivierend. In keinem Vorschlag der Richtlinien kann ich mein Projekt zunächst richtig einordnen. Nicht einmal das vorgestellte Thema ‹Design statt Sein? - Schöne Verpackung und Gebrauchsgegenstände› lässt sich meiner Meinung nach so umformulieren, dass ich darin meine Vorstellungen und Ziele wiederfinden kann. Doch unter ‹Thematische Möglichkeiten› stoße ich genau auf das, was ich zu finden gehofft habe: ‹Design am eigenen Leib: Make up, Kleidung ...›. Es ist eigentlich genau das, was ich mir vorstelle. Die Mädchen sollen ihren eigenen Körper designen und gegebenenfalls auch mit Make up arbeiten. Der ganze Körper soll mit einbezogen werden, einschließlich Kopf und Haar. Das Neuerfahren des eigenen Körpers mit Hilfe von Materialien, die uns als Verpackung dienen, soll den Schülerinnen neue Einsichten vermitteln. Das Thema umfasst für mich auch die Korrespondenz von Gebrauchsfunktion und ästhetischer Form, sowie von Ästhetik, die sich im Kontrast und Zusammenspiel mit der Natur entwickelt.» (Rausch 1999, S. 5)

Das Projekt enthielt in der sich verdichtenden Abschlussphase zwei Gestaltungsanliegen: zum einen Umhüllungen und Verkleidungen zu entwickeln, die sich zunächst auf eine freie Materialauswahl bezogen und die zum anderen in der Folgewoche eine Eingrenzung auf unterschiedliche Plastiktüten und -beutel erfuhren. Hiermit wollte die Praktikantin ideengeleitete Gestaltungsvorgänge vergleichbar machen und einen Gesprächsaustausch über die entstandenen Arbeiten forcieren. In ihrem ‹Didaktischen Kommentar› schrieb sie hierzu: «Plastik und Kunststoffe sind kaum aus unserem täglichen Leben wegzudenken. Nicht selten muss auch die Natur als natürlicher Müllbeutel herhalten ... Das Thema soll persönlich berühren und hat für mich einen kritischen Beigeschmack bekommen. Die ästhetische Praxis hat in diesem Fall für die Schülerinnen eine anklagende Funktion erhalten, indem die Auseinandersetzung mit Natur und Plastik, eingebettet in die Körpergestaltung ‹Verhüllungen›, zugleich Anlass gibt, über real bestehende Missstände nachzudenken, die durch das Bild eines in Plastikmüll verhüllten Menschen in der Natur hervorgerufen werden. Dem Probieren, Entdecken und Fantasieren als wesentlichen Elementen der hier erwarteten produktiven ästhetischen Tätigkeit, muss immer Spielraum gewährt werden. So haben die Schülerinnen in ihrer unmittelbaren Umgebung genügend Offenheit für produktives Reagieren, trotz der wenigen von mir gesetzten inhaltlichen und methodischen Vorgaben.» (Rausch 1999, S. 16)

Die Schülerinnen formulierten dieses in ihren Worten folgendermaßen: «Da wir in Verbindung mit der Natur gearbeitet haben, konnte man aus diesen Projekten auch gut Geschichten erzählen bzw. mit verbinden», «Ich fand es auch ganz gut, dass wir in den Wald gegangen sind und nicht nur wie üblich in den Klassenräumen geblieben sind». Allgemeine Einschätzungen: «Ich fand es interessant die Ideen der anderen zu sehen», «Ich bin immer gespannt/ neugierig auf neue Entdeckungen», «Besser als normaler Unterricht» und auf die Dokumentation durch Video- und Fotokamera bezogen: «Video fand ich gut, dann konnten wir sehen, was wir gemacht haben». (Abb. 3 u. 4)

Papierkostüme – in Gestaltung und Aktion. Auf offener Szene

Vom Fachbereich Erziehungswissenschaften der Gesamthochschule Kassel war ich Anfang vorigen Jahres gefragt worden, ob ich für einen Veranstaltungstermin etwas beitragen könnte. Meine Idee war, mit einer 6. Klasse, die ich in Kunst unterrichtete, nach Kassel zu reisen und mit der Gruppe eine vorher nicht besprochene Gestaltungsarbeit vor den Veranstaltungsteilnehmenden vorzubereiten und durchzuführen. Das Thema bestand darin, Kostüme aus weißem Papier umzusetzen. Das Material, das ich dafür zur Verfügung stellte, bestand lediglich aus weißem Papierrollenmaterial (ca. 120g/qm, Restrollen von Rotationsdruckmaschinen), schmalem Kreppklebeband und Cuttern. Mit zusätzlich vorhandenen Schmink-Utensilien waren Verstärkungen möglich, allerdings wären diese nicht nötig gewesen, so meine Einschätzung im Anschluss an die Aktion. Die Kostümformen erschienen außerordentlich vielfältig, plastisch, fantasievoll. Sehr schnell wurden während der Erarbeitung die geschlechtsspezifischen Unterschiede in den Arbeitsprozessen und -ergebnissen deutlich. Dominierten bei den Jungen eher Siencefiction, Ritterrüstungen, Kampfanzüge – jeweils in den materialgegebenen Abstraktionen, – war die visuelle Wirkung bei den Mädchen fantasie- und modebezogener.

Bei der abschließenden Gemein-

Abb. 5 Gerissen, geklebt, geschnitten; Figuren entstehen; eine sechste Klasse auf offener Bühne in Aktion

schaftspräsentation in eingefrorenen Bildsituationen, die den Anwesenden einen konzentrierten Abschlusseindruck der Kostümgestaltungen zeigten, waren alle Schülerinnen und Schüler in eine weißgeformte Bekleidungslandschaft gehüllt. Ein Experiment – es war Frau Garlichs gewidmet.

Für die beobachtenden Studierenden hoffte ich, deutlich machen zu können, dass Unterrichten für mich bedeutet, Anlässe und Situationen – auch außerhalb von Unterrichtsräumen – umzusetzen, in denen Vermittelnde Vielschichtigkeit und adäquate Themen forcieren, geeignetes Material zur Verfügung stellen oder sich darum bemühen, Teil der Gruppen- und Raumsituation zu sein und die inszenierte Erlebnissituation zu Erfahrungs- und Kognitionsmomenten werden zu lassen (vgl. Selle 1988, S. 325) (Abb. 5; vgl. auch die Abbildungen im Beitrag von Ariane

Garlichs in diesem Buch).

Alles Pappe - geometrische Kostümflächen und absurde Textmomente

Ein drittes Praxisbeispiel liegt schon einige Jahre zurück. Es hat für mich weiterhin große Aktualität: Mit einer achten Klasse, die sich im Wahlpflichtkurs «Theaterspiel» eingeschrieben hatte, sollte ein Szenen-Programm gestaltet werden, das mit form- und farbbezogenen Kostümteilen umgeht. Da ich an theatralischen Produktionen oft feststelle, dass der szenischen Probenarbeit zwar ausreichend Spielraum und Sorgfalt eingeräumt wird, jedoch nicht immer der Ausstattung in dem Maße, wie es wünschenswert wäre, entstand folgende Konzeption für die Arbeit: Bevor die szenische Improvisation mit Texten von Ernst Jandl und dem russischen Surrealisten Daniil Charms beginnen sollte,

Abb. 6 Absurde Texte und klare Formen – und wie beides zu einer Gestaltungseinheit wird; ein Unterrichtsprojekt zwischen Deutsch und Kunst im Wahlpflichtunterricht für neunte Klassen

war daran gedacht, abstrakte Kostümteile zu entwerfen und anzufertigen. Inspiriert wurden diese Kostümteile von Ideen aus dem Anfang des 20. Jahrhunderts, von Oskar Schlemmer, den russischen Konstruktivisten – von denen einige auch neben Bühnenräumen Figurinen entwarfen – und den italienischen Futuristen.

Nach Textlesungen und Sichtung von Bildbeispielen für die Kostümausstattung, versuchte ich den Theaterspiel-Interessierten die Begrenzung auf ein Material näherzubringen. Dies gelang, indem aus starken Kartonflächen (5 mm) geschnittene Kostümformen entstanden. Bewegliche Teile wurden mit Bindfäden ‹genäht› oder gehängt. Während der Anfertigung konnte die Textauswahl vorgenommen, gelernt und verinnerlicht werden. Monologtexte oder Umsetzungen zu zweit waren beabsichtigt.

In Verbindung mit den grob entstandenen Kostümflächen entwickelten sich erste Spielversuche. Die Abstraktion in Bild und Text zeichnete sich als hohe Anforderung an die Teilnehmenden ab. Da sie aber zunehmend in diese – ihnen ungewohnte – Sichtweise eintauchten, gelangen ungewöhnliche Miniaturen menschlicher Absurdität, nachdem die Kartonflächen weiß grundiert und in Grundfarbigkeit ‹getränkt› wurden. Alle Szenen fügten sich zu einem Ablauf zusammen, wobei für mich die einzelnen Auftritte aller Figuren, die sich am Anfang zur Klangmusik auf der Bühnenfläche addierten und in einem Gesamtbild wie Figurinen präsentierten, den nachhaltigsten Eindruck hinterlassen haben (Abb. 6).

Kostümteile und Texte ergänzten sich gut und damit auch die Wirkung der Textszenen. Die konzeptionelle Vorgehensweise schien bestätigt: wichtige Bestandteile der Arbeit auch möglichst früh zur spieleri-

schen Verfügung zu haben, damit Textvorlage und Materialästhetik zu einem Ganzen werden. Erinnert sei an die Idee des ‹Gesamtkunstwerks› bei Adolphe Appia (Szeemann 1983, S. 231f.), Edward Gordon Craig oder Oskar Schlemmer (Szeemann 1983, S. 383).

«Und guckte ohne auszusetzen auf die verwunschnen Wellenfetzen» – eine Woche ästhetisch-praktischer Arbeit außerhalb der Schule

Das vierte Beispiel grenzüberschreitender ästhetischer Arbeit mit Schülerinnen und Schülern fand im Sommer dieses Jahres statt. Zwei junge neue Musiklehrer an meiner Schule hatten die Idee, eine Woche künstlerisch-praktischer Beschäftigung mit Musik, Kunst, Theater anzubieten. Außerhalb der Schule in einem nahegelegenen Schullandheim mit interessierten SchülerInnen an einzelnen Projekten zu arbeiten und mit ihnen eine Woche zusammenzusein, war das Anliegen. Eine künstlerische Klausur, die dem Anspruch und der Akzeptanz dieser Fächer zuarbeiten sollte. Die Präsentation der Arbeiten war nicht ausgeschlossen und die Vertretungsfrage wurde vom Kollegium positiv und wohlwollend entschieden. Neben den beiden Musiklehrern, einer Musikreferendarin, einem Deutschlehrer, der sich dem Sprechtheater zuwendete und mir, wurde eine Zusammenarbeit mit Helga Zülch möglich, die das AktionsTheater Kassel leitet. Mit ihr wurde ein Honorarvertrag seitens der Schule abgeschlossen.

Acht Schülerinnen aus den Klassen fünf, sechs und sieben hatten sich für unser Angebot interessiert. Das gesamte Thema war mit ‹Balladen und Wasser› offen umschrieben. So entschieden wir uns für ‹Die Nixe› von Kurt Schwitters (siehe Kasten, S. 126): eine Ironisierung des klassisch-romantischen Nixenwesens, das als gewöhnliche weibliche Verführungskunst entlarvt wird.

Der experimentelle Gestaltungsansatz lag in der Verbindung von Text, Bild und der Darstellung durch die Gruppe, wobei wir die in der Ballade erwähnten ‹verwunschenen Wellenfetzen› für die Gestaltungsstruktur als geeignet ansahen. In verschieden blauen Farbtönen gehaltene (Wellen)Flächen sollten Bewegung, Öffnung, Verdichtung in der theatralischen Darstellung ermöglichen; und durch die produktiv-handwerkliche Realisation konnten Zeiten der materialen Anfertigung zwischen Textarbeit und kreativen Probenphasen stattfinden (s. Kasten auf dieser Seite). Während die Ausstattung zu Beginn mehr Zeit beanspruchte und die Textannäherung, wie Lesen, Sprechversuche, Gliedern, Aufteilen eher spielerisch vorgenommen wurde, wechselte diese Gewichtung zunehmend zu Darstellungsproben mit choreografischen Bewegungsabläufen und mit Einbeziehungen gelernter Texte und Wellenobjekte. Es war immer wieder überraschend, wie Texte von Schülerinnen und Schülern präsent werden können, wenn zum reinen Textaufsagen Bild- und Bewegungsmöglichkeiten die Darstellung ergänzen.

Herstellung und Gestaltung der Wellenfetzen

Sammeln von Hölzern aus dem Wald - jede Schülerin eine Säge - längere und kürzere Äste — gebündelt transportiert — Regen — ausgebreitet zum Trocknen — auf unterschiedliche Längen gesägt - mit Baumwollstoffstreifen und weißem Holzleim Verbindungen geschaffen — Bespannen der verschiedenen Wellenfetzenformen mit zugeschnittenen weißen Stoffflächen, die durch Tapetenleim in einer Wanne gezogen und über die Astrahmen gespannt werden —Bemalung der Flächen zu Wellenfetzen in unterschiedlichen Blau-Grün-Tönen.

Trotz regnerischen Wetters fanden die meisten Arbeiten unserer Gruppe im Freien statt. Dafür wurden wir zur öffentlichen Präsentation aller Arbeiten am städtischen Wassererlebnishaus mit strahlend sonnigem Wetter belohnt (Abb. 7). Ein Experiment ist verwirklicht worden – die

ästhetisch-praktische Arbeit in einer Woche außerhalb der Institution Schule wird im nächsten Schuljahr fortgesetzt.

Zum Anfang zurück

Mit der Auswahl der vier Beispiele zum Thema ‹Werkstatt› soll deutlich werden, wie sehr Werkstattarbeit auch immer etwas mit der Überzeugung zu tun hat, was gestaltet und wie es gestaltet wird. Während ich als Jugendlicher Auftragsarbeiten für Druckereikunden erledigte – in einem gewissen Spielraum auch gerne – , sind meine ästhetischen Werkstätten heute Angebote, sich auszudrücken. So haben für mich im Text-Theater-Bereich Autoren wie Schwitters, Jandl, Bayer, Rühm hohe Priorität für die inhaltliche Auseinandersetzung, da die Beschäftigung mit Buchstaben, Worten, Textanordnungen im Kontext des Theaterspiels zum Ausgestalten der Bühne, der Kostüme, der Musik, zum Spiel etc. hinzukommt. Die von mir angebotene Werkstatt innerhalb des «Kunstpädagogischen Tages» in Kassel bezog sich auf Visualisierungsmöglichkeiten mit Texten von Kurt Schwitters.

Ganz besonders die fundamentalen Erfahrungen und die entsprechenden Einsichten außerhalb von Lerninstitutionen (dazu zähle ich meine Schriftsetzerlehre, eine mehrjährige Tätigkeit als Grafik-Designer nach meinem Studium in Düsseldorf und andere Jobs) haben für mich u. a. zu folgenden Überzeugungen, was Werkstattarbeit beinhalten sollte, geführt: Zeit haben – Zeit lassen – Vertrauen in die Gestaltungs- und «Leistungs»-Fähigkeit einer Gruppe entwickeln – außerhalb von Lernräumen arbeiten – Materialien nutzen und benutzen – sich zurücknehmen - dickes Fell gegenüber zuviel Bürokratie aneignen – Mut und Lust zur Darstellung bzw. Präsentation eines künstlerischen Produkts haben.

Literatur

Braun, Karlheinz (Hg.): MiniDramen. Frankfurt a. M. 1987

Rausch, Silvia: Praktikumsbericht, unveröffentlicht, Sommersemester 1999

Schilling, Jürgen: Wolf Vostell. In: Schilling, Jürgen: Aktionskunst. Luzern (CH)/ Frankfurt a. M. 1978

Schober, Thomas: Das Theater der Maler. Stuttgart 1994

Selle, Gert: Gebrauch der Sinne. Eine kunstpädagogische Praxis. Reinbek b. Hamburg 1988

Selle, Gert: Das ästhetische Projekt. Unna 1992

Simhandl, Peter: Bildertheater. Bildende Künstler des 20. Jahrhunderts als Theaterreformer. Berlin 1993

Szeemann, Harald (Hg.): Der Hang zum Gesamtkunstwerk. Aarau (CH)/ Frankfurt a. M. 1983

Abb.7 Kurt Schwitters und die Nixe; Verführungskünste in einer ästhetischen Werstatt («… Dem Mann am Ufer wurde schwach; Er dachte: ‹Oh›, und dachte: ‹Ach!› Und ohne groß sich zu bedenken, Wollt er ihr seine Liebe schenken.»)

Dieter Rauch

Szenisches Interpretieren im Kunstunterricht

Bildende Kunst und Theater sind zwei Ausdrucksformen der ästhetischen Auseinandersetzung mit Vergangenheit und Gegenwart, mit erlebten und erfahrenen Wirklichkeitsaspekten. Der Kunstunterricht in der gymnasialen Oberstufe ist offensichtlich in der gegenwärtigen Unterrichtspraxis einerseits orientiert an dem weiten Bereich der Bild- und Werkanalyse sowie der Kunstkritik. Andererseits gibt er Jugendlichen und jungen Erwachsenen Anregungen und Hilfestellungen, deren Welt- und Lebenserfahrungen in bildnerische Arbeiten zu übersetzen. Durch eigene praktisch begleitende Studien wird sich zudem mit der Kunstgeschichte vertraut gemacht, um hierdurch sowohl die Erkenntniswerte als auch die Sinngehalte rezipierter Werke zu erschließen. Dies geschieht, indem Kunst nicht nur betrachtet und analysiert wird, sondern indem der Schaffensprozess – wenn auch nicht immer originär gestaltend, so doch praktisch – nachempfunden werden kann.

Theater und bildende Kunst
Der im Folgenden dargestellte innovative Ansatz, theatrale Formen in den Kunstunterricht zu integrieren, betrachtet die Bildende Kunst nicht als Zulieferer für ein Theaterkonzept mit dienender Funktion, etwa im Sinne eines Bühnenbildes oder von Kostümentwürfen. Diese Funktionen können zwar ebenfalls anregende, durchaus sinnvolle und spannende Beziehungen zwischen Thea-

ter und Kunst aufzeigen, und sie haben eine bereits lange sowohl kunst- und kulturhistorische als auch unterrichtspraktische Tradition. Mit der hier vorgestellten Methode des Szenischen Interpretierens wird sich künstlerischen Werken nicht nur kognitiv analysierend genähert, sondern emotional agierend. Durch diese andere Form der Begegnung mit einem Kunstwerk findet man zu eigenen produktiven Ausdrucksformen, die sowohl den eigenen Körper als auch die Stimme und Sprache als Ausdrucksmittel des Körpers manifestieren und vielleicht so zusätzlich den Blick öffnen für den weiten Bereich der Performance, die allerdings wiederum eine hiervon zu unterscheidende theatrale Form darstellt. Ein gebräuchliches Verfahren, das in der Museumspädagogik seit Langem angewandt wird, besteht im Schminken nach Bildern, im gestischen Nachstellen von Bildsituationen, bis hin zu szenischer Auseinandersetzung und Auflösung einer in einem Kunstwerk vorgegebenen Bildsituation. Ein anderer Weg ist die Nutzung des Museumsraums und die Anordnung von Bildern und Skulpturen zur originären Szenenfindung und Bespielung.

Das Szenische Interpretieren
Ein weiteres, nachfolgend vorgestelltes Verfahren, ist die szenische Bearbeitung von künstlerischen Vorlagen zum Zwecke einer eigenständigen theatralen Vermittlungsform, die sich – ähnlich wie beim

szenischen Interpretieren im Deutsch- und Fremdsprachenunterricht – letztlich von der Vorlage löst und im Sinne der Theaterkunst einen wie auch immer gearteten Bühnenvorgang entstehen lässt. Dieser Bühnenvorgang sollte sich durch einen dramaturgisch erarbeiteten Charakter auszeichnen und einer eigenen Ästhetik verpflichtet sein. Um einen solchen Prozess fachgerecht ein- und anleiten zu können, bedarf es allerdings einer methodischen Hinführung, um den eigenen Körper, die Körpersprache adäquat einzusetzen, um den Charakter einer Szene durchschauen zu können und um einen Gruppenprozess solidarischer Interaktion in Gang zu setzen (Warming-up, Improvisation, Szenenstudium, vgl. Kästen ab S. 137). In der Literatur zum Darstellenden Spiel werden viele dieser Übungen umfassend beschrieben (z. B. Kulturelle Praxis, Heft 1, Handreichungen zum Darstellenden Spiel. Hessisches Institut für Bildungsplanung und Schulentwicklung. Wiesbaden 1994).

Zum Thema: Mann und Frau
Grundlage und Ausgangspunkt des hier vorgestellten Workshops bzw. der Unterrichtseinheit waren sehr unterschiedliche Darstellungen von Adam und Eva bzw. von Mann und Frau. Diese lassen sich in der kunsthistorischen Literatur, etwa in einem kunstgeschichtlichen Lexikon in großen Umfang finden und gut zusammenstellen. Das zugrunde liegende Thema «Mann und Frau» öffnet den Blick zudem für weitere Beziehungsaspekte zwischen den Geschlechtern. Die Aufgabe besteht nun darin – je nach Zeit und Umfang eingrenzbar und ausweitbar, – dass Kleingruppen im Unterricht zu den jeweiligen Bildern Geschichten und Szenen entwickeln. Sie können dabei von ihrer subjektiven Empfindung ausgehen, erweitert durch den historischen und gesellschaftspolitischen Hintergrund des jeweiligen

Werks sowie im besonderen Falle vertieft durch alttestamentarische Bezüge für die Darstellungen von Adam- und Evafiguren.

Gearbeitet wird mit dem Verständnis und der Erfassung der Körperhaltungen und -gesten, indem man selbst – angefangen von Standbildern bis hin zu bewegten Bildern – Körperhaltungen ausprobiert, um auch mit sinnlichen Erinnerungen eigene Erfahrungen zu verarbeiten. Auf diese Weise entstehen Bilder, die Ausgangspunkt für szenische Arbeit sein können.

Fragen zur Anregung und Initiierung dieses Prozesses lauten: Wie ist die Frau, wie ist der Mann dargestellt? Wie ist ihr Verhältnis zueinander? Wichtig ist, dass Antworten auf diese Fragen durch sinnliches Nachempfinden und Improvisation erfahren werden sollen.

Eine Rollenbiografie und Rollenbefragung der Figuren folgt hierauf. Das heißt, jede Schülerin und jeder Schüler entwickelt zu den jeweiligen männlichen und weiblichen Figuren (Auto-) Biografien, die

Abb. 1
Monogrammist E. S. (ca. 1440-1467): «Das Liebespaar auf der Rasenbank», Kupferstich, 13,4 x 16,4 cm

sowohl die gesellschaftlich-histori- sche Situation als auch die subjektive Empfindung über die Person in ihrer Darstellung beinhaltet. Diese werden in Ich-Form vor der Klasse vorgetragen. Die anderen Schülerinnen und Schüler können dann zur Ergänzung die Rollenfiguren von ihrem eigenen Verständnis ausgehend die Vorstellenden befragen (Rollenbefragung).

Als dritter Schritt werden Dialoge der Figuren und – weiterhin ausgehend von dem konkret vorgegebenen Werk – Szenen «davor» und «danach» entwickelt: Was haben die Figuren vor der im Werk dargestellten Szene getan, was werden sie daraufhin tun? Diese Umsetzung muss nicht eng am Bild ausgelegt «1 : 1» erfolgen, sondern lässt einen weiten Spielraum für eigene ästhetische Formfindungen und unterschiedlichste Stil- und Ausdrucksformen zu.

Dieses Verfahren der szenischen Interpretation ist im Deutsch- und Fremdsprachenunterricht zwar nicht Alltag, aber ein sich immer stärker durchsetzendes Ergänzungsverfahren zur reinen Textanalyse. Es hat sich vielfältig bewährt, weil die Schülerinnen und Schüler nicht nur Freude daran finden, sich auf sinnliche Weise Texten zu nähern, sondern auch, weil sie im Ergebnis eigene produktive Kräfte unter Beweis und zur Diskussion stellen können. Im Kunstunterricht ist mir dieses Verfahren bisher wenig begegnet und ich denke, dass gerade im Bereich der Bildenden Kunst die Möglichkeiten der fächerübergreifenden Methoden diskutiert und ausprobiert werden sollten, um die so wichtige Ästhetisierung des Unterrichts von der Seite der Kunst, der Literatur und des Darstellenden Spiels immer weiter voranzutreiben. Kulturelle Praxis im weitesten Sinne zu erlernen und auszuüben, muss Ziel unserer Unterrichtsbemühungen in den künstlerischen Fächern sein.

Abb. 2 Albrecht Dürer (1471-1528): «Adam und Eva», 1504, Kupferstich

Anregungen

Die hier abgebildeten Kunstwerke aus den letzten fünf Jahrhunderten, auf denen Frau und Mann, auch Adam und Eva, dargestellt sind, können als Kopiervorlagen genutzt werden. Sehr unterschiedliche Beziehungsaspekte zwischen den Geschlechtern kommen in den Bildern – u. a. durch die Körperhaltungen, durch die Handgesten und die Blicke der Personen – zum Ausdruck. Diese Ausdruckselemente sind nicht zufällig, sondern sie sind jeweils zueinander komponiert, sie enthalten symbolische Aussagekraft.

Um einen Zugang zu diesen Aussagen über das eigene körperbezogene Nachempfinden, über das szenische Interpretieren der Bilder zu erhalten, sollten nach einer Warming-up-Phase (Beispiele hierzu vgl. die Kästen S. 137) drei Arbeitsschritte erfolgen, die zur Identifikation mit den dargestellten Personen führen können und die die Auseinandersetzung mit dem Kunstwerk anstoßen sollen (vgl. Kopiervorlage S. 136).

Abb. 3 Rembrandt Harmensz van Rijn (1606-1669): «Selbstbildnis mit Saskia», um 1635, Öl auf Leinwand, 161 x 131 cm

KOPIERVORLAGE

Erste Arbeitssequenz:
Bilden Sie Kleingruppen zu einzelnen Kunstwerken mit Paardarstellungen.

Versuchen Sie die Körperhaltungen und -gesten der auf dem Bild dargestellten Personen nachzuvollziehen und zu beschreiben.

Probieren Sie die Körperhaltungen der Frau und des Mannes aus – angefangen von Standbildern durch imitatives Nachstellen der Personen bis hin zu bewegten Bildern, bei denen Sie sich vorstellen und spielen, wie die Personen sich bewegen könnten.

Helfen Sie sich untereinander, indem Sie die Haltungen jeweils verändern, variieren und besprechen.

Fragen hierzu lauten:
Wie ist die Frau, wie ist der Mann dargestellt?

Wie ist ihr Verhältnis zueinander? Wenden Sie sich einander zu/ab? Gibt es eine sprachliche oder auch eine nichtsprachliche Kommunikation?

Durch welche Körperhaltungen und Handgesten drückt sich ihr Verhältnis aus?
Wichtig ist, dass Sie die Antworten auf diese Fragen durch Ihre körperbezogene Improvisation erfahren.

Zweite Arbeitssequenz:
Entwickeln Sie in einem nächsten Schritt eine Rollenbiografie für die Frau bzw. den Mann, die oder den Sie «verkörpern». Sie sollten hierfür zu der ausgewählten männlichen oder weiblichen Figur eine (Auto-) Biografie konstruieren, in die geschichtliche Elemente aus der Entstehungszeit des Bildes sowie die eigene persönliche Empfindung über diesen bestimmten Menschen einfließen.

Informieren Sie sich über die Zeit, in der das Bild entstanden ist. Betrachten Sie andere Werke mit Paar-Motiven aus dieser Zeit. Gibt es Parallelen in der Darstellungsweise der Personen?

Versuchen Sie etwas über die Situation, in der sich ihre ausgewählte Person befindet, in Erfahrung zu bringen.

Tragen Sie Ihre «angenommene» Rollenbiografie in Ich-Form in der Klasse vor. Im Rahmen einer «Rollenbefragung» der Figuren durch Ihre Mitschülerinnen und -schüler kann diese ausgedachte Rollenbiografie erweitert und differenziert werden.

Dritte Arbeitssequenz:
In einem letzten Schritt treten die Einzelfiguren und deren Beziehungen untereinander in den Vordergrund.

Denken Sie sich Handlungen, Aktionen und Dialoge zwischen den Figuren aus. Gehen Sie aber auch hierbei von dem konkret vorgegebenen Werk aus.

Erweitern Sie die Dialoge, indem Sie überlegen, wie die Situation ausgesehen haben könnte, bevor die Szene im Werk festgehalten wurde.
Wie könnte sich die Szene danach weiterentwickeln?

Was haben die Figuren vor der im Werk dargestellten Szene getan, was werden sie daraufhin tun?

Bleiben Sie bei diesen szenischen Interpretationen nicht zu eng am Werk selbst, sondern gehen Sie spielerisch vor, indem Sie Ihre Ausdrucksformen frei entwickeln.

Bringen Sie Ihre szenischen Interpretationen zu einer gewissen «Vortragsreife».

WARM-UP-ÜBUNGEN

Begegnungen

Den anderen wiedererkennen und freudig-überrascht begrüßen.

Dito, aber es war der falsche.

Den Gläubiger treffen, dem Schuldner begegnen.

Den Lehrer/Direktor treffen, den ehemaligen Lehrer/...

Seinem «besten Feind» begegnen.

Jemandem begegnen, den man auf keinen Fall hier treffen wollte usw.

Die Begegnungen sollen kurz sein und nicht in Szenen oder gar lange Dialoge ausarten. Dies kann allerdings im Rahmen eines bestimmten Projekts auch einmal sinnvoll sein.

(aus: Kulturelle Praxis, Heft 1, Handreichungen zum Darstellenden Spiel. Hessisches Institut für Bildungsplanung und Schulentwicklung. Wiesbaden 1994, S. 48-49)

Abb. 5 Theodor Hosemann (1807-1875): «Der Tanz», 1839, Öl auf Leinwand

Abb. 4 Otto Dix (1891-1969): «Bildnis des Malers Theo Richter und Frau Gisela», 1933, Mischtechnik auf Holz, 99,5 x 70,3 cm

Abb. 6 William Dyce
(1806-1864): «Jakob und
Rahel», Öl auf
Leinwand, 57 x 57 cm

WARM-UP-ÜBUNGEN

Redensarten wörtlich nehmen: Besondere Bewegungsformen ausprobieren und im Stück verwenden

Jemanden an der Nase herumführen
Aus der Haut fahren
Die Wand hochgehen
In die Luft gehen
Sich ein Bein für jemanden ausreißen
Sich stürmisch begrüßen
Jemandem in den Arm fallen
Mit der Tür ins Haus fallen
Jemanden aufs Glatteis führen
Jemandem geht ein Licht auf
Jemanden nicht riechen können
Sich die Haare raufen
Vor Wut/ Liebe blind sein
Große Augen machen
Die Zähne zeigen
Ein langes Gesicht machen
Den Kopf hängen lassen
Jemandem die kalte Schulter zeigen
Aus einer Mücke einen Elefanten
machen
Den Buckel herunterrutschen
Die Haare zu Berge stehen lassen
Tomaten auf den Augen haben
Ein Brett vorm Kopf haben
Zwei linke Hände haben
Einen Pferdefuß haben

Jemanden auf den Arm nehmen
Etwas satt haben
Etwas zum Kotzen finden
Mit dem Kopf durch die Wand wollen
Nicht alle Tassen im Schrank haben
Jemandem in den Arsch kriechen
Jemandem am Arsch lecken
Katzbuckeln, radfahren, schleimen
Jemanden auflaufen lassen
Total daneben sein
Auf Draht sein
Etwas total geil finden
Jemanden ausnehmen/melken
Mit den Achseln zucken
Jemandem auf der Tasche liegen
Jemanden aufs Kreuz legen
Sich ins Fäustchen lachen
Anderen eine Grube graben
Jemandem auf den Zahn fühlen
Jemanden übers Ohr hauen
(...)

aus: Kulturelle Praxis, Heft 1, Handreichungen zum Darstellenden Spiel. Hessisches Institut für Bildungsplanung und Schulentwicklung. Wiesbaden 1994, S. 48-49

138

Abb. 7 Erwin Merz (*1904): «Portrait der Großeltern», Zwanzigerjahre,
Öl auf Leinwand, 190 x 150 cm

WARM-UP-ÜBUNGEN

Bewegungsformen ausprobieren:
hüpfen, springen, rennen, kriechen, schreiten, promenieren, hopsen, joggen, balancieren, tänzeln, entlangrauschen, stelzen, hickeln, wippen, schlendern, trampeln, poltern, schlurfen, galloppieren, schleichen, robben, trippeln, tapsen, schwanken, humpeln, traben, krabbeln, pirschen, schlängeln, wandern, spazieren, taumeln etc.

Sich auf verschiedenen Böden fortbewegen, Geräusche und Töne dazu ausprobieren:
Eis, Pfützen, Schlamm, Schnee, Wiese, Kornfeld, Minenfeld, Bach, flaches Wasser, Beton, heißes Pflaster, Sand, durch Brennnesseln, über eine Müllhalde, spitzer Kies, Stoppelfeld, heiße Herdplatte etc. (...)

Im Raum umhergehen:
langsam, schnell, müde, fröhlich, traurig, staunend

Alle bewegen sich im Rhythmus einer Musik oder einer Handtrommel.

Wir bewegen uns im Sturm, auf einem schwankenden Boot, auf Glatteis, im kniehohen Wasser, in Zeitlupe, im Zeitraffer.

Im Raum umhergehen wie ein Roboter, Bär, Charlie Chaplin, Schlafwandler. Wir bewegen uns wie bestimmte Tiere, bestimmte Menschen (Kleinkind, Oma). Wir bewegen uns frierend, schwitzend, locker, verkrampft, schlaff, angestrengt.

Im Raum umhergehen zur Musik, jeder sucht sich in Gedanken einen Partner aus, den er unauffällig verfolgt; wenn die Musik abbricht, stürzt man sich auf seinen Partner.

Balance im Raum:
Große Ruhe erfordert die Übung, bei der alle Schüler «blind» sind und im «Wald umhergehen», d. h., sie müssen die anderen erspüren, ihnen ausweichen, sie nicht berühren.
Die Schüler sollen bei ihren Gängen darauf achten, daß sie eine Balance im Raum wahren. Vorstellung: Wir sind auf einer riesigen Wippe und müssen sie im Gleichgewicht halten.

Auf bestimmte Signale hin (Zahl, Töne, Tiernamen etc.) werden nach Verabredung verschiedene Bewegungen aus dem Gehen heraus ausgeführt:

Z. B.: Händeklatschen > alle fassen sich gegenseitig ans Knie. Auf Holz schlagen > ans Ohrläppchen fassen. Auf Metall schlagen > in die Luft springen und «Buuuh» schreien.

Oder: «Kugelschreiber» bedeutet flach hinwerfen, «Dompfaff» bedeutet, auf einem Bein stehenzubleiben und mit den Händen zu gestikulieren.

Oder: 1 = auf den Bauch legen, 2 = auf den Rücken legen, 3 = rückwärts gehen, 4 = vorwärts gehen, 5 = einfrieren.

Oder: «Cat» = weicher, geschmeidiger Gang wie eine Katze, «Horse» = eckiger, springender Gang, «drunk» = völlig locker, ohne jede Spannung im Körper. Langsam anfangen, dann häufige schnelle Wechsel.

(aus: Kulturelle Praxis, Heft 1, Handreichungen zum Darstellenden Spiel. Hessisches Institut für Bildungsplanung und Schulentwicklung. Wiesbaden 1994, S. 48-49)

Abb. 8 Grant Wood (1892-1941) «American Gothic», 1930

Abb. 9 Suzuki Harunobu (1724-1770): «Abschied beim Morgengrauen»,
Farbholzschnitt, 27 x 20 cm

Abb. 10 Abbildung aus dem 1996er Frühjahr/Sommerkatalog
der italienischen Modefirma «Diesel»

Marc Fritzsche

Ein Medium drängt sich nach vorn

Computer in der Kunst-Werkstatt oder Kunst in der Computer-Werkstatt?

Werkstatt, Computer und hessische Lehrpläne

Im Jahr 2000 wird in einer «Werkstatt» im Kunstunterricht auch mit Computern gearbeitet – sollte man meinen. Der «Werkstattgedanke» wird im hessischen Rahmenplan für Kunst in der Sekundarstufe I als wichtigster Bezugspunkt für die Unterrichtspraxis genannt: «Kunstunterricht orientiert sich – wo immer es möglich ist – am Werkstattgedanken, in dem die schöpferische Selbsttätigkeit der Schülerinnen und Schüler dominiert. Entsprechend müssen Lernprozesse in Form ästhetischer Praxis unter Berücksichtigung notwendiger kreativer Freiräume organisiert werden.» (Hessisches Kultusministerium 1996, S. 26)

Trotz fehlender Konkretisierung im Rahmenplan dürfte unstrittig sein, dass eine Vielfalt ästhetischer Materialien zur Verfügung stehen muss, um überhaupt von einer Kunst-Werkstatt sprechen zu können (Sievert 1998, S. 6 f.; vgl. Kirchner/Peez in diesem Band). Angesichts ihrer Bedeutung in Kunst und Alltag sollten u.a. Computer bereit stehen: «Da die digitalen Medien auch im Bereich ästhetischer Produktion gesellschaftliche Veränderungen in zunehmender Weise bestimmen, ist die Frage nach der Zulässigkeit einer Auseinandersetzung mit eben diesen Medien im Kunstunterricht hinfällig. Diese neuen Formen des Bildgebrauchs im Kunstunterricht nicht zu thematisieren, gäbe den Fachlehrern den fatalen Anschein

einer unangemessenen Weltfremdheit beziehungsweise den Ruf mangelnder Kompetenz.» (Schierenbeck 1998, S. 44)

Die Unterscheidung zwischen «realen» und «virtuellen» Werkzeugen ist nur dann sinnvoll, wenn sie nicht a priori eine Wertung beinhaltet. Ein rückwärts gewandter Werkstattbegriff, der den Computer weitgehend ausschließt, kann zu Beginn des 21. Jahrhunderts keinen Bestand haben – womit wir wieder beim hessischen Rahmenplan wären: «Im Hinblick auf die informations- und kommunikationstechnische Grundbildung wird es im Fach Kunst vor allem darum gehen, sich mit der Mechanisierung bildnerisch-künstlerischer Produktion auseinander zu setzen, letztlich mit der Frage nach dem Stellenwert von Individualität, äußerer und innerer Zeit und dem Bedürfnis des Menschen nach unmittelbarer Sinnlichkeit. Der Beitrag des Fachs liegt dabei nicht so sehr im faszinierenden Nachvollzug computerisierter Bildprogramme und -produktionen, sondern eher in den bewusst gemachten Erfahrungswerten authentischer sinnlicher Betätigung und künstlerischer Arbeit (z.B. Geruch von Farbe contra perfektes elektronisches Farbprogramm).» (Hessisches Kultusministerium 1996, S. 34)

Die impliziten Prämissen für diese Textpassage sind zum Teil falsch, die Verwendung von Sprache ist ungenau, die Schlussfolgerung erscheint deshalb fragwürdig. Ohne

Zweifel ist die «Mechanisierung bildnerisch-künstlerischer Produktion» ein wichtiger Aspekt, der Ausgangspunkte bereits bei Jean Tinguely (Zeichenmaschine «Méta-Matic No. 10», 1959) und Walter Benjamin («Das Kunstwerk im Zeitalter seiner technischen Reproduzierbarkeit», 1963) hat. Ihn zum Hauptgegenstand der Auseinandersetzung zu erklären greift indes deutlich zu kurz, weil dadurch technische, künstlerische und philosophische Entwicklungen der letzten rund 20 Jahre vernachlässigt werden. Es gibt kein «perfektes elektronisches Farbprogramm», allenfalls eine perfekt anmutende Farbgestaltung. Die allerdings erfordert (von Zufallstreffern abgesehen) am Computer ebenso wie beispielsweise auf der Leinwand viel Erfahrung, ausgezeichnete Beherrschung des Werkzeugs – und sehr viel Zeit. Computerprogramme werden benutzt und nicht «nachvollzogen». Die digitale Bildproduktion ist zweifellos faszinierend. Ihr Einsatz auf dem «perfekten» Niveau veröffentlichter Bilder (Werbeanzeigen, manipulierte Fotos etc.) im Schulalltag dürfte jedoch in den meisten Fällen unmöglich sein. Für die Jahrgangsstufe 9/10 schreibt der Rahmenplan die Einheit «Die Bilderwelten und [die] Bilderflut der modernen Medien» vor. Darin wird zwar «ein kreativer Umgang mit den technischen, elektronischen Medien» (ebd., S. 70) gefordert, die weiteren Erläuterungen klammern den Computer als Medium eigener ästhetischer Praxis der SchülerInnen jedoch völlig aus.

Wenn – als Konsequenz der dem Rahmenplan zugrunde liegenden Haltung – der Computer im Kunstunterricht gewissermaßen nur als abschreckendes Beispiel dienen soll, machen wir uns bei den SchülerInnen unglaubwürdig. (Von ihnen ist aber in den genannten Passagen auch gar nicht die Rede.) Mit höherem Alter von Lehrkräften ist hier nur selten ein Erfahrungsvorsprung verbunden. Oft sind die SchülerInnen im Umgang mit dem Computer deutlich versierter. Bei vielen KunstlehrerInnen scheint mir darüber hinaus eine besonders ausgeprägte Resistenz gegenüber der technischen Entwicklung digitaler Medien vorhanden zu sein. Bereits in der Ausbildung wäre dem entgegenzuwirken.

Verfremdung des eigenen Porträts

Der Computer ist längst zum Alltagswerkzeug geworden: draußen, im richtigen Leben. Auch in der richtigen Kunst. Aber im Kunstunterricht? Ein Beispiel aus einer neunten Klasse soll Möglichkeiten zeigen, mit Computern zu arbeiten. Dazu werden zunächst die organisatorischen und technischen Rahmenbedingungen dargestellt. Es folgen Vorüberlegungen, Unterrichtsverlauf und Zwischenbilanz. Als Fazit wird zu diskutieren sein, ob trotz des ausschließlichen Einsatzes von Computern von einer Werkstattorientierung gesprochen werden kann.

Rahmenbedingungen

Die beiden Computerräume der Gesamtschule Gießen-Ost (GGO) werden von vielen Lerngruppen genutzt. Es wird zunehmend schwierig, im Belegungsplan freie Zeiten zu ergattern. Außer mir setzt niemand im Kunstunterricht Computer ein. Für den zweistündigen Kunstunterricht in der 9b standen jeweils in einer Stunde acht Computer, in der folgenden alle 16 Geräte zur Verfügung.

Die Installationen sind nur unzureichend gegen Eingriffe geschützt.

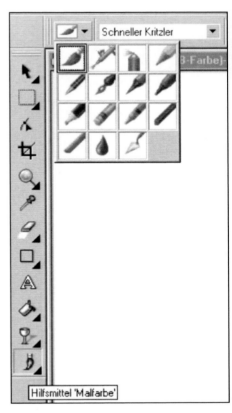

Abb. 1 Das Hilfsmittel «Malfarbe» mit den Auswahlmöglichkeiten in der Eigenschaftsleiste

145

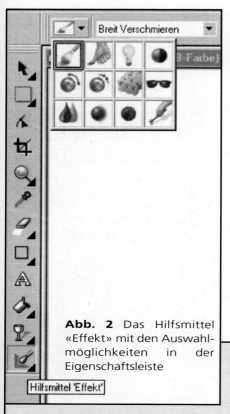

Abb. 2 Das Hilfsmittel «Effekt» mit den Auswahlmöglichkeiten in der Eigenschaftsleiste

Die Oberflächen der Programme werden oft von anderen BenutzerInnen verändert. Im Netzwerk steht kein geschützter Speicherplatz zur Verfügung. Als Datenträger dienen Disketten, da Schreib- und Löschzugriffe auf die Festplatten durch jedeN BenutzerIn möglich sind. Außerdem kann ein relativ langsames externes Laufwerk für Wechselmedien über das Netzwerk von jedem Rechner aus benutzt werden.

Farbige Ausdrucke können auf drei Tintenstrahldruckern und einem kombinierten Scanner/Drucker erstellt werden. Scanvorgänge dauern sehr lange und liefern nur

geringe Bildqualität. Eine digitale Kamera fehlt noch. Meist sind wegen leerer Patronen oder technischer Probleme nur ein oder zwei Drucker einsatzbereit. Ein A4-Farbausdruck dauert zwei bis vier Minuten.

Als Projektionsgerät steht ein durchsichtiges LCD-Display auf einem lichtstarken Overhead-Projektor zur Verfügung. Auf meinen Wunsch hin wurde die «Corel Schultüte» angeschafft (damals mit ca. 750 DM relativ günstig bei Steckenborn Computer, Westanlage 56, 35396 Gießen, Tel. 0641-130410, www.steckenborn.de). Das Paket enthält Schullizenzen u.a. jeweils für Version 8 der Programme CorelDraw und PhotoPaint, die die schwächeren Rechner bis an ihre Grenzen auslasten.

KUNSTPÄDAGOGISCHER GENERATIONENKONFLIKT

Gert Selle (Jahrgang 1933) lamentiert lautstark: «Die Medienentwicklung hat ein solches Tempo vorgelegt, dass Pädagogen nur noch hinterherhasten können.» (Selle 1997, S. 12) Er hält es auch nicht für möglich, «allgemeine ästhetische Kompetenz mit Kunst-Kompetenz verbinden zu können» (ebd., S. 13).

Hier tritt meines Erachtens eine Art (kunst-)pädagogischer Generationskonflikt zu Tage, der zwischen zwei Gruppen schwelt. Auf der einen Seite stehen diejenigen, die in den ersten – sagen wir: 30 – Jahren ihres Lebens keinen Computerkontakt hatten. Auf der anderen Seite diejenigen, die in dieser Zeit mit der Benutzung oder gar Programmierung von Rechnern begonnen haben. In beiden Fällen handelt es sich weniger um bewundernswerte eigene Leistungen als vielmehr um relativ typische historisch-biografische Aspekte.

Der Unterschied liegt im Umgang mit dem Computer. Für die eine Gruppe ist der Computer das Andere, das Fremde: ein neuer Aspekt, der zu Bestehendem hinzukommt. Relativ häufig festzustellen ist hier eine unrealistische Überschätzung der Einsatzmöglichkeiten von Computern bei gleichzeitiger Unterschätzung der nötigen menschlichen Arbeitszeit. Das Hinterherhasten ist fast vorprogrammiert.

Für die andere Gruppe ist der Rechner ein alltägliches Medium, mit dem es keine Berührungsängste gibt. Seine Unzulänglichkeiten sind oft genau bekannt und werden als sehr ärgerlich empfunden. Das Surfen auf der Bugwelle der technischen Entwicklung kann jedoch zu mangelnder Distanz zum Objekt der Begierde führen. Auch wenn diese Illusion verbreitet sein sollte: Aus einer technischen Qualifikation ergibt sich keinesfalls automatisch eine (kunst-)pädagogische. (Die Gruppeneinteilung ist natürlich doppelt unfair: Der Einfluss auf das Jahr der eigenen Geburt ist gering, und es gibt Beispiele für die Zugehörigkeit zur jeweils anderen Gruppe.)

Um Missverständnissen vorzubeugen: Ich habe sehr großen Respekt vor Menschen, die sich im Alter von 50, 60 oder noch mehr Jahren erstmals an einen Computer setzen, um sich dessen Benutzung zu Eigen zu machen. Sie müssen ungleich viel mehr Energie und Zeit investieren, um auf den gleichen Stand zu kommen wie beispielsweise ein 30-Jähriger, der seit fast 20 Jahren Computer benutzt. Heutige Kinder werden als spätere Lehrende wieder andere Voraussetzungen mitbringen, weil ihr Einstieg noch einmal mehrere Jahre früher beginnt, auf einem anderen Niveau liegt und von viel mehr Selbstverständlichkeit im Umgang mit der Technik geprägt ist.

Durch diese technischen Rahmenbedingungen ergeben sich Einschränkungen für den Computereinsatz, die im Kunstunterricht zu schwierigen Bedingungen führen: Die regelmäßig veränderten BenutzerInnenoberflächen erschweren den Umgang mit Programmen und Hilfsmitteln. Die schwächeren Computer eignen sich nur zufriedenstellend zur Bildbearbeitung, insbesondere sind die Bildschirme zu klein und in der Darstellungsqualität unzureichend. Eine Bilddatei mit ausreichender Farbtiefe (24 Bit) darf bei einer Größe von DIN A5 nur eine Auflösung von 100 dpi aufweisen, um noch auf eine Diskette zu passen. Der Windows-Speicheralgorithmus macht aber selbst bei ausreichend kleinen Bilddateien Schwierigkeiten, wenn diese ältere Versionen überschreiben sollen. Abstürze und Datenverluste passierten in fast jeder Unterrichtsstunde. Scanvorgänge und Ausdrucke konnten aus Zeitgründen innerhalb der regulären Unterrichtszeit kaum ausgeführt werden. Jeweils nach dem Unterricht habe ich etwa 45 Minuten damit verbracht, auf Festplatte zwischengespeicherte Bilddateien auf das ZIP-Medium zu überspielen und durch Löschen von der Festplatte dem Zugriff anderer SchülerInnen zu entziehen sowie Programminstallationen wiederherzustellen. Hinzu kamen Scanvorgänge am privaten Rechner und Ausdrucke außerhalb der Unterrichtszeit. Die Druckkosten für Zwischenergebnisse und Ausstellungsbilder wurden zum größeren Teil vom Förderverein der Schule bezahlt, der Rest kam aus dem Etat für Computer-Verbrauchsmaterialien.

Die Beschreibung der Rahmenbedingungen verweist auf ein Phänomen, das im Umgang mit Computern allgegenwärtig ist: Das Medium drängt sich nach vorn. Technische Probleme können sich vor inhaltliche Aspekte schieben und sie ganz oder teilweise überdecken. Dies lässt sich auch an denjenigen Veröffentlichungen zum Thema nachvollziehen, die künstlerischen bzw. kunstpädagogischen Inhalten wenig und technischen Erklärungen viel Raum geben. Die von Hans Ulrich Reck formulierte und von Ernst Wagner aufgegriffene Charakterisierung der Computerkunst ist bezogen auf deren Didaktik immer noch aktuell: «Jeder handhabt die Technik, kaum einer weiß, was für eine Geschichte zu erzählen ist» (Reck 1991, S. 93; vgl. Wagner 1992, S. 55). Hier ist ein Ausläufer des oben geschilderten Konflikts auszumachen. Ein Technikeinsatz als Selbstzweck kann zur Diskreditierung auch solcher kunstpädagogischer Lehrformen beitragen, die sich trotz Verwendung von Technik an Inhalten orientieren. Damit wäre aber keinem gedient – weder den Vorneweg-Surfern noch den Hinterher-Hastern, – weil in der Auseinandersetzung aneinander vorbei geredet würde.

Lerngruppe und Altersspezifika
In der Klasse 9b waren 18 Mädchen und acht Jungen. Die Gruppe war anfangs deutlich reservierter gegenüber dem Computereinsatz im Kunstunterricht als die beiden anderen neunten Klassen, mit denen ich dies zuvor erprobt hatte. Die Ablehnung kam hauptsächlich von den Schülerinnen. Ein möglicher Grund hierfür ist die geschlechtsspezifisch geringere Affinität von Mädchen zum Computer (z.B. Silbereisen 1996, S. 270). Durch die rechnergestützte Arbeit in einer vorangegangenen Unterrichtseinheit wurde die Abneigung der Schülerinnen wesentlich geringer. Ich habe bei ihnen verglichen mit den Jungen einen insgesamt etwas vorsichtigeren, weniger experimentellen Umgang mit der Maschine beobachtet. Auch erschien mir ihre Ungehaltenheit größer, wenn ich nicht schnell zu ihnen kommen konnte, um technische Probleme zu beheben. Die

Abb. 3 Leas Porträtfoto

Abb. 4 Lea mit Blätterkleid und Sonnenblumenkette vor weißem Hintergrund
Abb. 5 Lea als

Blumenkind

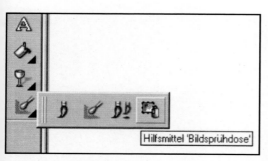

Abb. 6 Das Flyout «Mal-farben-Hilfsmittel» wird durch einen Klick auf den dreieckigen Pfeil geöffnet

Abb. 7 Lauras erstes Porträtfoto

Lerngruppe hatte im Kunstunterricht des vorigen Schuljahrs an expressiven Selbst-darstellungen gearbei-tet. Das eigene foto-grafische Porträt war noch nicht Unter-richtsgegenstand gewesen. Der Um-gang mit dem Compu-ter war vor Beginn der Unterricht-seinheit fast allen SchülerInnen der 9b bereits vertraut. Grafikprogram-me wurden bisher von acht Jugend-lichen eingesetzt. PhotoPaint war vier SchülerInnen bekannt, ein Schüler hatte bereits mit der im Unterricht verwendeten Version 8 dieses Programms gearbeitet.

Identität ist das Hauptthema der Jugendzeit. Bestandteile der Iden-tität nach Erikson sind «das Gefühl der Gleichheit mit sich selbst; das der Kontinuität, also eines lebensge-schichtlichen, begriffenen Zu-sammenhangs, beide dargestellt in den Augen der anderen.» (Baacke

1994, S. 221)

Jugendliche müssen in Abgrenzung zu ihren Eltern und anderen Erwach-senen herausfinden, wer sie sind. Eines allerdings wollen sie in dieser Zeit nicht mehr sein: Kinder. Sie legen u.a. großen Wert auf ihre Attraktivität (ebd., S. 210). Hierbei spielt das eigene Gesicht eine zen-trale Rolle: Es wird oft mehrmals täglich im Spiegel begutachtet, Pik-kel werden behandelt und/oder ver-steckt. Manche Mädchen verwen-den viel Zeit und Energie auf das möglichst perfekte Schminken, andere lehnen dies völlig ab. Jungen machen erste Rasierversuche. Die Frisur ist ein bestimmendes und zugleich leicht zu veränderndes Merkmal des Kopfes. Jugendliche haben ein starkes Interesse, ihr Selbstbild zu gestalten und zu kon-trollieren. Im Alter von 15 bis 16 Jahren ist die Neigung verbreitet, sich «möglichst verschlossen zu geben – bei gleichzeitig starker Selbstreflexion.» (Der Hessische Kultusminister 1983, S. 201)

Didaktische Überlegungen

Der Computer mit seinen techni-schen Möglichkeiten und Proble-men sowie den Unzulänglichkeiten seiner BenutzerInnenschnittstellen drängt sich oft derart prominent in den Vordergrund, dass der Inhalt leicht verloren gehen kann. Mir ist dies in Unterrichtseinheiten voran-gegangener Halbjahre selbst gele-gentlich passiert. Der Computer ist zwar «nur» ein Medium. Allerdings wirkt er – wie jedes andere Medium auch – auf den mit ihm bearbeiteten Inhalt zurück. Dieser Einfluss scheint oft größer zu sein als in den klassischen Medien. Ob dies wirk-lich so ist, bleibt noch zu klären, ebenso ggfs. die Ursachen hierfür. Kinder und Jugendliche werden heute mit digitalen Bildern intensiv konfrontiert. Von einem reflektier-ten Umgang kann aber nur selten die Rede sein. Das Fach Kunst ist «das

einzige Fach in der Schullandschaft, das sich mit dem Bild als Bild auseinandersetzt» (Freiberg o.J., o.P.; vgl. Freiberg 1995, S. 22). Möglichkeiten der Manipulation von Bildern sind somit hier zu thematisieren und zu erproben. Die Arbeit an fotografischen Selbstporträts scheint hierfür besonders geeignet, weil sie den direkten Bezug zu den SchülerInnen herstellt. Die eigene Identität – das Leitmotiv der Jugendphase – kann dabei in ästhetischem Probehandeln spielerisch-experimentell verändert und in ihrer Wirkung auf andere überprüft werden. Hinzu kommt, dass beispielsweise eigene Passbilder oft als misslungen angesehen werden. Die Bearbeitung am Computer eröffnet die Möglichkeit, dies zu ändern. Damit haben die Jugendlichen eine virtuelle Macht über ihr eigenes Erscheinungsbild, von der sie in der Realität meist nur träumen können. Bei der Verfremdung des eigenen Porträts bieten sich zwei mögliche Richtungen an: entweder die Anpassung an das eigene Wunschbild oder die fantasievolle, auch unrealistische Ausgestaltung. Die Manipulationen an öffentlichkeitswirksamen Bildern werden in der Regel von professionellen GrafikerInnen mit sehr viel besseren Möglichkeiten als in der Schule vorgenommen. Die SchülerInnen sind daher einen Standard in der Rezeption gewöhnt, den sie in der eigenen Praxis nicht erreichen können. Anders als bei der Arbeit an Computeranimationen sind aber in relativ kurzer Zeit zufrieden stellende erste Erfolge zu erzielen, was die Motivation fördert.

Da bei den Eingriffen in Porträts Verletzungen nicht nur auf der Bildebene stattfinden können, wollte ich zur Demonstration ein Foto von mir verwenden (vgl. Wagner 1992, S. 57). Um die eventuell sehr persönlichen Zwischenergebnisse der SchülerInnen nicht der Schulöffentlichkeit preiszugeben, beabsichtigte ich diese ggfs. jeweils nach dem

Unterricht auf einem Wechseldatenträger zu sichern und von der Festplatte zu löschen.

Ich wollte zur Einführung keine Ergebnisse professioneller Bildmanipulationen präsentieren, um nicht übertriebene Erwartungen seitens der SchülerInnen noch zu fördern. Erst im Verlauf der Unterrichtseinheit sollten SchülerInnen mit individuellem Bedarf Werbeanzeigen oder Arbeiten etablierter KünstlerInnen zu sehen bekommen.

Unterrichtsverlauf

Das Einsammeln der Porträtfotos zog sich hin. Ein Schüler brachte erst zwei Wochen vor Ende der Unterrichtseinheit ein Bild mit; sein Arbeitsergebnis lieferte er am Tag der Zeugniskonferenz ab. In der ersten Stunde lagen so viele Dateien vor wie Computer verfügbar waren, wodurch Leerlauf vermieden wurde. Insgesamt umfasste die Einheit sieben Doppelstunden. Ich verwende im Folgenden für die verschiedenen Werkzeuge innerhalb des Programms den von der Herstellerfirma Corel eingeführten Begriff «Hilfsmittel».

Um den SchülerInnen die Benutzung von PhotoPaint zu ermöglichen, begrenzte ich meine Erklärungen meist auf ein Mindestmaß. Dadurch wurden einerseits die «Profis» nicht zu sehr gelangweilt, andererseits konnten auch die (übrigens immer seltener werdenden) Computer-Neulinge sehr schnell mit der Arbeit beginnen. Ich zeigte das Hochfahren des Rechners, das Starten des Programms sowie die Benutzung weniger grundlegender Funktionen. PhotoPaint ist eine pixel- oder bitmaporientierte Software, die zur Bildbearbeitung eingesetzt wird. Folgende Funktionen schienen mir wichtig: Öffnen von Dateien, Mal- und Effekthilfsmittel (Auswahl, Anwendung und Manipulation in der Eigenschaftsleiste,

Abb. 8 Erste Versuche von Laura mit dem Effekt «Verschmieren»

Abb. 9 Eine schnelle Verfremdung von Laura

Abb. 10 Lauras Auge

Abb. 11 Laura steckte mit der «Bildsprühdose» ihr Gesicht in Brand

vgl. Abb. 1, 2), Pipette, Zoom, Speichern von Dateien.

Zur Erklärung dieser Programmfunktionen bearbeitete ich in einer etwa zehnminütigen frontalen Phase mein eigenes Porträt, was durch die Wandprojektion für alle sichtbar war. Mit dem Effekt-Hilfsmittel «Verschmieren» zog ich eine Pupille bis zum Wangenknochen herunter. Das sah sehr schmerzhaft aus und bewirkte entsprechende Reaktionen der SchülerInnen. Das Lächeln auf dem Foto verstärkte ich mit dem gleichen Hilfsmittel, indem ich die Mundwinkel hochzog. Das andere Auge ließ ich mit dem Malhilfsmittel «Künstlerpinsel» verschwinden. Dazu wählte ich mit der «Pipette» die Farbe der Wange als Malfarbe aus und überpinselte anschließend das Auge, das durch Verwendung des Zoom-Hilfsmittels bildfüllend dargestellt wurde. Mit der gleichen Methode entfernte ich einige Schmutzflecken aus dem Bild.

Einzelne SchülerInnen fragten: «Können wir jetzt endlich anfangen?» Sie konnten. Im Rahmen einer experimentellen Programmer-probung sah ich keinen Sinn darin, die inhaltlichen Aspekte von Verfremdung und Idealisierung bereits an dieser Stelle zu diskutieren. Ich ermunterte sie zum experimentellen Erproben der gesamten BenutzerInnenoberfläche des Programms. Dieser Zugang führt nach meiner Erfahrung zu einem intuitiveren Umgang mit der Software als bei längeren Erklärungen – selbst wenn diese von anderen SchülerInnen vorgetragen werden.

Ab jetzt musste ich nahezu ununterbrochen technische Hilfestellung leisten. Erst später wurden künstlerische Fragen wichtig, bei denen dann auch meine Mentorin weiterhelfen konnte. Oft warteten gleichzeitig mehrere SchülerInnen darauf, dass ich endlich zu ihnen kam. Ich eilte also von einem Arbeitsplatz zum nächsten und bemühte mich, die unterschiedlichen Probleme zu lösen. Dabei erklärte ich neue Hilfsmittel und Programmfunktionen, suchte verschollene Dateien, bemühte mich um die Rettung von Bildern aus abgestürzten Programmen, scannte nachgereichte Fotos ein. Vielleicht hätte ich doch einige aus der Klasse als ExpertInnen einset-

Abb. 12 Lauras zweites Porträtfoto

Abb. 13 Gesicht und Maske: Das Ergebnis von Lauras Weiterarbeit zu Hause

zen sollen. Ich hatte mich dagegen entschieden, um nicht ausgerechnet die technisch versierten SchülerInnen von der bildnerischen Arbeit abzuhalten. Ein echter PhotoPaint-Profi, der einen Großteil der Fragen zur Programmbenutzung hätte beantworten können, war ohnehin nicht dabei.

Ein wenig hatte ich auch auf die Online-Hilfe des Programms gesetzt, die mir selbst bei Problemen mit neuer Software häufig weiterhilft. Sie zu benutzen schien aber vielen SchülerInnen zu langwierig und mit zu geringen Erfolgsaussichten verbunden. Sie warteten lieber, bis ich nach für sie oft quälend langen Minuten endlich bei ihnen war. Dabei nahmen mich die Mädchen mehr in Anspruch als die Jungen; sie waren auch insgesamt ungeduldiger. Die meisten Jungen werkelten vor sich hin und nahmen nur selten Kontakt zu mir auf.

Kurze Zwischenbesprechungen dienten dem Wahrnehmen und Diskutieren von anderen Arbeiten in der Gruppe. Der jeweils auf die persönlichen Bilder zurückwirkende Einfluss hielt sich in Grenzen. Das eigene Experimentieren schien interessanter als das Nachvollziehen dessen, was andere schon ausprobiert hatten.

Meist mussten wegen der Zahl der vorhandenen bzw. funktionierenden Computer zwei SchülerInnen an einem Rechner arbeiten. Anfangs hielt ich dies für einen Nachteil. Mittlerweile erscheint es mir in vielen Fällen förderlich sowohl für das unbefangene Ausprobieren («Wozu ist denn der Eimer da?») als auch das spätere Reproduzieren von Effekten («Wo war nochmal ‹Verschmieren›?»). Bei Paaren mit ungleichen Vorerfahrungen hat der oder die weniger Geübte die Chance auf einen großen Lerneffekt. Das Risiko liegt aber in der Passivität angesichts scheinbar genialer Fähigkei-

ten eines (meist männlichen) Nachbarn. In solchen Fällen ist es gut, noch über freie Computer zu verfügen.

Lea

Lea Hotfilter hatte ein älteres Bild von sich mitgebracht, das sie anfangs «blöd» fand. Es zeigt sie freundlich lächelnd (Abb. 3). Sie begann damit, sich auf dem Bildschirm eine Kette aus Sonnenblumen um den Hals zu legen und sich ein Hemd aus grünen Pflanzenblättern anzuziehen. Dazu verwendete sie jeweils die «Bildsprühdose». Damit können beispielsweise Flammen, Wassertropfen oder eben Sonnenblumen einzeln oder großflächig auf dem Bild verteilt werden. Die Kette sollte möglichst echt aussehen, deshalb passte sie in langwieriger Kleinarbeit die einzelnen Blumen in Ausrichtung und Größe an. Den Bereich zwischen ihren beiden auf die Schulter herabhängenden Strähnen füllte sie mit sehr kleinen Blättern, um die Haare nicht zu überdecken.

Anschließend wollte sie den blauen Hintergrund durch eine Feuerwand ersetzen. Dazu musste er zunächst mit einer Farbmaske erfasst und gelöscht werden (Abb. 4). Dabei wurde zwischen Kinn und herunterhängenden Haaren ein Bereich nicht markiert, der dann bis zum Schluss seine blaue Farbe behielt. Der verbleibende Rest (ohne die Kette) wurde in ein Objekt umgewandelt, für das sie mit den Flammen aus der «Bildsprühdose» (auszuwählen über das Flyout «Malfarben-Hilfsmittel», Abb. 6) einen neuen Hintergrund erstellte. Schließlich färbte sie ihre Augen leuchtend blau und beschnitt das Bild am unteren Rand (Abb. 5). Am Ende zeigte sie sich als strahlendes Blumenkind. Mit dem Ergebnis ihrer viele Stunden dauernden Arbeit war sie sehr zufrieden.

Laura

Das Foto von Laura Mathar zeigt sie mit einem klaren, direkt in die Kamera gerichteten Blick (Abb. 7). Sie arbeitete zunächst mit dem «Verschmieren»-Hilfsmittel und hatte sehr schnell zwei Bilder fertig (Abb. 8, 9). Das reichte ihr aber nicht, und so fing sie an, mit dem Feuer aus der «Bildsprühdose» zu spielen. Anfangs wollte sie sich eine Flammenfrisur machen, dann bemühte sie sich lange und in mehreren Anläufen um eine pixelgenaue Füllung des rechten Auges mit Feuer (Abb. 10). Sie verpasste mehrere Stunden wegen Krankheit und wirkte unzufrieden während ihrer Arbeit am Computer. Schließlich steckte sie auf dem Bildschirm ihr Gesicht in Brand, wobei sie auf die Transparenz der Flammen achtete, um nicht alles zu verdecken (Abb. 11). Sie wollte gern in Ruhe zu Hause weiterarbeiten.

Zu einem Zeitpunkt, da die Zeugnisnoten feststanden, brachte sie eine weitere Porträtverfremdung mit. Offenbar wollte sie für sich selbst dieses Bild machen, unabhängig vom schulischen Auftrag. Dazu hatte sie ein anderes Porträtfoto eingescannt (Abb. 12) und viel Arbeit in dessen Veränderung investiert. Es zeigt ihre Schultern und ihren Kopf, von dem eine transparente Bildschicht wie eine Maske abgenommen und nach rechts verschoben ist. Maske und Gesicht, die beide vom gleichen Bildmaterial ausgehen, sind transparent und lassen sich in den Bereichen ihrer Überlagerung gegenseitig stärker hervortreten. Augen, Nase und Mund sind gegenüber dem Foto idealisiert. Sie wirken kantiger, mit leicht anderer Oberflächenstruktur (etwa wie eine Tonplastik) bei dezent rötlichen und bläulichen Einschlägen im hellgrauhautfarbenen Grundton. Statt der Haare trägt Laura eine gemusterte Kopfbedeckung mit spiraligen Formen. Den Hintergrund des Fotos hat sie entfernt (Abb. 13). Es lässt sich anhand des Bildes nicht mehr sicher rekonstruieren, welche Hilfsmittel sie wofür eingesetzt hat.

Laura hatte sich regelrecht festgebissen in der Absicht, eine subjektiv sehr gute Porträtverfremdung zu machen. In ihrem Bild dürften deutlich mehr Arbeitsstunden stecken als sie durch ihre Krankheit versäumt hatte. Ihr ist eine Umsetzung des Maskenthemas von – wie ich finde – außerordentlicher Qualität gelungen. Gesicht und Maske sind bei ihr ohne einander nicht vollständig. Sie sind sich sehr ähnlich und unterscheiden sich doch deutlich; am meisten ist in ihrer Überlappung zu erkennen. Die trägerähnlichen Bogen an den Schultern (am linken Bildrand hell, links der Mitte dunkel) stellen Verbindungen zwischen dem Masken- und dem Gesichtsteil her, die für das optische Gleichgewicht sehr wichtig sind.

Wo ist nun Laura in dem Bild? Ich habe es stundenlang betrachtet, untersucht und am Bildschirm probiert, die Trennung von Maske und Gesicht rückgängig zu machen. Gelegentlich habe ich gezweifelt, ob das überhaupt ihr Gesicht ist. Das Bild entzieht sich beim Betrachten und wirkt doch sehr präsent. Selbst dem computergrafisch geübten Blick gibt es Rätsel auf.

Steffi

Stefanie Mohr trug einen Schnuller an einer Kette mit sich herum, den sie auch oft beim Arbeiten im Mund hatte. Ansonsten arbeitete sie unauffällig, mit gelegentlichen technischen Rückfragen. Diese meist freundlich lächelnde, eher zurückhaltende Schülerin (Abb. 14) machte in der Porträtverfremdung aus sich eine Hexe, die noch im brennenden Feuer teuflisch grinst.
Sie färbte ihr Gesicht leicht olivgrün, dehnte die Pupillen zu roten, die Wimpern aufsperrenden Katzenaugen, polierte ihre Zähne zu leuch-

tendem Weiß und franste die Lippen grob nach allen Seiten aus. Die Haare wurden schwarz mit farbigen Sternchen (vielleicht ist es auch ein Kopftuch), sie verpasste sich drei Ohrstecker in unterschiedlichen Farben und zündete direkt unter dem Gesicht ein loderndes Feuer an (Abb. 15). Die verwendeten Hilfsmittel waren der «Künstlerpinsel», die «Bildsprühdose» und «Verschmieren».

Das Bild von Steffi wirkt nun nicht mehr fröhlich, sondern eher beängstigend. Sie grinst wie wahnsinnig im lebensbedrohenden Feuer. Fast glaube ich, ihr irres Lachen zu hören. Mit der Stilisierung als Hexe hat sie sich probeweise außergewöhnliche Kräfte verschafft.

Jakob

Jakob Kühnemann hatte während der Arbeitszeit normalerweise kaum Fragen. Er saß am Rechner und experimentierte mit dem Programm. Seine Arbeitsergebnisse verraten technisches Geschick, einen künstlerischen Blick für Bildmanipulationen und die Fähigkeit, aufzuhören wenn er genug verändert hatte.

Jakob probierte viele so genannte 2D- und 3D-Effekte von PhotoPaint aus und entschied sich für unterschiedliche Verfremdungen seines Porträts. In der ersten Version rasterte er das Bild mit einem runden Mosaik, dessen Zentrum leicht rechts neben seiner Nase liegt. Die Felder wirken durch ihre Größe stark vergröbernd, lassen aber noch Rückschlüsse auf das ursprüngliche Foto zu (Abb. 16). Jakob versteckt sich ein wenig, aber nicht vollständig.

Die zweite Fassung zeigt zwei gegeneinander verschobene, unterschiedlich bearbeitete Gesichter, denen er die gelbe Farbe fast völlig entzogen hat. Cyan, Magenta und Schwarz, drei der vier im CMYK-Modell verwendeten Grundfarben, beherrschen das Bild (Abb. 17). Durch die Verdoppelung des Gesichts und die leichte seitliche Verschiebung der Kopie ist so etwas wie ein Vexierbild entstanden: Wo ist Jakob? Immer wenn ich glaube, ihn fixieren zu können, verschwindet er wieder. Ähnlich Lauras letztem Bild ist in den überlappenden Bereichen am meisten vom Gesicht zu erkennen, allerdings wirkt die verfremdete Version eher gezielt verwackelt, wie ein Widerschein im Blitzlicht als wie eine Darstellung von Gesicht und Maske.

Mohamed

Mohamed Ben Amor machte aus einem nicht mehr ganz aktuellen Foto (Abb. 18) seine Version eines erwachsenen Mannes. Dazu malte er sich einen schwarzen Vollbart und setzte sich eine Sonnenbrille auf, durch die seine Augen nicht mehr zu erkennen sind. Er verschob den Haaransatz auf seiner Stirn nach oben und ließ die verbleibenden Haare ein wenig wachsen. Er vergrößerte seine Nase etwas und glättete im Gesicht die vom Passfoto mit eingescannte rauhe Oberflächenstruktur (Abb. 19). Er verwendete die Hilfsmittel «Künstlerpinsel», «Pipette» und «Verschmieren». Das Ergebnis zeugt nicht gerade von großer Genauigkeit bei der Arbeit, verweist aber auf den Wunsch vieler Jugendlicher, endlich als erwachsen angesehen zu werden.

Abb. 14 Steffis Porträtfoto

Abb. 15 Steffi in der Rolle einer Hexe

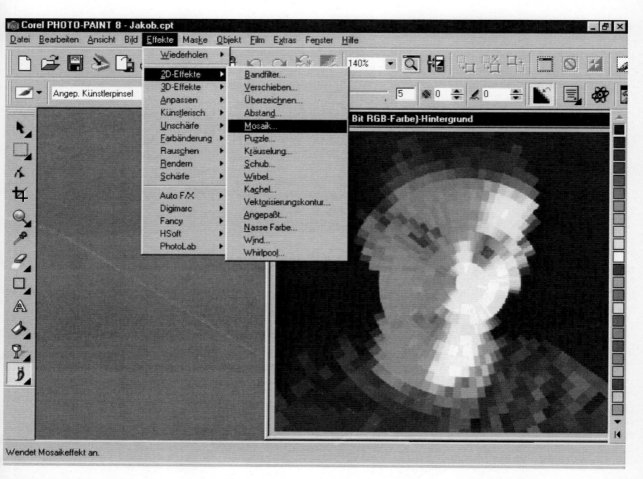

Abb. 16 Jakob wendet den 2D-Effekt «Mosaik» an

Mohameds Arbeit bewegte sich im Rahmen des zu Erwartenden – wäre da nicht ein weiteres Bild, das mit Abstand die weitreichendste Verfremdung im Kurs ist. Hier hat er ausgehend vom Bildmaterial seiner ersten Variante eine völlig neue Darstellung entwickelt. Den Mund umgab er mit einem orangefarbenen wallenden Bart. Genauso breit wie der Mund sind die fünf Nasen, die sich darüber stapeln. Links und rechts neben der obersten Nase liegen zwei schwarze Höhlen, aus denen die weißen Augäpfel mit türkis-gelben Pupillen an roten Strängen herunterhängen. Die Haarpracht leuchtet grün mit blauen Punkten (Abb. 20).

Mit einer solchen Arbeit hatte ich nicht gerechnet. Mohamed ist in sei-

nem zweiten Bild nicht mehr zu erkennen. Dies wirkt auf mich allerdings kaum noch wie ein Versteckspiel, eher wie die pure Lust am Neuerschaffen eines Charakters. Wer ist das, mit den Augäpfeln, die schreiende Schmerzen verursachen müssen, der aber trotzdem leicht lächelt? Wozu die fünf Nasen, und was sollen die blauen Punkte im Haar? Wie um alles in der Welt ist Mohamed auf diese Idee gekommen? Das Bild beeindruckt mich, weil es mir mehr Fragen stellt als Antworten gibt.

Zwischenbilanz

Viele SchülerInnen waren begeistert vom Hilfsmittel «Bildsprühdose», mit dem sich innerhalb kürzester Zeit spektakuläre Effekte erzielen lassen (Abb. 21). Nicht in jedem Fall ging die Bearbeitung der eigenen Porträts darüber hinaus. Einige SchülerInnen lieferten als Endergebnisse Arbeiten ab, die für andere nur spielerische Vorübungen darstellten. Auch hier besteht eine Verbindung zum Titel dieses Textes: Die spezifischen Möglichkeiten des Programms drängen sich nach vorn und bestimmen den Bildinhalt – was allerdings bei einem etablierten bildnerischen Medium kaum erwähnt würde.

Lea lernte aufgrund ihrer Gestaltungsabsicht den Umgang mit Hintergrund und Objekten (Abb. 22). Die meisten anderen SchülerInnen brauchten diese Kenntnisse nicht. In vorangegangenen Kursen hatte die regelmäßige Erklärung neuer Programmfunktionen im Plenum oft dazu geführt, dass viele nicht mehr zuhörten und gelegentlich vehement die Möglichkeit zur Weiterarbeit forderten. Der Drang war stärker, nur die jeweils subjektiv wichtigen Werkzeuge zu entdecken und intensiv auszuprobieren – oder einfach nichts von der knappen Zeit zur Bildgestaltung am Computer zu verschenken. Gegen Ende wurde dort teilweise deutliche Kritik an diesem Vorgehen geäußert.

In der 9b habe ich daher weitgehend darauf verzichtet; für die Lerngruppe halte ich dies auch weiterhin für richtig. Ein wenige Grundlagen erläuterndes Blatt wurde von den meisten nicht benutzt. Mir scheint die Erfahrung vieler SchülerInnen mit Computerprogrammen bereits so groß, dass sie sich trotz vieler hundert Programmfunktionen weitgehend selbstständig orientieren können. Ein fast ausschließlich experimenteller Umgang mit dem Programm ist aber nur sinnvoll, wenn das Erreichen eines gemeinsamen Standards in der Bedienung nicht Ziel des Unterrichts ist. Die meisten SchülerInnen arbeiteten eher verzerrend als idealisie-

Abb. 17 Der doppelte Jakob

rend. Das dürfte auch daran liegen, dass die «Verschönerung» erst bei hartnäckiger Arbeit subjektiv gute Ergebnisse liefert. Schließlich ging es um nichts Geringeres als das eigene Bild. Daher war es auch für mich überraschend, mit welcher Heftigkeit manche Gesichter verunstaltet wurden. Die «Rückgängig»-Funktion wurde häufig benutzt. Manche blieben aber auch an einer Idee, bis sie sie nach vielen Stunden schließlich umgesetzt hatten. Häufig schlüpften die SchülerInnen durch ästhetisches Probehandeln in Wunschrollen, gelegentlich auch in solche, die ihnen möglicherweise in der Realität zu gefährlich wären. Einige abstoßend wirkende Bilder waren dabei. Ein häufiges Thema war auch das Verstecken vor den neugierigen Blicken anderer. In vielen Fällen haben die Jugendlichen etwas über sich mitgeteilt - mal mehr, mal weniger deutlich. Rückschlüsse von Unbeteiligten, auch von mir, müssen dabei nicht immer zutreffen.
Drei typische Inhalte der Darstellungen waren folgende:

- ein versteckter, vielleicht unerwünschter Anteil des Selbst («So bin ich nicht, oder?»)

Abb. 18 Mohameds
Porträtfoto

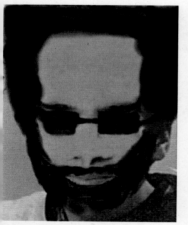

Abb. 19 Mohamed als
Mann

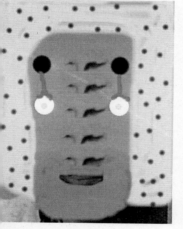

Abb. 20 Mohamed mit
fünf Nasen

- eine Wunschidentität
  («So möchte ich sein.»)

- das tatsächliche oder vermeintli-
  che Verbergen von Eigenschaften («Ich zeige nichts von mir.»)

Abschließend besuchten wir das
Zentrum für Kunst und Medientech-
nologie in Karlsruhe. Dort erkunde-
ten die SchülerInnen unterschiedlichste auf Technikeinsatz basieren-
de Kunstwerke. Als relativ nah an
ihren eigenen Arbeiten erfuhren sie
beispielsweise die Arbeit «Touch
Me» von Alba d'Urbano (vgl. Kunst
+ Unterricht 230/231/1999, S. 2,
Umschlaginnenseite), in der sie
interaktiv das Porträt der Künstlerin
verfremden bzw. mit dem eigenen
überlagern konnten.

Die Unterrichtseinheit wurde abgeschlossen mit einer Ausstellung der
Porträtverfremdungen in der GGO.
Dazu wählten die SchülerInnen je
ein Bild aus, das mit der Funktion
«Gekachelte Seiten drucken» (Re-
gisterkarte «Layout» im Dialogfen-
ster «Drucken») vergrößert auf vier
A4-Blätter gedruckt wurde. Diese
wurden anschließend zu einem großen Bild zusammengeklebt und
gerahmt.

Computer in der Kunst-Werk-
statt oder Kunst in der Computer-
Werkstatt?

Die Arbeit am Computer im Kunstunterricht war für die SchülerInnen
neu. Sie benutzten zwei professio-
nelle Programme in einer teilweise
ungeeigneten Arbeitsumgebung.
Als zwingend erscheint mir die Einrichtung eines Client-Server-Netz-
werks mit geschützten persönlichen
Datenbereichen für alle SchülerInnen. Dringend benötigt werden
große Monitore (mindestens 17,
besser 19 Zoll) guter Qualität. Wünschenswert sind Farbdrucker für
große Formate und ein zuverlässige-
res Betriebssystem als Windows.

Soviel zur Technik.

Die inhaltliche Auseinandersetzung
der SchülerInnen mit dem eigenen
Bild brachte erstaunliche Ergebnisse hervor, die in anderen Medien
so nicht entstanden wären. Einige
fanden es entlastend, auch heraus-
fordernd, scheinbar keine «üblichen» Qualifikationen für die
Arbeit zu benötigen. Manche äußer-
ten gegen Ende ihre Vorfreude auf
die nächste «konventionelle» Unterrichtseinheit. Die Gesamtbilanz der
SchülerInnen fiel positiv aus: Der
Aufwand habe sich gelohnt.
Die Porträtverfremdungen fanden
ausschließlich am Computer statt.
Nennen wir dies einmal vorläufig
«Computer-Werkstatt», dann handelt es sich um eine Mischung aus
räumlichem und didaktischem
Werkstattbegriff. Der Computerraum war die Werkstatt, in der die
Bilder auseinander- und wieder
zusammengebaut wurden. Innerhalb des Programms standen sehr
viele und sehr mächtige Werkzeuge
zur Verfügung, die alle zum Einsatz
kommen konnten. Kritisch zu fragen ist, wie weit die Selbststeuerung
des bildnerisch-ästhetischen Handelns ging. Die Bearbeitung des
eigenen Porträts war verlangt, der
Computer als Medium vorgeschrie-
ben. Alles Weitere blieb den SchülerInnen überlassen. Aufgrund der
enormen Größe und Vielfältigkeit
der «Werkzeugkiste» des Computers erscheint es mir gerechtfertigt,
von einer Werkstatt zu sprechen,
beispielsweise als «Computer-
Kunst-Werkstatt».

Eine idealtypische, umfassende
Kunst-Werkstatt enthielte eine
Computer-Kunst-Werkstatt, und
zwar mit allem, was dazu gehört:
Digitale Foto- und Videokameras,
leistungsfähige Rechner, große
Bildschirme, Drucker für große Formate, Internetzugang, eine umfassende Programmbibliothek, CD-
Brenner usw. In jedem Kunst-Raum
stünden hier mehrere perfekt ausge-

stattete, an das Schulnetzwerk angebundene Rechner. Die Computerräume der Schule wären darüber hinaus für den Kunstunterricht im nötigen Umfang nutzbar. Mittelfristig wären analog zur Computerkunst neue Einsatzmöglichkeiten für Rechner und Peripherie zu erkunden (vgl. Boysen-Stern 1999).

Alle SchülerInnen sollten die Nutzung des Computers im Fach Kunst erproben können. Es geht mir nicht darum, den Computer zum Allheilmittel zu erklären. Nicht in jedem Fall ist es sinnvoll, einen Rechner einzusetzen. Aber es handelt sich um ein mittlerweile übliches Werkzeug, und bei Bedarf sollte es verfügbar sein. Ein Anfang wird mit der Anschaffung des ersten Computers gemacht – und mit der entsprechen

den Aus- und Weiterbildung der KunstlehrerInnen.

P. S. Das Hessische Kultusministerium hat es abgelehnt, meine zweite Staatsexamensarbeit über den hier geschilderten Unterricht in Form einer interaktiven CD-ROM anzunehmen. Begründet wurde dies erst auf meine telefonische Nachfrage: «Das gibt die Verordnung nicht her.»

Abb. 21 Die «Bildsprühdose» bietet vielfältige Einstellungsmöglichkeiten

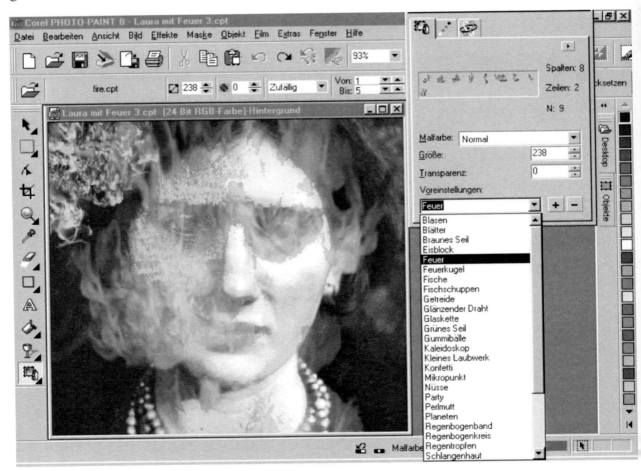

Literatur

Baacke, Dieter: Die 13- bis 18jährigen. Einführung in Probleme des Jugendalters. 7., unveränderte Auflage. Weinheim/Basel 1994

Benjamin, Walter: Das Kunstwerk im Zeitalter seiner technischen Reproduzierbarkeit. Drei Studien zur Kunstsoziologie. Frankfurt/Main 1963

Boysen-Stern, Hans-Jürgen: Exposé - Entwurf für die geplante Ausgabe von «KUNST+UNTERRICHT»: Schnittstellen. Zwischen Realität und Digitalität im Kunstunterricht (unveröffentlichtes Manuskript 1999)

Der Hessische Kultusminister (Hg.): Rahmenrichtlinien. Primarstufe Sekundarstufe I Kunst. Frankfurt/Main 1983

Freiberg, Henning: Medien-Kunst-Pädagogik. Anstöße zum Umgang mit Neuen Medien im Fach Kunst. http://www.kunstunterricht.de/material/fachd1.htm (16.7.00)

Freiberg, Henning: Thesen zur Bilderziehung. Plädoyer für ein neues Fachverständnis in der Bild-Mediengesellschaft. In: BDK-Mitteilungen 2/95, S. 21-23 (eine stark überarbeitete Fassung mit dem gleichen Titel in: Kirschenmann/Peez 1998, S. 12-17)

Hessisches Kultusministerium (Hg.): Rahmenplan Kunst, Sekundarstufe I. Frankfurt/Main 1996

Kirschenmann, Johannes/ Peez, Georg (Hg.): Chancen und Grenzen der Neuen Medien im Kunstunterricht. Hannover: 1998

Kirchner, Constanze/ Peez, Georg: Kunstunterricht als Werkstatt. Aspekte ästhetischer Lernprozesse im Werkstattunterricht. (in diesem Band)

Kunst+Unterricht 230/231/1999: Heftthema «Neue Medien – Computer im Kunstunterricht»

Museum Jean Tinguely Basel: Die Sammlung. Bern 1996

Reck, Hans Ulrich: Der Streit der Kunstgattungen im Kontext der Entwicklung neuer Medientechnologien. In: Kunstforum international 115/1991, S. 81-98

Schierenbeck, Fred: Zwischen Wasser und Feuer – Computer im Kunstunterricht. In: Kirschenmann/ Peez 1998, S. 42-51

Schneider, Barbara: Thema «Selbstdarstellung». Möglichkeiten der Arbeit mit digital erzeugten Bildern im Kunstunterricht. In: Computer + Unterricht 37/2000, S. 44-45

Selle, Gert: Welche Kunstpädagogik ist notwendig? Thesen zur KUNO-Tagung 1997. In: BDK-Mitteilungen 4/1997, S. 12-16

Sievert, Adelheid: Kunstwerkstatt. In: Die Grundschulzeitschrift 118/1998, S. 6-11

Silbereisen, Rainer K./ Vaskovics, Laszlo A./ Zinnecker, Jürgen (Hg.): Jungsein in Deutschland. Jugendliche und junge Erwachsene 1991 und 1996. Opladen 1996.

Wagner, Ernst: «Jeder handhabt die Technik, kaum einer weiß, was für eine Geschichte zu erzählen ist.» Grundsätzliche Gedanken zum Computereinsatz im Fach Kunsterziehung. In: Computer + Unterricht 7/1992, S. 55-59

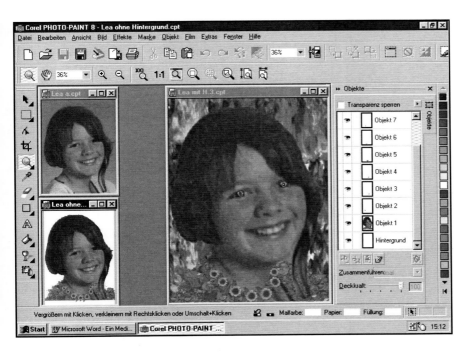

Abb. 22 Der Arbeitsbild-
schirm von Lea mit ihrem
Endergebnis (links); rechts
die Verwaltung der einzelnen Objekte, die auf dem
Hintergrund dargestellt
werden

WERK, n.,

(...) mhd. werc, abweichend von dieser normalform im alem.bair. - werch, im md.
mit abschwächung des auslauts zur verschluszlenis - weithin werg. (...)
mundartlich ist werk über das gesamte dt. sprachgebiet verbreitet, weithin -
besonders nd. - mit senkung des stammvokals zu a (...), gebietsweise mit
einem vor r entwickelten zwielaut (...); oberhessisch wearg [neben wärg] (...)

seit beginn der überlieferung ist werk geläufige bezeichnung für das wirken (...)
und bewirkte, das ergebnis eines schöpferischen tuns, erst seit dem mhd. auch
nachweislich für den zu bearbeitenden stoff sowie für das wirkende (agens, werkzeug gebraucht, schlieszlich auch für eine betriebsanlage (werkstätte. die anwendung von werk wird im nhd. etwas eingeschränkt durch arbeit, das nicht länger
nur im negativen sinne von 'mühsal, anstrengung' üblich, sondern positive
bezeichnung handwerklicher und geistiger tätigkeit geworden ist und nunmehr
auch das ergebnis dieses tuns bezeichnen kann.
das besondere in der umgangssprache vordringende alltagswort arbeit hat jedoch
werk nicht in allen sprachlandschaften gleichermaszen zurückzudrängen ver-
mocht. im schweiz; z. b. finden sich noch wendungen wie: er chan alli werch 'er
versteht alle feldarbeiten', wohingegen arbet 'nicht sehr gebräuchlich ist, man
gebraucht dafür werch'. (...)

Deutsches Wörterbuch von Jacob und Wilhelm Grimm
Fotomechanischer Nachdruck der deutschen Erstausgabe 1960
dtv München 1999
Bd. 29 = Bd. 14,

Ulrike Springer

Mein Kopf und meine Hand

Wie ein Leistungskurs 12 versucht, den Werkstattgedanken am Thema «Selbstdarstellung» umzusetzen

Das Halbjahr war geprägt von der Theorie und Praxis der Bildmedien, u.a. Fotografie, Markenartikelwerbung, Druckgrafik. Gemeinsam mit einem besonders motivierten Leistungskurs ging ich auf die Suche nach offenen Unterrichtsformen.

Wie beginnen?

Grundlegend für den im Folgenden dargestellten Unterricht war, dass die Schülerinnen und Schüler bei der Themenfindung Mitspracherecht hatten. Außerdem sollten nicht nur die Endprodukte gewürdigt werden, sondern auch die Umstände, unter denen sie entstanden. Die Wege und Umwege innerhalb des Werkfindungsprozesses sollten festgehalten werden. Damit gemeint sind die Bemühungen und Vorarbeiten der Schülerinnen und Schüler, der soziale Umgang miteinander, Literatur- und Materialbeschaffungen, aber auch die privaten Verhältnisse sowie die Arbeitsbelastung durch die vielen anderen Unterrichtsfächer. Deshalb wurde eine grundsätzliche Diskussion über die Planung, die Arbeitsabläufe und die -methoden im Kunstunterricht geführt.

Streng festgelegte Abgabezeiten für Zwischenergebnisse entfielen; ein riskantes Unterfangen, durch das aber stetige Kommunikation über die Arbeitsprozesse innerhalb des Kurses unter Beobachtung und Selbstbeobachtung blieben. Hierdurch entstand Bewusstsein über den Prozesscharakter ästhetischen Handelns und ästhetischer Produktion. Das ästhetische Produkt wurde als Ergebnis einer Vielzahl von Impulsen, Reflexionen und Umentscheidungen erfahren.

«Wie anfangen?» Diese Frage stellte sich nicht nur den Schülerinnen und Schülern, sondern auch mir. Der hessische Rahmenplan fordert schon für die Sekundarstufe I explizit die Orientierung am Werkstattgedanken: «Im Konzept des Werkstattgedankens kommt dem Lehrer und der Lehrerin vor allem die Rolle des beratenden Experten zu.» (S. 26) In der Praxis zeigt sich, dass diese Aufgabenzuschreibung sehr einseitig ist, denn über die Beratung hinaus müssen zumindest inhaltliche Angebote mit den Schülerinnen und Schülern besprochen werden. Es gilt auch, Anregungen für Ideen, Darstellungsformen für Vorarbeiten, sowie Produktionsverfahren zu vermitteln, die sich nicht nur experimentell auf der Grundlage eines sehr allgemein formulierten Werkstattgedankens aneignen lassen.

Vorgehen und Unterrichtsverlauf

Die Themenfindung entwickelte sich zunächst durch Diskussionen in der Gruppe. Kopf, Gesicht, Gesichtsausdruck, die eigene Person sollte im Zentrum der kommenden Unterrichtseinheit stehen. Was bewegt mich? Die eigene Befindlichkeit zum Ausdruck bringen, Stellungnahme zu persönlichen, gesellschaftlichen, politischen Sachverhalten. Ein Statement, Appell,

eine Anklage oder Provokation.
Im Laufe der praktischen Arbeit an diesem Thema kam der Wunsch auf, zusätzlich zu bildnerischen Ausdrucksmitteln Text als Gestaltungselement und zur Präzisierung der individuellen inhaltlichen Aussagen hinzuzunehmen. Wir einigten uns darauf, einen kurzen Satz oder ein Wort in die bildnerische Selbstdarstellung zu integrieren. Dieses Vorgehen ist exemplarisch für die Notwendigkeit, im werkstattorientierten Unterricht ständig über Absprachen neu zu beraten, da die Experimentierphasen immer wieder neue Ideen hervorbringen, die in den vorherigen Verabredungen nicht bedacht werden konnten.

Verschiedene Formen der Ideenfindung waren:

- Brainstorming in Kleingruppen nach Wahl, Worte oder Begriffe aufschreiben, die ganz spontan dazu einfallen, auch solche, die scheinbar gar nichts mit dem Thema zu tun haben. Oder einen Spaziergang machen, raus aus der Schule, über die Straße, Lärm, Autos, Häuser, sich die Umgebung bewusst ansehen, in den gegenüber liegenden Wald gehen, Papier und Bleistift mitnehmen, beim Gehen Ideen sammeln, einfach erzählen, was bewegt, sich dazu auf den Waldboden setzen oder auch legen.

- Die Augen schließen, sie für einige Zeit «beurlauben», das eigene Gesicht ertasten. Das Weiche, die Knochen, die Haut mit ihren Unebenheiten spüren und diesen Eindruck in einen Duktus des Zeichnens übersetzen.

- Einen Bogen Papier auf das Gesicht drücken und versuchen, mit einem Stift die Spur der eigenen Gesichtsproportionen zu erfassen.

- Automatisches Zeichnen, Entspannungsphase, leichte Verdunklung im Raum, Kopf auf den Tisch

legen, möglichst alle Gedanken abschalten, kann fast bis Einschlafen gehen. Dann kleine Skizzen machen, ohne gleich an ein bestimmtes Thema zu denken.

- Beratung über weitere Hilfsmittel und Materialien.

- Anregungen aus (Kunst-) Büchern, Illustrierten, eigene Fotos heraussuchen oder gestellte Fotos mit dem Fotoapparat herstellen. In den Computerraum gehen, mit der Digitalkamera arbeiten oder mit dem Fotokopierer. Bei den meisten dieser Verfahren sind die Ergebnisse gleich zu sehen und können ganz schnell verworfen oder wiederholt werden. Material für Collagen herstellen, verschiedene Bildteile miteinander kombinieren. Es entstanden Bilder mit Begriffen wie: Entschleunigung, verplant, wachsen-ER-wachsen, gescheitert, süchtig (nach Liebe, Auto fahren, Spaß usw.).

- Bildnerische Verfahren ausprobieren.

Abb. 1 Brainstorming und Schriftexperimente

Abb. 2 Die eigenen Proportionen mit dem Stift erfühlen

Die meisten Schülerinnen und Schüler entschieden sich im Laufe der Auseinandersetzung mit dem Thema «Selbstdarstellung» für verschiedene Vervielfältigungsverfahren: Siebdruck, Folien-Schablonen-Druck, Linolschnitt. Zum einen schloss dies an den Unterricht des Halbjahres zu Theorie und Praxis der Bildmedien an. Zum anderen kamen diese Druck- bzw. Vervielfältigungsverfahren dem appellativen Charakter der Bildaussagen entgegen. Experimentelle Erprobung der jeweiligen Verfahren ohne Thema: einfach kritzeln, kratzen; Einkerbungen herstellen; alle möglichen Materialien mit Farbe einwalzen, Abdrücke hiervon erzeugen; Löcher in Folien schneiden, Farbe darauf und sich vom Ergebnis überraschen lassen.

Abb. 3
Gesichtsproportionen mit dem Stift erfühlen

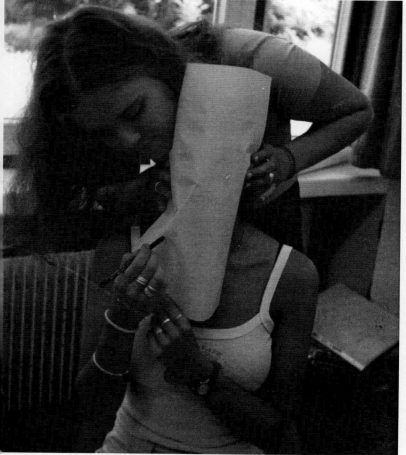

Einige Statements über den Arbeitsprozess

Nina: «Erst mal war alles sehr verwirrend. Ich hatte kein Konzept. Aber ich lief einfach drauf los mit dem Motto: Mut zur Unvollständigkeit, aber lebendigem Herausfinden. Ein ziemlich zerrissener Zettel genügte. Die ‹Freiheit im Unterricht ohne Druck› und die Akzeptanz der ‹Freiheit des Laienhaften› machte es mir möglich, herauszufinden, was ich wollte. Ich wollte etwas von mir, eine Aussage über mich. Durch das Experimentieren mit Material entstanden ganz viele Bilder in mir.»

Miriam: «Bevor wir Fotos machen wollten, stand ich morgens früher auf und stellte mich vor den Spiegel. Ich sah mich genau an, und dachte ‹brainstormingmäßig› nach, was zu mir passen würde. Plötzlich hatte ich ganz viele Ideen, es sprudelte richtig aus mir heraus. Bei den Variationsskizzen hatte ich dann dieses Gefühl, dass die Hand wie von selbst meine Gedanken niederbringt.»

Philipp: «Stillstand in der Arbeit wurde durch Impulse und Gespräche in der Gruppe überwunden. Auch der theoretische Unterricht zum Thema Werbung war hilfreich. Entwürfe wurden aussagefähiger, weil wir durch Werbebeispiele die Wirkung syntaktischer Mittel erkennen lernten.»

Lisa: «Auch wenn es komisch klingt, mit ‹unwissenden› Leuten (außerhalb des Kurses) zu sprechen war hilfreich, um zu einem eigenen Konzept zu finden. Man musste es erklären, und dabei kriegt man Klarheit. Wenn die Idee im Kopf feststand, hat die Hand das innere Konzept unbewusst aufs Papier übertragen.»

Yvonne: «Obwohl selbst gewollt und gemeinsam besprochen, machte mir das Fotografieren ein bisschen Angst. Denn meistens sieht man sich anders als das Foto es zeigt. Aber der Weg durch diese Angst hindurch brachte mir auch das Thema meiner Arbeit näher. Gedanken schweifen lassen, los lassen, zum Himmel aufsteigen lassen, um alles aus einer anderen Perspektive zu sehen (gedanklich!). Alles was ich tat, gelang dann.»

Katrin: «Ich beim Arbeiten allein in Papas Büro, Musik total laut. Da sah ich den Kopierer, legte mich drauf. Noch nie hab' ich alleine so viel Spaß gehabt. Da kam sie mir, die Erleuchtung. Ich stellte fest, dass mich die Arbeit mit anderen auch hemmen kann, weil schon Ideen da sind, und ich unter Druck gerate. Aber in einer Gruppe bestätigt zu werden, ist die größte Motivation.»

Diese Aussagen der Schülerinnen und Schüler belegen, welche große Bedeutung dem Anteil von Reflexionsphasen im werkstattorientierten Unterricht zukommt. Denn häufig werden erst in diesen Phasen die «auto-didaktischen» Anteile bewusst, geklärt und strukturiert, um später autonom auf solche Erfahrungs- und Lernformen zurückgreifen zu können.

Resümee zu den Erfahrungsprozessen

Gemeinsames Arbeiten ermöglichte eine vielfache Spiegelung der Prozesse auf den verschiedensten Ebenen. Eine Fülle unterschiedlicher Gedanken, Materialien und Arbeitsweisen taten sich in konzentrierter Atmosphäre auf. Die daraus resultierende Eigendynamik und zeitliche «Entgrenzung» waren wichtige Elemente für das prozesshafte Arbeiten. Mit Widerständen, die sich in der Auseinandersetzung und im Handeln notwendigerweise auftun, lernte man umzugehen, statt sie zu umgehen. Sie wurden als wichtige, zum Teil unentbehrliche Stadien im Arbeitsprozess verstanden: z. B. Arbeitshemmungen, Stagnation, Rückschritte, Übersprungshandlungen.

Das ästhetische Produkt sollte nicht lediglich Summe oder Resultat seiner Entstehungsprozesse sein. An diesen hat es in dem Sinne teil, als es möglich und erlaubt ist, es auf die Aspekte zu befragen, welche während seiner Entstehung konstitutiv waren. Es sollte eines von möglichen Materialisierungen der eigenen Gedanken sein. Die Weiterreichung dieser Gedanken, nicht eines Werkstücks, war das Ziel. Dieser «Gedankenraum» wurde Ort ästhetischer Erfahrung. Das machte neue

Abb. 4 und 5 Foto mit der Digitalkamera und die Übersetzung in Linienraster

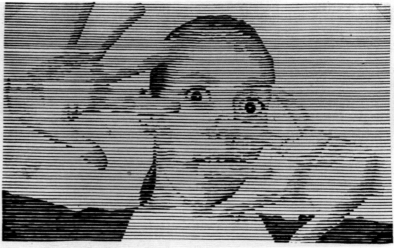

Abb. 6 und 7 Variationen unterschiedlicher Drucktechniken: Stupstechnik mit Schwamm und Sieb; Schablonendruck mit Heizkörperrolle

auch der Einblick in den Arbeitsgang der anderen, häufige Gespräche über mögliche Entfernungen vom Thema etc., machten die Arbeitsprozesse in vielfacher Weise transparent. Dadurch war es möglich, Kriterien zur Bewertung und zur Weiterarbeit zu entwickeln.

Yvonne: «Man sollte sämtliche Teilschritte der Arbeit berücksichtigen.»

David: «Ist innerhalb des Arbeitsprozesses eine Entwicklung zu erkennen, die eine Weiterentwicklung ermöglicht?»

Nina: «Wie eigenständig hat sich die- oder derjenige mit seiner Arbeit befasst?» «Wie anregend ist das gewählte Thema, authentisch, eindeutig, ambivalent?»

Miriam: «Der Lernprozess, welche Fortschritte kann man bei den Personen feststellen? Wie war die Zusammenarbeit in der Gruppe?»

Anna: «Die kreative Idee: Wie viel gibt der Macher von sich preis, denn meiner Meinung nach gibt es keine künstlerische Arbeit, ohne etwas von sich in ihr zu offenbaren.»

Katrin: «Bewerten sollte man die ganze Arbeit, inwieweit der Draht zwischen Betrachter und meiner Idee hergestellt wurde. Ich meine, nicht nur einen ‹Hingucker›, sondern einen ‹Weitergucker›, d. h. dass jeder Betrachter angeregt wird, in seiner eigenen Umgebung zu suchen und darüber nachzudenken.»

Wege der Präsentation erforderlich, etwa die Darstellung aller Stadien der Werkentstehungsprozesse bis zum Endprodukt. Verwirklicht wurde dies z. B. sowohl in Form einer Ausstellung aller Teilschritte sowie weiterer alternativer Ideen, die skizzenhaft festgehalten wurden, als auch in der schriftlichen Dokumentation der Arbeitsprozesse.

Bewertungskriterien, gemeinsam von der Gruppe erarbeitet

Sich selbst die Aufgabe stellen, schöpferische Selbsttätigkeit, selbstorientiertes Lernen, die eigenen Gedanken konzentrieren, aber

Ergebnisse der Arbeitsprozesse im Kurs

Am Ende des Halbjahres besaß jede Schülerin, jeder Schüler eine Dokumentation mit jeweils etwa 30 kleinen und großen Arbeiten: Skizzen, Zeichnungen, Malereien, Fotografien, Kopien, Folien, Drucken und schriftlichen Texten, die gemeinsam besprochen und ausgewertet wurden. Da alle Schülerinnen und Schüler ausführlich zu Wort kommen sollten, einigten wir uns auf vier gemeinsame zusätzliche Stunden am Nachmittag, in denen sich die Beteiligten ihre Arbeitsprozesse und Werke gegenseitig vorstellten. Auszüge aus diesen Texten und Gesprächen wurden im vorliegenden Beitrag verarbeitet.

**Abb. 8 bis 13
«Lebenstraum»**
In Folie ausgeschnittene
Wörter zum Aufdrucken;
in Folie ausgeschnittene
Gesichter mit Händen in
verschiedenen Helligkeiten

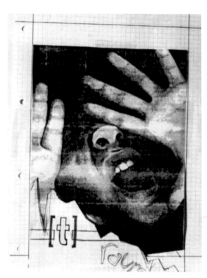

WERKSTÄTTE, f.,

die schon im mnd.-mndl. (werkstede) nachweisbare und auch im heutigen nd. verbreitete (...) bezeichnung findet sich im hd. seit dem 15. jh im anwendungs-bereich unterscheidet sich werkstätte nur insofern von werkstatt, als bei ihm der plural geläufig ist, und zwar eine mehrzahlform der schwachen deklination (werkstätten), da stätte, die verallgemeinerte genitiv-dativ-form von statt (mhd. stat, stete), mit dem alten plural des i-stammes formgleich war (...). keine ein-deutigen belege dafür sind allerdings die zunächst (im 16.jh.) allein bezeugten pluralformen des dativ, die auch zu werkstatt gehören können.

'arbeitsstätte der handwerker, (fabrik-)arbeiter sowie der bildenden künst-ler' (wie werkstatt) (...)

- stüber den schreinern geben in der mahler zeughausz. item mein wirth hat mich geführt in der mahler werkstätt zu Antorff

  DÜRER tageb. 53 L.; (...)

- ja die meisten kräfte und wirkungen der natur sind in den werkstätten der künstler und handwerker zuerst entdecket worden (...)

  SCHWABE belust. (1741) 1, 80;

- mitten unter diesen vergnügungslokalen ... hatten verschiedene handwerks meister ihre werkstätten aufgeschlagen

  FONTANE ges. w. (1905) I 5, 280;

- mehr als aufs werk ... kommt es auf die menschen an, die zum schaffen in einer werkstätte zusammengebündelt werden

  KLUGE Christoph Mahr (1934) 79.

zuweilen ausdrücklich von fabrik unterschieden:
werkstätten sind die betriebsstätten der handwerker und kleingewerbetreiben-den; sie unterscheiden sich von der fabrik lediglich durch die art des betriebs, die grösze der anlage und die zahl der arbeiter. der begriff ist im weitesten sinne auf-zufassen, es gehören dazu auch die geschäftsräume der barbiere und friseure sowie die badeanstalten. es ist nicht erforderlich, dasz sich die werkstätten in einem geschlossenen raume befinden (...); doch werden die abteilungen eines groszbetriebes, ja die fabriken selbst nicht selten werkstätten genannt (...):

- im grossbetrieb ist fast durchweg die massenfabrikation vorherrschend; das prinzip der arbeitsteilung führt dabei zur errichtung besonderer werkstätten für schmiede, schlosser, dreher, giesser etc.; ausserdem zu werkstätten für nach baugegenständen getrennte betriebe (z.b. arbeitsmaschinen, armaturen, brücken, dampfmaschinen ...)

  LUEGER lex. d. ges. techn. (1894) 7, 917; (...)

Deutsches Wörterbuch von Jacob und Wilhelm Grimm
Fotomechanischer Nachdruck der deutschen Erstausgabe 1960
dtv München 1999
Bd. 29 = Bd. 14,
bearbeitet von der Arbeitsstelle des Dt. Wörterbuches zu Berlin/Ost

Autorinnen- und Autoren, Stand 2001

Bernhard Balkenhol
lehrt an der Kunsthochschule der
Universität Gesamthochschule Kassel Kunstdidaktik
Menzelstraße 13/ 15
34121 Kassel
E-Mail: bebalkenhol@aol.com

Dr. Dorit Bosse
Geschäftsführerin des Referats für
Schulpraktische Studien der Universität Gesamthochschule Kassel
Lerchenfeldstr. 25
34128 Kassel
E-Mail: dbosse@uni-kassel.de

Andreas Brenne
Freier Künstler, Kunstpädagoge,
Lehrbeauftragter der Kunstakademie
Münster
Steinfurter Str. 116
48149 Münster

Claudia Franke-Brandau
Grundschullehrerin
Burggartenstr. 25
65329 Hohenstein

Marc Fritzsche M.A.
Haupt- und Realschullehrer
Thomastr. 8
35396 Gießen
E-Mail: Marc.Fritzsche@Kunstpae
dagogik.de

Prof. Dr. Ariane Garlichs
Professorin für Erziehungswissenschaft i.R.
Gänseweide 90
34132 Kassel
E-Mail: garlichs@uni-kassel.de

Dr. Herbert Hagstedt
Leiter der Grundschulwerkstatt der
Universität Gesamthochschule
Kassel
34109 Kassel
E-Mail: hagstedt@uni-kassel.de

Peter Hespeler
Grundschullehrer
Mörikestr. 20/1
72800 Eningen

Dr. Constanze Kirchner
Wissenschaftliche Assistentin am
Institut für Kunstpädagogik der Universität Gießen
Hauptstr. 145
65375 Oestrich-Winkel
E-Mail: Constanze.Kirchner@t-onli
ne.de

Renate Mann
Grundschullehrerin; abgeordnet am
Pädagogischen Institut Falkenstein,
Regionalstelle Friedberg, für den
Bereich Museum
Obergasse 16
63667 Nidda

PD Dr. Georg Peez
Wissenschaftlicher Mitarbeiter am
Institut für Kunstpädagogik der Universität Frankfurt/M.
Van-Gogh-Str. 16
64546 Mörfelden
E-Mail: Peez@em.uni-frankfurt.de

Dieter Rauch
Lehrer in der Sekundarstufe I und II;
Mitarbeiter am Pädagogischen Institut Wiesbaden
Friesengasse 13
60487 Frankfurt/M.

Prof. Dr. Adelheid Sievert
Professorin am Institut für Kunstpädagogik der Universität Frankfurt/M.
Unterer Hardthof 9
35398 Gießen
E-Mail: profsievert@web.de

Elisabeth Sippel
Grundschullehrerin; Pädagogische
Mitarbeiterin am Institut für Kunstpädagogik der Universität Frankfurt/M.
Schwindstr. 13
60325 Frankfurt/M.
E-Mail: elisabeth.sippel@freenet.de

Ulrike Springer
Lehrerin in der Sekundarstufe I und
II; zuständig für die hessische Lehrerfortbildung im Bereich Kunstpädagogik und für die regionale Fortbildung am Pädagogischen Institut
Starkenburg
Kranichsteiner Str. 50
64289 Darmstadt
E-Mail: u.springer@gmx.net

Dr. Werner Stehr
Fachleiter am Studienseminar II in
Kassel und Mitarbeiter des Hessischen Landesinstituts für Pädagogik
in Fuldatal
Marbachsweg 15
34134 Kassel
E-Mail: knipping.stehr@t-online.de

Werner Zülch
Kunst- und Theaterlehrer, Theatermacher, Grafik-Designer, Pädagogischer Mitarbeiter an der Kunsthochschule der Universität Gesamthochschule Kassel
Elfenbuchenstr. 32
34119 Kassel

Satz und Layout:
Gerard Delmàs
EDV-Dienstleistungen, Softwareentwicklung und Graphik-Design
Lindenstr. 15
61352 Bad Homburg
E-Mail: gdelmas@sz-net.de

Titelbildgestaltung:
Michael Schacht M.A.
Wissenschaftlicher Mitarbeiter am
Institut für Kunstpädagogik der Universität Frankfurt/ M.
Waldheimer Str. 22
63165 Mühlheim/M.
E-Mail: M.Schacht@kunst.uni-frankfurt.de

*Wir danken Johannes Kirschenmann
für seine Beratung bei der Buchproduktion.*